Hampelmann & Matrjoschka

Holzspielzeug
aus Deutschland
und Rußland

Hampelmann & Matrjoschka

Holzspielzeug aus Deutschland und Rußland

EDITION libri artis

Verlag Th. Schäfer
Hannover

Das Buch wurde gefördert von

Anlaß für die Herausgabe dieses Buches
ist die Ausstellung der Wintershall AG, Kassel,
und der OAO Gazprom, Moskau,
**„Hampelmann & Matrjoschka –
Holzspielzeug aus Deutschland und Rußland"**
vom 29. November 1998 bis 31. Januar 1999
in der documenta-Halle, Kassel

Herausgeber: Dr. Karlheinz W. Kopanski
Redaktion und Lektorat: Roland Nachtigäller, Kassel
Gestaltung: Homann/Güner/Blum,
Atelier für Visuelle Kommunikation, Hannover
Übersetzung der russischen Texte: Heidi Janson, Olga Salman
Fotos: Ingo Beer (ES Seiffen, HH Olbernhau, TG Seiffen, GK Neuhausen und S. 214–215) · Stefan Bethke (SD Kassel sowie sämtliche Exponate ohne Leihgeberangaben) · Ulrich Feldmann (S. 179 l.) · Kay Johannsen (S. 90 u.) · Kinder (S. 222) · Max Köstler (S. 90 o.) · Ralf Kunze (S. 108 u. r., 147, 179 r.) · Artur Alexandrowitsch Lissenkow (SHA Nischni Nowgorod, HKM Semjonow) · W. A. Motschugowski (SHM Moskau) · Dieter Otte (JM Scharfenstein) · Alexei Nikolajewitsch Permikow (HMAL Kirow) · Werner Priller (DS Sonneberg und Vorsatzpapier) · Christiane Richter (SM Nürnberg) · Vitali Michailowitsch Rudtschenko (PKS Sergijew Possad) · Gregor M. Schmid (S. 208–213) · Dietmar Träupmann (S. 176) · May Voigt (S. 175, 177, 178) · courtesy DS Sonneberg (S. 218) · courtesy ES Seiffen (S. 217) · courtesy Erzi GmbH (S. 112 r. u., 113) · courtesy HK Berchtesgaden (S. 223) · courtesy SHM Moskau (S. 206) · courtesy SM Nürnberg (S. 220)
Lithographie und Druck: Th. Schäfer Druckerei GmbH, Hannover
Buchbindung: Büge GmbH, Celle

Die abgebildeten Holzspielzeuge wurden von folgenden Museen und Sammlern zur Verfügung gestellt:
Erzgebirgisches Spielzeugmuseum, Seiffen (ES Seiffen)
Deutsches Spielzeugmuseum, Sonneberg (DS Sonneberg)
Spielzeugmuseum, Nürnberg (SM Nürnberg)
Sammlung Johannes Martin, Erlebnisburg Scharfenstein (JM Scharfenstein)
Staatliches Historisches Museum, Moskau (SHM Moskau)
Pädagogisch-Künstlerisches Spielzeugmuseum, Sergijew Possad (PKS Sergijew Possad)
Staatliches Historisches Architekturmuseum, Nischni Nowgorod (SHA Nischni Nowgorod)
Historisches Museum für Architektur und Literatur, Kirow (HMAL Kirow)
Historisch-Künstlerisches Museum, Semjonow (HKM Semjonow)
Berchtesgadener Handwerkskunst (HK Berchtesgaden)
Museum „Haus der Heimat", Olbernhau (HH Olbernhau)
Sammlung Debik, Kassel (SD Kassel)
Tino Günther, Seiffen (TG Seiffen)
Gerd Kaden, Neuhausen (GK Neuhausen)
Erzi GmbH, Grünhainichen (EG Grünhainichen)
Margarethe Ostheimer GmbH, Zell i. A. (MO Zell)
sowie weitere Leihgeber, die nicht genannt werden möchten.

Das Motiv des Vorsatzpapiers stammt aus dem Spielzeugmusterbuch der Firma Strathmann & Joachim, Sonneberg um 1850, Bibliothek des Deutschen Spielzeugmuseums, S. 70.

Best.-Nr. 8887
ISBN 3-88746-394-3

Inhaltsverzeichnis

Weil es beim Spielzeug nun einmal darauf ankommt, eine lebendige Beziehung zu seinen Sachen herzustellen, so darf man sagen, daß von allen Europäern allein vielleicht die Deutschen und die Russen das eigentliche Genie des Spielzeugs haben.

Walter Benjamin

Von allen Spielzeugarten gehört das Holzspielzeug zu den ältesten. Seine Spuren lassen sich bis in das 14. Jahrhundert zurückverfolgen. Unabhängig von allen neueren und technisch fortgeschrittenen Spielwaren haben die Kinder immer ihr Holzspielzeug geliebt. Bis heute hat sich daran nichts geändert.

Deutschland und Rußland können auf ihre Spielzeugtradition stolz sein.

Allerdings sind in beiden Ländern die Gemeinsamkeiten der kulturellen Entwicklung durch die Ereignisse dieses Jahrhunderts beinahe in Vergessenheit geraten. Deshalb haben die Wintershall AG, Kassel, und OAO Gazprom, Moskau, mit der Ausstellung „Hampelmann & Matrjoschka – Holzspielzeug aus Deutschland und Rußland“ Ende 1998 daran erinnert.

Der Rückblick auf die Entstehung einer der ältesten Kunstformen setzt die Zusammenarbeit zwischen den beiden Unternehmen auch auf kulturellem Gebiet fort, die seit einer Reihe von Jahren besteht. Erwähnt sei nur die Ausstellung „Katharina die Große“, die Anfang 1998 bundesweit Aufsehen erregte und Anerkennung fand.

Ausgehend von der Ausstellung „Hampelmann & Matrjoschka“ will dieses Buch den Leser in die faszinierende Welt des deutschen und russischen Holzspielzeugs einführen und sowohl Parallelen als auch Unterschiede der Entwicklung in beiden Ländern aufzeigen.

So erinnert der Beitrag „Rußland – Deutschland: Wege und Kreuzungen des Holzspielzeugs“ daran, wie bereits im 19. Jahrhundert russische Wissenschaftler das deutsche Spielzeuggewerbe im Erzgebirge studierten. Durch diese Studien wurde z. B. Nikolai D. Bartram, späterer Gründer eines russischen Spielzeugmuseums, angeregt, nach dem Vorbild der Berufsschulen für das Spielzeuggewerbe im Erzgebirge die Einrichtung solcher Schulen zu fördern.

Es gab aber auch handfeste wirtschaftliche Beziehungen: Deutsche Händler belieferten den russischen Markt, und russische Produzenten exportierten ihre Produkte nach Deutschland. Diese Verbindungen waren sehr rege und beschränkten sich nicht nur auf den Waren-, sondern auch auf den Erfahrungsaustausch.

Erfreulich ist, daß auch im 20. Jahrhundert das Interesse an Volkskunst, Sitten und Bräuchen nicht nachläßt. Im Gegenteil: Sowohl in Rußland als auch in Deutschland nimmt das Interesse zu. In den Holzspielzeugregionen wird die Jugend früh mit der volkstümlichen Kunst vertraut gemacht. Junge Künstler durchdenken die Traditionen kreativ und entwickeln Produkte, die den heutigen Wünschen und Anforderungen an Holzspielzeug gerecht werden. In jüngster Zeit wächst das Produktionsvolumen beim Holzspielzeug wieder. Neue Kontakte auf dem Binnen- und Außenmarkt werden geknüpft.

In Deutschland geht dieser Prozeß aktiv voran. Nach Vereinigung beider Staaten wurden in den ostdeutschen Spielwarenregionen die Betriebe privatisiert bzw. neu gegründet. Das Berufsbild „Holzspielzeugmacher“ erhielt seinen Platz im „Verzeichnis der anerkannten Ausbildungsberufe“. Wie schon vor einem Jahrhundert wurde die Spielzeugfertigung in den betreffenden Gebieten zu einem wichtigen Wirtschaftsfaktor, der in Mittel- und Kleinbetrieben Arbeitsplätze schafft.

In Rußland wird dieser Prozeß durch die schwierige allgemeine Wirtschaftslage erschwert. Dies ist aber sicherlich eine vorübergehende Erscheinung. Das russische Holzspielzeug zeugt davon, daß das künstlerische Niveau der russischen Spielzeugmeister nach wie vor hoch ist und die Traditionen des volkstümlichen Spielzeugs in Rußland eine Zukunft haben.

Herbert Detharding
Vorsitzender des Vorstandes der Wintershall AG

Rem. I. Wjachirew
Vorsitzender des Vorstandes der OAO Gazprom

Die Welt von Hampelmann und Matrjoschka

Karlheinz W. Kopanski

Die Vorbereitung einer Spielzeugausstellung ist eine Herausforderung der besonderen Art: Nahezu täglich immer wieder neues Spielzeug entdecken, erkunden und zusammentragen zu dürfen, erfreut das „Kind im Manne" – und ist dennoch kein Kinderspiel. Es ist eine spannende und oftmals auch begeisternde Aufgabe, sich im Laufe von Wochen und Monaten ein umfassendes Bild über die bunte Welt des Spielzeugs zu verschaffen, jeder Besuch der Schauräume und Depots eines weiteren Museums und jedes zusätzliche kostbare Einzelstück eines privaten Sammlers führte auf mehreren Reisen aber auch eindrücklich vor Augen, daß auf diesem Wege im wahrsten Sinne des Wortes sehr schnell „eine Menge Holz" zusammenkommt. Angesichts der fast unermeßlichen Fülle möglicher Exponate wurde schnell die Notwendigkeit deutlich, bezüglich Herkunft, Material, Herstellungszeit und Sujets eine Auswahl zu treffen, die den Bedingungen einer Ausstellung gerecht wird.

Wenn „Hampelmann & Matrjoschka" sich auf hölzernes Spielzeug aus Deutschland und Rußland konzentriert, hat dies vor allem zwei Gründe: Zwischen beiden Ländern bestehen im aktuellen Zusammenhang überraschende kulturhistorische Kontakte, und Holz als Werkstoff spielt dabei eine zentrale Rolle. Wie in den folgenden Beiträgen ausführlich nachzulesen ist, blickt die Holzspielzeugherstellung hier wie dort auf eine lange und wechselvolle Geschichte zurück. Was einst als individueller Zeitvertreib an langen und dunklen Winterabenden begann, entwickelte sich auch aus wirtschaftlicher Not rasch zu einem umfangreichen Gewerbe. Schon bald überschritt der Handel die Grenzen und führte so zu einer immer größeren Nachfrage, wodurch sich traditionelle Holzspielwaren mit ihrem einzigartigen Formenreichtum in allen Volksschichten verbreiteten. Bereits im 19. Jahrhundert traten russische Großhändler aus Moskau ein- bis zweimal pro Jahr die weite Reise an, um im thüringischen Sonneberg oder bei den Spielzeugmachern in Nürnberg die neuesten Kleinode deutscher Schnitz-, Drechsel- und Tischlerkunst einzukaufen. Doch auch in umgekehrter Richtung entfaltete sich eine rege Handelstradition, seit russisches Spielzeug in den 20er Jahren dieses Jahrhunderts u. a. in Leipzig und Köln auf Messen und Ausstellungen gezeigt wurde.

Reifentierwerdegang (Kuh, um 1975) und verschiedene Reifentiere (2 Schafe, Löwe, Ziege, 1900–30), Seiffen, Fichtenholz, reifengedreht, beschnitzt, Ring: 6 x Ø 32,5 cm, Tiere: ca. 5,5 x 1,5 x 8 cm, ES Seiffen

Während dieser Zeit hatte sich nicht nur in Deutschland, sondern vor allem auch in der Umgebung Moskaus ein umfangreiches Spielzeuggewerbe entwickelt, das einzelnen Spielzeugen zu großer Popularität verhalf. Bis heute gelten hölzerne Artikel wie Hampelmänner, Reifentiere und Nußknacker oder wie die russischen Matrjoschkas und Pendelfiguren als landestypische Erzeugnisse.

Wer nun glaubt, diesem bemerkenswerten Aspekt einer deutsch-russischen Geschichte sei bereits gebührend Aufmerksamkeit geschenkt worden, befindet sich auf dem Holzweg. Erstmals wurde auf der Basis von über 1.000 Exponaten ausgewähltes Holzspielzeug jener beiden Länder vereint, über die schon 1930 der Schriftsteller Walter Benjamin sagte, „daß von allen Europäern allein vielleicht die Deutschen und die Russen das eigentliche Genie des Spielzeugs haben."[1] So wurden aus der ungeheuren Vielfalt einer Holzspielzeugentwicklung, die auf mehr als 300 Jahre zurückblicken kann, für diese Ausstellung in exemplarischer Form die schönsten Stücke zusammengetragen. Die genannten und viele andere charakteristische Spielwaren sind aus allen wichtigen Gebieten und Städten zu sehen: aus dem Erzgebirge und Thüringen sowie dem Wolgagebiet und dem russischen Norden, aus Seiffen, Nürnberg, Sonneberg und Berchtesgaden ebenso wie aus Bogorodskoje, Sergijew Possad, Nischni Nowgorod und Kirow.

Anders als z. B. die Gemälde eines Malers oder einer Stilrichtung ist die Herstellung von Spielzeug nicht auf eine bestimmte Epoche oder einen bestimmten Künstler begrenzt, sondern hat im Gegenteil seit Jahrhunderten eine von vielen Menschen lebendig gehaltene Tradition, die zuweilen bis in die Gegenwart reicht. In Ausstellung und Katalog sind deshalb historische und zeitgenössische Exponate, wenn auch nicht gleichgewichtig, so doch gleichberechtigt nebeneinander zu sehen; die entscheidenden Kriterien für ihre Auswahl waren stets Originalität und Ästhetik. Das jahrhundertealte Einzelstück, das trotz oder gerade wegen seiner abgegriffenen Oberfläche noch immer zu faszinieren vermag, spiegelt sich so in einem herausragenden zeitgenössischen Serienprodukt, und beide belegen, wie auch beim Spielzeug mancher einstmals massenhaft hergestellte Gegenstand im Laufe der Zeit zu einem seltenen Objekt mit dem Status eines Originals wird.

Gezeigt werden ausschließlich Spielwaren aus Holz (mit gelegentlichen zusätzlichen Materialien wie Teig oder Pappe), und zwar sowohl für Kinder und Erwachsene im engeren Sinne als auch Erzeugnisse aus dem

Grenzgebiet zur Handwerkskunst. Und dabei wird sehr schnell deutlich, daß nicht alles, was aus Holz hergestellt wurde, deswegen auch hölzern ist. Im Gegenteil: Das breite Spektrum formaler Varianten und inhaltlicher Spielarten, liebevolle Gestaltung, bezaubernde Details, abwechslungsreiche Farbgebung, einfallsreiche Mechanik und handwerkliche Meisterschaft faszinieren Auge und Phantasie gleichermaßen und bestätigen die landläufige Auffassung von Spielzeug als verkleinertem Spiegelbild der Erwachsenenwelt auf eindrückliche Weise neu. Nicht von ungefähr ist so mancher Erwachsener der Ansicht, daß Kinder mit Hilfe von Spielzeug das wirkliche Leben entdecken und es sich auf spielerischem Wege anzueignen vermögen. Doch auch Erwachsene können sich gleichermaßen wie Kinder für Spielzeug begeistern; wohl kaum ein anderer Gegenstand vermag in kürzester Zeit die Grenzen zwischen jung und alt aufzuheben. Die einen erinnern sich angesichts betagter Exponate freudig an die eigene Kindheit, die anderen staunen beim Anblick aktueller Beispiele Bauklötze, und beiden kribbelt es bei der Vorstellung, das Gesehene mit eigenen Händen spielerisch zu erkunden, in den Fingern. Und wenn sich dabei wie einst Pinocchio[2] auch heute noch so mancher hölzerne Hampelmann unversehens zu neuem Leben erwecken läßt, so liegt das nicht zuletzt am verwendeten Material, denn Holz ist ein ganz besonderer Stoff.

In Deutschland wie in Rußland kam der produzierenden Bevölkerung der natürliche Reichtum der Wälder zugute. In deutschen Gegenden wie Thüringen und dem Erzgebirge oder in russischen wie dem Wolgagebiet und dem ausgedehnten Norden war das Holz der Bäume stets ausreichend verfügbar und, weil relativ leicht zu bearbeiten, der ideale Rohstoff zur Anfertigung zunächst einfacher Spielsachen. So ist Holz nicht nur der vielleicht älteste, sondern war jahrhundertelang wohl auch der am häufigsten verwendete Werkstoff für Spielzeug.

Doch vor allem ist Holz das einzige Material, das durch die natürliche Maserung seiner Jahresringe von der Geschichte seiner Produkte erzählt und so das Gefühl vermittelt, einen individuellen, ganz besonderen Gegenstand zu besitzen, einen Gegenstand, der lebendig, aber eben auch vergänglich ist. Er altert mit demjenigen, der mit ihm spielt und wird in späteren Jahren oftmals zum Objekt der Sammelleidenschaft. Und auf Holz zu klopfen ist bekanntlich nicht nur wegen der dadurch entstehenden wohlklingenden Töne ein verbreiteter Brauch. Bei diesen einzigartigen Merkmalen überrascht es nicht, daß vor allem in den letzten Jahren eine Reihe von Läden entstanden sind, die eigens nur Spielzeug aus Holz verkaufen. Gerade in Zeiten virtueller Realitäten besinnt man sich wieder auf die Prinzipien von Friedrich Fröbel[3] und damit auch auf die Qualitäten von Holzspielzeug. Und die Palette dessen, was sich aus diesem warmen, durch seine Oberfläche der Hand schmeichelnden Material herstellen läßt, kennt keine Grenzen: Von miniaturisierten menschlichen Figuren bis zum metergroßen Schaukelpferd läßt sich in jeder Größe etwas finden, ebenso wie von der einfachen Rassel bis zum kniffligen Geduldsspiel für jedes Alter. Wohl kaum ein Gegenstand verkörpert aber so treffend die mögliche Entwicklung zwischen Ursprung und Produkt wie die kleinen spangezogenen, gedrechselten und geschnitzten Holzbäumchen. Sie stellen nicht nur das dar, woraus sie entstanden sind, sondern spiegeln darüber hinaus auch das Grundprinzip jeglichen Spielzeugs: die Welt des Großen im Kleinen.

Auch bei „Hampelmann & Matrjoschka" finden sich deshalb neben ausgesucht großen Exponaten überwiegend kleinformatige Objekte: Menschen, Tiere, Pflanzen, Gebäude und Fahrzeuge führen in neun Abteilungen eine reizvollen Mischung aus Bekanntem und Unbekanntem ebenso in

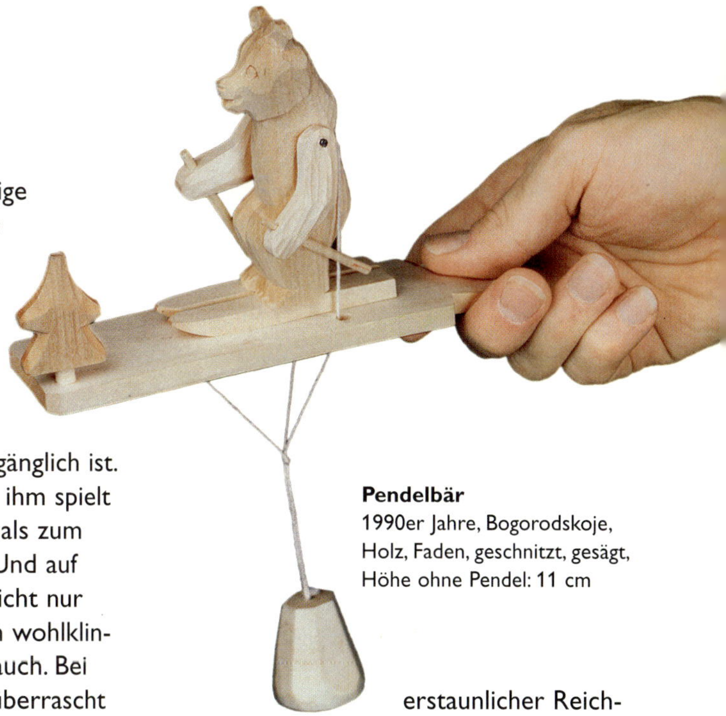

Pendelbär
1990er Jahre, Bogorodskoje, Holz, Faden, geschnitzt, gesägt, Höhe ohne Pendel: 11 cm

erstaunlicher Reichhaltigkeit vor Augen wie die Exponate aus den Themenbereichen Weihnachten, bewegliches Spielzeug, Spielzeug für draußen sowie Geduldsund Geschicklichkeitsspiele. Die Gegenüberstellung ausgewählter Motive aus beiden Ländern macht es dabei möglich, der Frage nachzugehen, welche gegenseitigen Beeinflussungen, parallelen Entwicklungen, aber auch landesspezifische Prozesse stattgefunden haben. Im direkten Vergleich erscheint nicht nur das jeweilige Einzelstück in neuem Licht, sondern verweist auch auf seinen Stellenwert im grenzüberschreitenden Zusammenhang. Gerade beim titelgebenden Hampelmann lassen sich naheliegende Gemeinsamkeiten ebenso wie erstaunliche Unterschiede entdecken.

Der vorliegende Katalog gibt dazu in Wort und Bild reichlich Gelegenheit. Während namhafte Fachleute in ihren Artikeln historische, soziale und thematische Aspekte beider Länder beleuchten und in ihren Regionenportraits die wichtigsten Gebiete der Holzspielzeugherstellung in Vergangenheit und Gegenwart skizzieren, laden über 300 Abbildungen in neun bereits genannten Abteilungen dazu ein, sich wie einstmals Alice[4] auch heute wieder verzaubern zu lassen im bunten Wunderland von Hampelmann und Matrjoschka.

1 Walter Benjamin, *Russische Spielsachen* (1930), in: ders., *Über Kindheit, Jugend und Erziehung,* Frankfurt a. M. 1969, S. 92.

2 Carlo Collodi, *Pinocchios Abenteuer. Geschichte eines Hampelmannes,* 1881–83.

3 Friedrich Fröbel, 1782–1852, deutscher Pionier des ganzheitlichen Denkens in der Pädagogik, erfand zur Entfaltung der schöpferischen Kräfte im Kind u. a. die sogenannten Fröbelgaben, ein mehrteiliges Baukastensystem mit elementaren Holzklötzen.

4 Lewis Carroll, *Alices Abenteuer im Wunderland* (1865). Auffälligstes Merkmal der Verzauberung der Hauptperson während ihrer phantastischen Traumabenteuer ist die ständige Veränderung ihrer Körpergröße und ihr damit einhergehendes wechselndes Größenverhältnis zu den Bewohnern des Wunderlandes.

Große und kleine Leute

Docken
Matrjoschkas
Bergmannsparade
Chinesisches Allerlei
Axtfiguren
Soldaten
Paare

Docke mit runden Armen
Anfang 20. Jahrhundert nach Vorlage aus dem 18. Jahrhundert, Landkreis Sonneberg, Holz, gedrechselt, beschnitzt, bemalt, Höhe: 14,5 cm, DS Sonneberg

2 Docken mit steifen Armen
2. Hälfte 18. Jahrhundert und Anfang 20. Jahrhundert, Landkreis Sonneberg, Holz, gedrechselt, bemalt, Höhe: 13,8 cm, 10 cm
DS Sonneberg

Ziehdocke
um 1830, Landkreis Sonneberg, Holz, gedrechselt, beschnitzt, bemalt, Höhe: 14,5 cm, DS Sonneberg

Ziehdocke
18. Jahrhundert, Landkreis Sonneberg, Holz, gedrechselt, beschnitzt, bemalt, Höhe: 14,5 cm, DS Sonneberg

Die Arme mit dem Kind lassen sich durch Ziehen an einem Faden heben.

Schepperdockin
1990er Jahre, Berchtesgaden (Berchtesgadener Handwerkskunst), Fichtenholz, gedrechselt, gesägt, bemalt,
18 x Ø 4 cm

Für die Herstellung dieser Rassel wird der Rock ausgebohrt. Der Hohlraum wird dann mit einigen Steinchen gefüllt und wieder verschlossen.

Fatschenpuppe
1990er Jahre, Berchtesgaden (Berchtesgadener Handwerkskunst), Nadelholz, gedrechselt, gesägt, bemalt,
Höhe: 17,5 cm

Dockinnen-Satz
1990er Jahre, Berchtesgaden (Berchtesgadener Handwerkskunst), Nadelholz, gedrechselt, bemalt, 3teilig,
16,5 x Ø 5,2 cm

Matrjoschka mit Henne
von S. Maljutin (Werkstatt der Gebrüder Iwanow), Anfang 20. Jahrhundert, Sergijew Possad, Lindenholz, gedrechselt, bemalt, 8teilig, 15 x Ø 7,5 cm, SHM Moskau

Auch wenn sie gerade einmal rund einhundert Jahre alt ist, so ist die Entstehungsgeschichte der Matrjoschka vor allem von Legenden bestimmt. Erzählt wird, daß Ende des 19. Jahrhunderts irgend jemand, entweder aus Paris oder von der Insel Honshu, einer bekannten russischen Industriellenfamilie eine kleine holzgeschnitzte Figur aus Japan mitbrachte. Zum allgemeinen Erstaunen ließ sie sich öffnen, und es fanden sich darin schließlich fünf immer kleiner werdende Figuren. Vielleicht lag hier der Beginn für die Entwicklung des kleinen Bauernmädchens, das seinen Siegeszug als typisches russisches Souvenir einst in der Moskauer Werkstatt von Anatoli Marmontow antrat und heute in vielen Spielzeugstädten hergestellt wird.

Matrjoschka
von W. S. Iwanow, 1903–10, Sergijew Possad, 9teilig, 18,5 x Ø 9 cm, PKS Sergijew Possad

Gutsherr
Matrjoschka aus der Werkstatt der Gebrüder Iwanow, Anfang 20. Jahrhundert, Sergijew Possad, Lindenholz, gedrechselt, bemalt, 8teilig, 17,7 x Ø 7,5 cm, SHM Moskau

Die „Baba Jaga“ ist die russische Bezeichnung für eine Hexe, während die Figur der „Schemachanischen Zarin“ einem Märchen von A. S Puschkin entnommen ist.

Als „Bojar“ bezeichnete man im mittelalterlichen Rußland einen nichtfürstlichen Adelsangehörigen in der Gefolgschaft der Landesfürsten.

Väterchen Frost
Baba Jaga
Schemachanische Zarin
Rotkäppchen
Ukrainerin
Bojar

6 Figürchen zum Öffnen, Anfang 20. Jahrhundert, Sergijew Possad, Holz, gedrechselt, geschnitzt, bemalt, Höhe: 12,8–14,8 cm, Ø 5–5,5 cm, PKS Sergijew Possad

Jungbulle im Kostüm eines Kammerherren
Frau
2 Figürchen zum Öffnen,
Anfang 20. Jahrhundert,
Sergijew Possad, Holz,
gedrechselt, bemalt,
15 x Ø 6,3 cm, 14 x Ø 6,8 cm,
PKS Sergijew Possad

Matrjoschka
Anfang 20. Jahrhundert,
Sergijew Possad, Holz,
gedrechselt, bemalt,
6,5 x Ø 3 cm,
PKS Sergijew Possad

Matrjoschka
1920er Jahre, Sagorsk,
Holz, gedrechselt,
bemalt,
13,8 x Ø 6,5 cm,
PKS Sergijew Possad

Matrjoschka
1947, Babenki, Holz,
gedrechselt, bemalt,
7,3 x Ø 3,5 cm,
PKS Sergijew Possad

Matrjoschka
1930er Jahre,
Merinowo (M. I. Kalinin-Genossenschaft), Holz,
gedrechselt, bemalt,
26 x Ø 13,5 cm,
HKM Semjonow

Kegelförmige Matrjoschka
1927, Bezirk
Semjonow, Holz,
gedrechselt, bemalt,
13,5 x Ø 7,5 cm,
HKM Semjonow

Münchner Kindl
Junge
Gendarm
Student mit Bierkrug
Mädchen
5 Füllartikel, um 1930, Sonneberg, Holz, gedrechselt, bemalt, Höhe: 12,7 cm, 13 cm, 13,7 cm, 11,7 cm, 14,3 cm, DS Sonneberg

Sogenannte Füllartikel, auch Attrappen genannt, waren in der zweiten Hälfte des 19. Jahrhunderts sehr beliebt als Verpackung für Süßigkeiten, Parfüm und kleine Gegenstände. Sie wurden in Form von Pappschachteln mit aufgesetzter Papiermachéfigur oder als auseinandernehmbare Figuren aus Papiermaché bzw. Holz hergestellt.

Steckpuppe
um 1910, Nürnberg (Firma Christian Hacker), Holz, gedrechselt, gesägt, bemalt, lackiert, 3teilig, Höhe: 8,8 cm, SM Nürnberg

5 Matrjoschkas
1966, Polchow Maidan, Holz, gedrechselt, bemalt,
7,1 x Ø 1,9 cm,
11,6 x Ø 4 cm,
12 x Ø 6,1 cm,
9,6 x Ø 3,4 cm,
12,6 x Ø 1,9 cm,
PKS Sergijew Possad

Russischer Bursche
Anfang 1980er Jahre, Semjonow (Semjonower Verein zur Souvenirherstellung), Holz, gedrechselt, bemalt, 35 x Ø 12 cm, SHA Nischni Nowgorod

Kavalier
von T. Krasnojarow, 1978, Koskowo, Holz, geschnitzt, bemalt, 24 x Ø 6,5 cm, SHA Nischni Nowgorod

Matrjoschka mit Blumenstrauß
Anfang 1980er Jahre, Semjonow (Semjonower Verein zur Souvenirherstellung), Holz, Drechselabeit, bemalt, 33 x Ø 14,5 cm, SHA Nischni Nowgorod

Dame
von T. Krasnojarow, 1978, Koskowo, Holz, geschnitzt, bemalt, 24,5 x Ø 6,5 cm, SHA Nischni Nowgorod

Köchin
1965, Semjonow (Fabrik „Igruschka"), Holz, gedrechselt, bemalt, 15,5 x Ø 8,5 cm, SHA Nischni Nowgorod

Matrjoschka
1965, Semjonow (Fabrik „Igruschka"), Holz, gedrechselt, bemalt, 12teilig, 32 x Ø 16,5 cm, SHA Nischni Nowgorod

Matrjoschka
1965, Semjonow (Fabrik „Igruschka"), Holz, gedrechselt, bemalt, 71 x Ø 31,5 cm, SHA Nischni Nowgorod

Matrjoschka
von A. Roschkowa, 1990, Krutez, Holz, gedrechselt, Polchow Maidaner Malerei, 5teilig, 21 x Ø 8,5 cm, SHA Nischni Nowgorod

Skiläufer
1978, Semjonow (Semjonower Verein zur Souvenirherstellung), Holz, gedrechselt, bemalt, 46 x Ø 16,7 cm, SHA Nischni Nowgorod

Hockeyspieler
1976, Semjonow (Semjonower Verein zur Souvenirherstellung), Holz, gedrechselt, bemalt, 79 x Ø 20 cm, SHA Nischni Nowgorod

Soldat
von I. Sorokin, 1977, Semjonow (Semjonower Verein zur Souvenirherstellung), Holz, gedrechselt, bemalt, 58 x Ø 15 cm, SHA Nischni Nowgorod

Bojarin und Türke
2 Figürchen zum Öffnen, bemalt von W. S. Iwanow nach einer Skizze von N. P. Janytschenko, 1903–10, Sergijew Possad, Holz, gedrechselt, Holzbrandmalerei, bemalt, 14,5 x Ø 8 cm, 14,5 x Ø 7,5 cm, PKS Sergijew Possad

Bojar
Figürchen zum Öffnen, 1935, Sagorsk, Holz, gedrechselt, bemalt, 12,2 x Ø 7 cm, PKS Sergijew Possad

Frau
Figürchen zum Öffnen, Anfang 20. Jahrhundert, Sergijew Possad, Holz, gedrechselt, bemalt, 14,5 x Ø 7 cm, PKS Sergijew Possad

Matrjoschka (Baltischer Typ)
von D. N. Pitschugin, 1903–10, Sergijew Possad, Holz, gedrechselt, Holzbrandmalerei, bemalt, 4teilig, 22 x Ø 10,5 cm, PKS Sergijew Possad

Matrjoschka (Baltischer Typ)
von D. N. Pitschugin, 1903–10, Sergijew Possad, Holz, gedrechselt, Holzbrandmalerei, bemalt, 3teilig, 22,5 x Ø 10,5 cm, PKS Sergijew Possad

Matrjoschka (Baltischer Typ)
von D. N. Pitschugin, 1903–10, Sergijew Possad, Holz, gedrechselt, Holzbrandmalerei, bemalt, 8teilig, 16 x Ø 7,7 cm, PKS Sergijew Possad

Alter Mann
Zigeunerin
Bräutigam
Braut
4 Matrjoschkas,
Anfang 20. Jahrhundert,
Sergijew Possad, Holz,
gedrechselt, geschnitzt, bemalt,
20 x Ø 11,6 cm,
14 x Ø 7,7 cm,
14,1 x Ø 7,5 cm,
14,2 x Ø 7,3 cm,
PKS Sergijew Possad

Hetman (Hauptmann)
Matrjoschka von
I. G. Prochorow, 1903–10,
Sergijew Possad, Holz, gedrechselt, Holzbrandmalerei, bemalt,
5teilig, 21 x Ø 10,6 cm,
PKS Sergijew Possad

Dame
1. Hälfte 19. Jahrhundert, Gouvernement Moskau, Lindenholz, geschnitzt, bemalt, 15,3 x 6 x 4 cm, SHM Moskau

Dame mit Sonnenschirm
2. Hälfte 19. Jahrhundert, Bogorodskoje, Lindenholz, Metall, geschnitzt, 18,5 x 7 x 6 cm, SHM Moskau

Amme
1. Hälfte 19. Jahrhundert, Sergijew Possad, Lindenholz, geschnitzt, bemalt, 18 x 6 x 4,3 cm, SHM Moskau

Holzgeschnitzte Figuren von Mönchen, bisweilen bemalt, wurden traditionellerweise bei der Troize-Sergijewa Lawra (Dreifaltigkeitskloster) in Sergijew Possad, einem der mächtigsten religiösen Zentren Rußlands, hergestellt und verkauft. Derartige Darstellungen existierten im kindlichen Alltag als Spielobjekte und als Souvenirs, die von heiligen Orten mitgebracht wurden.

Mönch
2. Hälfte 19. Jahrhundert, Bogorodskoje, Lindenholz, geschnitzt, 24,5 x 7,2 x 4,7 cm, SHM Moskau

Nonne
von D. Putschkow, 2. Hälfte 19. Jahrhundert, Bogorodskoje, Lindenholz, geschnitzt, 11 x 3,1 x 3 cm, SHM Moskau

Mönch
2. Hälfte 19. Jahrhundert, Bogorodskoje, Lindenholz, geschnitzt, 11 x 3 x 2,3 cm, SHM Moskau

Mönch
2. Hälfte 19. Jahrhundert, Bogorodskoje, Lindenholz, geschnitzt, 24,5 x 7,8 x 5 cm, SHM Moskau

Mädchen in Festtagskleidung
von A. Warganow, 1980,
Sergijew Possad, Lindenholz,
Tempera, geschnitzt, bemalt,
25,5 x 7,5 x 4,2 cm,
SHM Moskau

Russischer Feldherr
von A. Warganow, 1988,
Sergijew Possad, Lindenholz,
Tempera, geschnitzt, bemalt,
32 x 11 x 7,4 cm,
SHM Moskau

Dame
von A. Warganow, 1980,
Sergijew Possad, Lindenholz,
Tempera, geschnitzt, bemalt,
22 x 6,5 x 4 cm,
SHM Moskau

Bauer mit Korb
Vogelfänger
Raucher
Bäuerin mit Huhn
Bäuerin
Tänzerin
2. Hälfte 19. Jahrhundert,
Bogorodskoje, Lindenholz,
geschnitzt, 11 x 3,5 x 2,5 cm,
10,8 x 3,5 x 2,7 cm,
10,5 x 3,5 x 2,5 cm,
16,5 x 5,5 x 3,8 cm,
18 x 6 x 4 cm,
17 x 6,5 x 3 cm,
SHM Moskau

Gärtnerin
Pärchen unterm Schirm
Pärchen unter Bäumen
Gärtner
Spielzeugmacher
5 Schnitzereien von
A. N. Warganow, 1980er Jahre,
Sergijew Possad, Lindenholz,
Metall, Tempera, geschnitzt,
zum Teil leicht bemalt,
6 x 2,4 x 1,8 cm,
8,4 x 5,5 x 4,2 cm,
16 x 13,7 x 4 cm,
10,7 x 4,5 x 3 cm,
8,5 x 5,2 x 1,4 cm,
SHM Moskau

Die Blätter der Bäume sind an Metallfedern befestigt und bewegen sich bei Berührung oder Luftzug.

Amme
von M. Pronin, Ende 19.,
Anfang 20. Jahrhundert,
Bogorodskoje, Lindenholz,
geschnitzt,
15,5 x 7 x 5,3 cm,
SHM Moskau

Amme
1. Hälfte 19. Jahrhundert,
Sergijew Possad, Lindenholz,
geschnitzt, bemalt,
15,5 x 5,2 x 3,7 cm,
SHM Moskau

Pilzhändlerin
2. Hälfte 19. Jahrhundert,
Sergijew Possad, Lindenholz,
Metall, geschnitzt, bemalt,
16,5 x 5 x 5 cm,
SHM Moskau

Weißbrotverkäufer
2. Hälfte 19. Jahrhundert,
Bogorodskoje, Lindenholz,
geschnitzt, 16,5 x 6,5 x 5,5 cm,
SHM Moskau

Weißbrotverkäufer
2. Hälfte 19. Jahrhundert,
Gouvernement Moskau,
Lindenholz, geschnitzt, bemalt,
16 x 6,8 x 4,8 cm,
SHM Moskau

Dorfjugend
Ende 19., Anfang 20. Jahrhundert, Bogorodskoje, Lindenholz, Metall, Garn, geschnitzt, 23,6 x 23,5 x 11,5 cm, SHM Moskau

Schmied mit Pferd
Ende 19., Anfang 20. Jahrhundert, Bogorodskoje, Lindenholz, Glas, Buntpapier, Flachsgarn, geschnitzt, 23,4 x 21,5 x 11 cm, SHM Moskau

Frau mit Säge
Matrose
Pilot
von I. Stulow, 1946, Bogorodskoje, Lindenholz, geschnitzt,
13,3 x 5,5 x 5,5 cm,
13,6 x 4,5 x 3,5 cm,
14 x 3,5 x 5 cm,
SHM Moskau

Postbote
Kolchosarbeiterin
von W. Kalatschowa, 1949/50, Bogorodskoje, Lindenholz, geschnitzt, 11,5 x 4,5 x 2,5 cm,
10,7 x 4 x 2,3 cm,
SHM Moskau

Bogorodskojer Poem
von M. I. Smirnow, 1980er Jahre, Bogorodskoje, Lindenholz, geschnitzt, 21,5 x 27,5 x 11 cm, SHM Moskau

Spinnerin
Frau mit Kind
Kaufmann
Frau mit Kind
Reiter

5 Figuren von F. S. Krasnojarow, 1930er Jahre, Koskowo, Lindenholz, geschnitzt, bemalt,
13,3 x 8 x 4 cm,
18,5 x 7 x 3 cm,
19,5 x 5 x 3,8 cm,
18,3 x 8 x 3,5 cm,
13,8 x 9 x 4 cm,
SHM Moskau

Pionier mit Halstuch und Horn
Halbfigur eines Mannes
2 Figuren von I. A. Masin, 1934, Kurzewo, Holz, Axtarbeit, bemalt, 16,3 x 3,5 x 5,6 cm, 13,1 x 3 x 7 cm, beide Figuren wurden von Masin im Auftrag des Museums angefertigt, PKS Sergijew Possad

Junge mit Fisch
Clown
2 Figuren von I. A. Masin, 1935, Kurzewo, Holz, Axtarbeit, bemalt, 16 x 3,3 x 6 cm, 16,5 x 3,8 x 5,1 cm, PKS Sergijew Possad

5 Gutsherrinnen-Figuren
Mitte 19. Jahrhundert,
Gouvernement Wladimir,
Lindenholz, geschnitzt, bemalt,
21,5 x 5,5 x 2,3 cm,
19,5 x 7,5 x 3,5 cm,
21,5 x 7,5 x 3 cm,
21,2 x 7,5 x 3 cm,
19,7 x 7 x 2,7 cm,
SHM Moskau

Die Figuren von Ignati Andrejewitsch Masin (1876–1941) besitzen einen ganz besonderen Charme, sie sind klar, ein wenig naiv und sehr weltoffen. Es heißt, er sei ein Phantast und Spaßvogel gewesen, hoch gewachsen, mit länglichem Gesicht, tiefliegenden Augen und Bart, ein rastloser Erfinder und Erzähler. Masin arbeitete schnell und viel – an einem Tag konnte er eine ganze Kollektion neuer Stücke bemalen. Er liebte es zu schenken, besonders gerne verschenkte er aus Furnier und Holz geschnitzte Puppen an die Kinder. Auch bei ihm zu Hause war alles mit verschiedenen Szenen und Blumen bemalt: das Tor, die Tür, der Ofen, die Schränke und die Eimer.

Mann mit blauem Mantel
Mädchen
Mann mit Ziehharmonika
3 Figuren von I. A. Masin, 1934,
Kurzewo, Holz, Axtarbeit,
bemalt, 20 x 3 x 5,6 cm,
24 x 3 x 6,7 cm,
21,7 x 4 x 8 cm, die Figuren
wurden von Masin im Auftrag
des Museums angefertigt,
PKS Sergijew Possad

Frau
mit dekolletiertem Kleid
von I. A. Masin, 1934, Kurzewo,
Holz, Axtarbeit, bemalt,
20,6 x 3 x 7,3 cm, die Figur
wurde von Masin im Auftrag
des Museums angefertigt,
PKS Sergijew Possad

Mädchen
mit dekolletiertem Kleid
von I. A. Masin, 1934, Kurzewo,
Holz, Axtarbeit, bemalt,
13,8 x 2,8 x 7 cm, die Figur
wurde von Masin im Auftrag
des Museums angefertigt,
PKS Sergijew Possad

Frau mit braunem Kleid
und Handtasche
von I. A. Masin, 1934, Kurzewo,
Holz, Axtarbeit, bemalt,
23 x 2,9 x 6,7 cm, die Figur
wurde von Masin im Auftrag
des Museums angefertigt,
PKS Sergijew Possad

Kindermädchen
mit Kind
von I. A. Masin, 1934,
Kurzewo, Holz, Axtarbeit,
bemalt, 20 x 12,2 x 6 cm,
PKS Sergijew Possad

Frau mit Katze
von I. A. Masin, 1933, Kurzewo,
Holz, Axtarbeit, bemalt,
18,8 x 13,5 x 5,7 cm,
PKS Sergijew Possad

Baba Jaga
Bojar
2 Spardosen von
N. D. Bartram, 1910er Jahre,
Moskau, Lindenholz, geschnitzt,
bemalt, 13 x 10,3 x 11 cm,
13 x 9 x 9,5 cm,
SHM Moskau

Mit der großen Vielfalt an Formen für Kinderspardosen ließ sich für jeden Geschmack etwas finden. Basierend auf Entwürfen von Nikolai Dmitrijewitsch Bartram wurden sie auf der Grundlage der Überarbeitung und Stilisierung traditioneller Formen des russischen Holzspielzeugs gefertigt.

Dame mit Kind
1. Hälfte 19. Jahrhundert, Gouvernement Moskau, Lindenholz, geschnitzt, bemalt, 25,5 x 9,5 x 5,5 cm, SHM Moskau

Gutsherrin mit Schirm
19. Jahrhundert, Sergijew Possad, Holz, geschnitzt, bemalt, 34 x 6,5 x 10,5 cm, PKS Sergijew Possad

Dame
19. Jahrhundert, Sergijew Possad, Holz, geschnitzt, bemalt, 26,2 x 6,5 x 8 cm, PKS Sergijew Possad

Gutsherrin mit Hündchen
19. Jahrhundert, Sergijew Possad, Holz, geschnitzt, bemalt, 36 x 11 x 7 cm, PKS Sergijew Possad

Traditionellerweise gab es auf dem Spielzeugmarkt Rußlands eine große Vielfalt an Puppen in Gestalt von Gutsherrinnen und Damen. Ihr „Kostüm" entsprach auf jeden Fall der zeitgenössischen Mode, so konventionell es bisweilen auch erscheint. Bei dem vorliegenden Spielzeug erkennen wir unschwer das prachtvolle Damenkostüm der ersten Hälfte des 19. Jahrhunderts, welches vom Urheber in erstaunlicher Authentizität ausgeführt ist.

Frappierend ist die Behandlung der Gestalten, die eine standardisierte Lebenssituation wiedergeben: die repräsentative Figur der Mutter, die den Launen keine Beachtung schenkt, und die lebhafte Figur des Kleinkindes in unbefangener kindlicher Bewegung. Möglicherweise wurden diese Spielzeuge in Nachahmung einer Porzellanplastik gefertigt.

Dame
1. Hälfte 19. Jahrhundert, Gouvernement Moskau, Lindenholz, geschnitzt, bemalt, 24,2 x 7 x 3,5 cm, SHM Moskau

Türke
2. Hälfte 19. Jahrhundert, Sergijew Possad, Lindenholz, geschnitzt, bemalt, 24 x 5,5 x 2,7 cm, SHM Moskau

Frau
Anfang 20. Jahrhundert, Bogorodskoje, Holz, geschnitzt, bemalt, 31,8 x 5 x 10 cm, PKS Sergijew Possad

Amme
1. Viertel 19. Jahrhundert, Sergijew Possad, Holz, geschnitzt, bemalt, 23 x 8 x 6 cm, PKS Sergijew Possad

Gutsherrin
19. Jahrhundert, Sergijew Possad, Holz, geschnitzt, bemalt, 29,5 x 9,2 x 5,4 cm, PKS Sergijew Possad

Dame
1. Hälfte 19. Jahrhundert, Gouvernement Moskau, Lindenholz, geschnitzt, bemalt, 30 x 10,5 x 5,5 cm, SHM Moskau

Husar
Mitte 19. Jahrhundert, Sergijew Possad, Lindenholz, geschnitzt, bemalt, 30,3 x 9,3 x 5,5 cm, SHM Moskau

Husar
Mitte 19. Jahrhundert, Sergijew Possad, Lindenholz, geschnitzt, bemalt, 30 x 9,7 x 4,5 cm, SHM Moskau

Dame
1. Hälfte 19. Jahrhundert, Gouvernement Moskau, Lindenholz, geschnitzt, bemalt, 30,5 x 10 x 6 cm, SHM Moskau

Kaufmannsfrau
Fischer
1. Hälfte 19. Jahrhundert,
Gouvernement Moskau,
Lindenholz, geschnitzt, bemalt,
28 x 10 x 4,5 cm,
31,5 x 10 x 7 cm,

4 Damen
1. Hälfte 19. Jahrhundert,
Gouvernement Moskau,
Lindenholz, geschnitzt, bemalt,
23 x 7,5 x 3,6 cm,
18,3 x 6 x 3 cm,
17 x 6 x 2 cm,
17,2 x 5 x 1,2 cm

Dame
1. Hälfte 19. Jahrhundert,
Gouvernement Moskau,
Lindenholz, geschnitzt, bemalt,
20 x 6 x 3,3 cm

Husar
Mitte 19. Jahrhundert,
Sergijew Possad, Lindenholz,
geschnitzt, bemalt,
16,7 x 6,5 x 3,3 cm

Husar
Mitte 19. Jahrhundert,
Sergijew Possad, Lindenholz,
geschnitzt, bemalt,
22 x 9 x 4,5 cm

Dame
1. Hälfte 19. Jahrhundert,
Gouvernement Moskau,
Lindenholz, geschnitzt, bemalt,
20 x 6,5 x 4 cm

alle Figuren dieser Seite:
SHM Moskau

Mit der Herstellung des „Chinesischen Allerleis" begannen russische Spielzeugmachermeister als Imitation der chinesischen Porzellanplastik. Solche Porzellanfigürchen, die als Gegenstand modischer Sammelleidenschaft weite Verbreitung fanden, waren ziemlich teuer und eine beliebte Spielerei für Erwachsene. So wünschten sich bald auch die Kinder ähnliche Figuren. Das teure Porzellan wurde von den Schnitzern durch billigeres Holz ersetzt und die bekanntesten Figuren durch Umarbeitung der Form nachgebildet. Die Figuren wurden aus einem großen Holzklotz herausgeschnitzt, der für jede der sich mit der Zeit herausbildenden verschiedenen Sorten eigens vorbereitet wurde. So kam auf jedes Hundert des „Chinesischen Allerleis" etwa 20 unterschiedliche Arten von Figuren, deren Namen häufig unübersetzbar und nur dem russischen Ohr verständlich sind. Bestrichen mit einem Gemisch aus Kreide und Leim und noch nicht bemalt, sind sie fast nicht von den Porzellanvorbildern zu unterscheiden. Einer der großen Virtuosen des „Chinesischen Allerleis" war der Meister Iwan Jegorowitsch Falin (1827–1903), der auch komplette genrehafte Szenerien schuf.

Chinesisches Allerlei
12 Figuren von Polikarpow, Falin u. a.,
2. Hälfte 19. Jahrhundert,
Sergijew Possad, Holz, geschnitzt, bemalt,
Höhe: 5–6,5 cm,
PKS Sergijew Possad

Bäuerin
Fischhändlerin
Musikant
Wanderer
Bauer mit Spaten
Ende 19., Anfang 20. Jahrhundert, Sergijew Possad, Lindenholz, geschnitzt, bemalt,
14,2 x 5,5 x 3 cm,
7,5 x 3 x 2 cm,
11,5 x 3,5 x 2,8 cm,
7,7 x 3 x 2 cm,
15 x 6,5 x 4,5 cm,
SHM Moskau

Husarenfiguren waren in Rußland eines der beliebtesten Spielzeuge für kleine Jungen. Mit ihrer Herstellung begannen die Schnitzer in Sergijew Possad nach dem Sieg über die Franzosen im „Vaterländischen Krieg" im Jahre 1812. Die Figur des tapferen, verwegenen Militärs fand so ihre Verkörperung in einem Spielzeug, das sich für die Dauer der folgenden 100 Jahre ungeheurer Popularität erfreute.

Husar
Mitte 19. Jahrhundert,
Sergijew Possad, Lindenholz,
geschnitzt, bemalt,
45,5 x 13 x 9,7 cm,
SHM Moskau

Militärperson
19. Jahrhundert,
Sergijew Possad, Holz,
gedrechselt, bemalt,
23 x 3,5 x 7 cm,
PKS Sergijew Possad

Mann
19. Jahrhundert,
Sergijew Possad, Holz,
geschnitzt, bemalt,
18,5 x 4 x 4,5 cm,
PKS Sergijew Possad

Historische Berg- und Hüttenparade
von W. Werner, 1958, Seiffen,
verschiedene Hölzer, Papier,
gedrechselt, beschnitzt, bemalt,
240 Figuren und 4 Reiter auf
4 Bodenbrettern,
Höhe: 9 cm,
ES Seiffen
(Details, vgl. S. 79)

8 Soldaten
2. Hälfte 19. Jahrhundert,
Sergijew Possad, Lindenholz,
geschnitzt, bemalt,
Höhe: 7,3–23 cm,
SHM Moskau

Fast nichts kosteten in Rußland die volkstümlichen Kriegsspielzeuge, jene Holzsoldaten, die man für einige Kopeken auf jedem beliebigen Markt kaufen konnte. Leider entsprachen diese Soldaten im Format nicht denen aus Zinn – die kleinsten von ihnen überragten den größten Zinnsoldaten um etwa das Dreifache. Dieser Umstand allerdings hinderte mich nicht daran, auch meine hölzernen Regimenter zu lieben. Sie gefielen mir aus zwei Gründen, einmal weil sie in besonders leuchtenden und tiefen „Couleurs" bemalt waren, sodann weil sie wunderbar rochen, sie „rochen nach Spielzeug" – sie rochen nach diesem wundervollen Duft, von dem auch die Spielzeugläden tief durchdrungen waren.

Alexandr Benua (Alexandre Benois):
„Meine Erinnerungen", Moskau 1980

Mönche und Nonnen
Ende 19. Jahrhundert,
Sergijew Possad, Lindenholz,
geschnitzt, bemalt,
Höhe: 5,2–18,5 cm,
SHM Moskau

Die beiden kleinen Figuren
in der Mitte zählen zum
„Chinesischen Allerlei“.

Rußland – Deutschland: Wege und Kreuzungen des Spielzeugs

Alexandr Grekow

Die Kulturgeschichte der Länder kennt viele Beispiele für eine gegenseitige Beeinflussung und Durchdringung, von denen die charakteristischsten allgemein bekannt, gut erforscht und in der Fachliteratur ausführlich beschrieben worden sind. Daneben aber finden sich immer noch zahlreiche Seitenzweige der kulturellen Tradition, die das Gesamtbild der künstlerischen Einflüsse nicht nur ergänzen, sondern auch für sich genommen von besonderem Interesse für den Forscher sind.

Rußland und Deutschland sind als uralte Konkurrenten und Partner auf dem Kunstmarkt in diesem Sinne für die Forschung recht interessant. Die russisch-deutschen kulturellen Beziehungen waren bis heute bereits Gegenstand nicht nur einer Forschungsarbeit. Und doch scheint die volkstümliche Kunst und im besonderen das Spielzeug auf den ersten Blick ein so unbedeutender Untersuchungsgegenstand zu sein, eine periphere kulturelle Erscheinung, daß diese sich viele Jahre außerhalb des Interessengebietes der Fachleute befand.

Die deutsch-russischen „Spielzeug-Kontakte" nahmen, anfangs zaghaft und einseitig, bereits vor langer Zeit ihren Anfang. Ohne jeden Zweifel konnte man schon im 17. Jahrhundert am russischen Hof eine ganze Reihe deutscher Meister antreffen, die zur Zarenbelustigung eine Anzahl einzigartiger Spielzeuge schufen, welche in den Chroniken erwähnt sind. Unter Beziehung auf den bedeutenden russischen Historiker I. Je. Sabelin können wir einige Gegenstände anführen, die damals in der Hauptsache in „Läden bei Fremden" gekauft wurden. „Am 17. Januar des Jahres 1630 brachte Fjodor Stepanowitsch Streschnjew vom Herrn [Michail Fjodorowitsch; A. G.] aus den Gemächern einen Spielzeuggarten deutscher Arbeit, der aus schwarzem, deutschem Holz gefertigt war: Bäumchen, und auf den Bäumchen allerlei Vögel. Und er sagte, daß der Herr Weisung gegeben habe, dieses Spielzeug in der Schatztruhe der Zarin [für die dreijährige Zarentochter Irina; A. G.] aufzubewahren." Weiter erwähnt werden „deutsche Kutschen" (1633), „deutsche Frauen", „hölzerne deutsche Frauchen" (1635), „kleine Zimbeln aus schwarzem Holz gefertigt, ... eine deutsche Arbeit, obenauf drei Figürchen, ein deutscher Mann und zwei deutsche Frauchen" (1640).[1]

Im folgenden 18. Jahrhundert erfuhr die kulturelle Orientierung Rußlands einschneidende Veränderungen: Die Mode alles Französischen wurde bestimmend. Im 19. Jahrhundert jedoch „tritt der deutsche Einfluß [wieder] in den Vordergrund: Schule, Lehrer, Lehrbücher, Lehrmittel, Spielzeuge

N. D. Bartram
Ölgemälde von Je. I. Lossewa,
1930er Jahre,
PKS Sergijew Possad

– all das kommt aus Deutschland, alles ist billig, erschwinglich, mit Geschick gut absetzbar und wird fest ansässig. Zu uns gelangte vorzugsweise Fabrikspielzeug, für dessen Vertrieb die Händler fleißig Sorge trugen. Von dort wurden den Kindern deutsche Zinnsoldaten geschickt, dann aber ging man daran, auch russische anzufertigen, Puppen mit den Bolwaschki-Gesichtern[2] usw. Die russischen Großhändler haben es sich zur Gewohnheit gemacht, ein bis zweimal im Jahr nach Nürnberg oder Sonneberg zu fahren, um Spielzeug zu besorgen, wie sie wegen Fellen aus Sibirien nach Leipzig fahren."[3] Die derart weite Verbreitung von Waren aus Deutschland im Rußland des 19. Jahrhunderts führte dazu, daß nach dem Ausspruch eines Zeitgenossen „deutsches Spielzeug in alle Winkel unseres Landes vordrang".[4]

Die Deutschlandreisen russischer Gelehrter und Fachleute, die sich mit Spielzeug befaßten, begannen in der zweiten Hälfte des vergangenen Jahrhunderts. Einer der ersten, der Deutschland mit dem Ziel besuchte, die Wirtschaftsweise seiner Heimindustrie zu studieren, war der russische Ökonom, Statistiker und Publizist Andrei Alexejewitsch Issajew (1850–1919). Im Jahre 1877, damals noch erst am Beginn seiner Karriere, überquerte der junge Wissenschaftler die Grenze, um sich mit der volkstümlichen deutschen Kultur vertraut zu machen. Das Resultat dieser Reise war seine umfassende Forschungsarbeit „Das Spielzeuggewerbe im Erzgebirge", veröffentlicht in den „Arbeiten der Kommission zur Erforschung der Heimindustrie in Rußland".[5] Indes war dies nicht seine erste Reise nach Deutschland. Bereits in die Jahre 1873/74 datiert seine erste Auslandsreise, die ihn durch Leipzig und Heidelberg führte und wo er Vorlesungen an den dortigen Universitäten hörte, was in der damaligen Zeit in der russischen Intelligenz äußerst populär war. Das Interesse an Fragen der ökonomischen Entwicklung Westeuropas und Rußlands, an der Heimindustrie und an der Tätigkeit der Handwerker- und Landarbeitergenossenschaften veranlaßte Issajew im Jahre 1875, eine Stelle beim Moskauer Gouvernements-Semstwo[6] anzutreten. In dessen Auftrag führte er eine Untersuchung der Heimgewerbe des Moskauer Gouvernements durch, eine bis zum heutigen Tage

Pickehühner
Pendelspielzeug, 1990er Jahre, Moskauer Umgebung, Holz, Schnur, gesägt, geschnitzt, gedrechselt, bemalt, Ø 13 cm

ungewöhnlich aktuell gebliebene Arbeit, auf die auch heutige Spezialisten, die sich mit der Erforschung der volkstümlichen Kunst der Moskauer Umgebung befassen, zurückgreifen. Im Januar 1877 wurde er von der Petersburger Universität nach Leipzig, Jena, Berlin und Paris geschickt, wo er Fragen der politischen Ökonomie und der Finanzwissenschaften studierte.

Ein Resultat dieser zweiten Reise war auch die schon oben erwähnte Forschungsarbeit, die einem der herausragenden Bereiche deutscher volkstümlicher Kunst gewidmet war: dem Spielzeug aus dem Erzgebirge. Das gesammelte Material wurde von Issajew innerhalb der zwölf Tage, die er in Straßburg verbrachte (vom 10. bis zum 22. Dezember 1877) systematisiert und in Form eines Artikels zusammengefaßt. Noch einmal zwölf Tage (vom 27. Juni bis zum 9. Juli) benötigte er im folgenden Jahr, um in Paris die zweite Arbeit zum Thema unter dem Titel „Angaben zur Holzbearbeitung in Deutschland und der Schweiz“[7] zu verfassen. Und schließlich, schon nach seiner Rückkehr nach Moskau, am 21. November 1878, stellt er das bis dahin erste „Verzeichnis von Büchern zur Lage der Kleinindustrie in Deutschland, Frankreich und der Schweiz“[8] zusammen.

Am weitaus intensivsten jedoch war die Reisetätigkeit von russischen Verantwortlichen der Heimindustrie sowie von Sammlern und Liebhabern der volkstümlichen Kunst nach Deutschland (und nicht nur in dieses Land) Ende des 19., Anfang des 20. Jahrhunderts. Unter ihnen waren der spätere Gründer des Spielzeugmuseums in Moskau (1918), Nikolai Dmitrijewitsch Bartram (1873–1931), der damals Direktor des Mustermuseums und künstlerischer Leiter am Kunstgewerbemuseum des Moskauer Gouvernements-Semstwos war, sowie Wladimir Iwanowitsch Boruzki (1880–1938), Leiter der Kunstgewerblichen Werkstätten des Moskauer Gouvernements-Semstwos in Sergijew Possad,[9] Lew Grigorjewitsch Orschanski (1866–1937), Professor, Psychiater und Autor mehrerer Bücher zur Geschichte des Spielzeugs und der Heimgewerbe, Georgi Stepanowitsch Serebrjakow (1890– ?), der zweite Leiter der Bogorodskojer Lehr- und Demonstrationswerkstatt mit einer Instruktorenklasse für Holzschnitzerei, und Pjotr Ossipowitsch Morossow (1854–1920), Literaturhistoriker und Liebhaber der Volkskunst. Aller Wahrscheinlichkeit nach läßt sich diese Liste noch weiter fortsetzen, weil Forschungen in den Archiven immer wieder neue Informationen erbringen.

Es ist bezeichnend, daß jeder der Spezialisten, die Deutschland besuchten, in seinen Aufzeichnungen eine der Facetten der traditionellen Volkskunst, auf die das deutsche Volk so stolz ist, widerspiegelte. Der schon erwähnte Andrei Issajew zum Beispiel bemerkte als erster die Ähnlichkeit der Bedingungen, unter denen die Spielzeuggewerbe im Erzgebirge und im

4 Nußknacker aus Bogorodskoje
links aus der zweiten Hälfte des 19. Jahrhunderts, sonst 1930er Jahren, Höhe: 25–27 cm, Holz, geschnitzt, bemalt, PKS Sergijew Possad

Moskauer Gouvernement entstehen: Die Verwendung von Holz als dem einzigen zur Verfügung stehenden Material, die Ausarbeitung anfangs schlichter, allgemeiner Formen, dann aber auch der Übergang zu immer komplizierter werdenden Produkten. Andererseits wurden von ihm auch klimatische, die Lebensweise betreffende und andere Unterschiede festgestellt, die ihn zu der Schlußfolgerung einer Einheitlichkeit der Wirkung allgemein künstlerischer Gesetze in den verschiedenen Regionen Europas führte. Der Forscher datiert die Entstehung des Spielzeuggewerbes im Erzgebirge auf das Ende des 17. Jahrhunderts (in der Moskauer Umgebung beginnt sie etwas später im 18. Jahrhundert) und legt den Kreis der Verbreitung des Spielzeughandwerks auf 22 größere Ortschaften und Dörfer fest, die er in zwei Bezirke mit den Schwerpunkten Olbernhau und Grünhainichen zusammenfaßt. In eben diesen lag das Zentrum der neuen Händler, der „Verleger", die nach Meinung des Autors eine besondere Bedeutung für die Verbreitung der deutschen Spielwaren nicht nur in Deutschland, sondern auch über dessen Grenzen hinaus besaßen.

Leider bildete sich im Rußland dieser Zeit aus vielerlei Gründen keine derart mächtige Schicht von „Kulturhändlern". In Verteidigung der russischen Spielwarenproduzenten gegen das Überhandnehmen kleiner Zwischenhändler und Spekulanten übernimmt (in den 70er Jahren des 19. Jahrhunderts) ein für andere Länder ungewöhnliches Institut des Semstwos die Rolle des Schutzherrn der Volkskunst (in Deutschland hatten die etwas früher, Ende der 60er Jahre in Seiffen, 1871 in Grünhainichen gegründeten „Gewerbevereine" eine ähnliche Funktion). Der Gelehrte registriert zudem die wichtige Rolle der Berufsschulen bei der Heranbildung neuer Fachkräfte für das Spielzeuggewerbe im Erzgebirge. In Seiffen, vermerkt er, wurde noch Ende der 40er Jahre an der Grundschule eine Zeichenabteilung eingerichtet und im Jahre 1870 mit dieser die Abteilung für Modellieren zusammengelegt. Zur gleichen Zeit (1875) wurde in Grünhainichen eine Schule für Zeichnen und Malerei gegründet (in Rußland wurde die erste Werkstatt für Tischlerei und Drehrei 1886 in Totma im Gouvernement Wologda eingerichtet – auf deren Grundlage entstand dann im Jahre 1899 die „Petrowsker Gewerbeschule für Spielzeug und Gegenstände des Hausgebrauches"; darüber hinaus wurde im Jahre 1891 in Sergijew Possad bei Moskau eine Lehrwerkstatt für Spielzeug eingerichtet).

Der andere Forscher, der Anfang der 90er Jahre des 19. Jahrhunderts eine Reihe von Ländern (darunter auch Deutschland) besuchte, Pjotr Morossow, hinterließ seine Ergebnisse im Jahre 1892 unter dem Titel „Schulen und Museen in Deutschland, Österreich, der Schweiz und Frankreich, die die Entwicklung der Heimindustrie zum Ziel haben"[10] – eine wertvolle Quelle bei der Untersuchung und Auswertung der Erfahrungen Westeuropas in der Ausbildung junger Meister des Kunstgewerbes. Unter seinen Aufzeichnungen gibt es auch einige herausragende Seiten, die den kunstgewerblichen Schulen in Dresden und Nürnberg gewidmet sind.

Gleichzeitig mit ihm hielt sich in Deutschland auch Lew Orschanski auf, der bei den Professoren Mendel an der Berliner Universität und Krepelen in Heidelberg (hier erlangte er auch im Jahre 1894 den Doktorgrad der Medizin) studierte. Im Unterschied zu allen bereits genannten und noch zu erwähnenden war er kein Fachmann auf dem Gebiet der volkstümlichen Kunst und bereitete sich in Deutschland darauf vor, sein Arztdiplom zu erlangen. Doch gerade Deutschland gab ihm den mächtigsten Impuls zum Studium der folkloristischen Tradition und vor allem des Spielzeugs. Später schreibt er: „Dieser Aufenthalt in Deutschland bestimmte für immer den Kreis meiner Interessen. Und alles, womit ich mich danach befaßte und worüber ich schrieb, hat seinen Ursprung in dieser Periode meines Lebens."[11] So beschäftigte sich Orschanski parallel zu seiner Haupttätigkeit als Psychiater mit dem Sammeln, der Erforschung und Beschreibung von Spielzeug. Der Ausgangspunkt dieses Interesses aber lag in Deutschland, wo Orschanski begann, das Fundament für seine späterhin sehr umfangreiche Spielzeugsammlung zu legen, welche heute in mehreren Museen Rußlands aufbewahrt wird.

Zu Anfang des 20. Jahrhunderts reiste Nikolai Dmitrijewitsch Bartram wiederholt ins Ausland. Seine Tochter erinnert sich: „Um sich mit der Organisation und dem Leben ausländischer Gewerbebetriebe vertraut zu machen, unternahm mein Vater in der Zeit von 1900 bis 1903 ausgedehnte

Reisen durch Westeuropa, vor allem in die Länder und Städte, wo das Spielwarengewerbe besonders entwickelt war." Und weiter fährt sie fort: „In Deutschland, besonders am Juragebirge mit seinen bewaldeten Massiven, haben die Bauern – genauso wie bei uns in Rußland um Troize-Sergijew Possad, in den Wäldern von Wladimir und Moskau oder in dem Dorf Bogorodskoje – schon im 14. Jahrhundert geschnitztes Spielzeug hergestellt. An einer solchen historischen Gesetzmäßigkeit konnte mein Vater nicht vorübergehen, daher begann er seine Reise natürlich mit Deutschland. Nach ausführlicher Erkundung der deutschen in Heimarbeit und Fabriken produzierenden Spielzeugbetriebe, von Museen in Nürnberg, München, Sonneberg und – selbstverständlich – in Berlin übersiedelte mein Vater, nachdem er eine Weile in der Schweiz gelebt hatte, nach Paris."[12]

Mit großer Begeisterung erzählt die Tochter von der Heimkehr des Vaters nach Moskau: „Die Diele war vollgestellt mit Koffern mit grellbunten Aufklebern all der Hotels, wo immer er nur haltgemacht hatte. Dann kam der Moment, in dem er sie öffnete." Zum Vorschein kamen Spielzeuge der verschiedensten Länder, die den Grundstein der Privatsammlung des Künstlers und später auch das Fundament des von ihm begründeten Museums bildeten. Heute ist es freilich schwer, seine „deutsche" Sammlung vollständig zu rekonstruieren. Es ist jedoch u. a. bekannt, daß es dort Musterbeispiele des „typischen Deutschlands" gab – hölzerne deutsche Soldaten. „Sie sind in einer interessanten Technik ausgeführt: gedrechselt und geschnitzt, die Arme aber flächig, ausgesägt aus Furnierholz. Furnierholz, das ist ein neues Material, das in der Spielzeugproduktion in Deutschland sehr viel verwendet wird."[13]

Nach einigen Quellen zu urteilen war es Bartram in den Jahren 1910–1917 noch einmal möglich, Deutschland zu besuchen, als er schon den Posten eines Mitarbeiters des Kunstgewerbemuseums bekleidete und dabei war, die Sammlung seines Mustermuseums zusammenzustellen. So ist in einem der Dokumente eine ganze Kiste mit Spielwaren erwähnt, die von ihm in Deutschland gesammelt und nach Rußland geschickt wurden. Viele dieser Exemplare wurden später zu Mustern für Bartrams eigene Entwürfe und der mit ihm zusammenarbeitenden Künstler, die dann von Meistern aus der Moskauer Umgebung in Holz umgesetzt wurden. Es sind dies Spielzeuge nach Motiven der traditionellen „Hampelmänner", „Schmieden" und „Pickehühner", die mit der Zeit so organisch in das „russische Sortiment" einflossen, daß sie zu einem nicht wegzudenkenden Bestandteil der heimischen Spielzeugtradition wurden und sogar zum Symbol ganzer Gewerbezweige, wie zum Beispiel die „Bogorodskojer Schmiede".

Die vom Gouvernements-Semstwo in Wladimir im Jahre 1913 eingerichtete Lehr- und Demonstrationswerkstatt mit einer Instruktorenklasse für Holzschnitzerei war eine der ersten Schulen im Gouvernement Wladimir, wo in einem traditionellen Zentrum des Holzspielzeugs (Bogorodskoje) der Versuch zur Organisation eines staatlichen Ausbildungssystems im überkommenen volkstümlichen Handwerk unternommen wurde (heute: Bogorodskojer künstlerische Berufsschule für Holzschnitzerei). Leider stand die Ausbildung hier nicht immer mit den der Schule gesetzten Aufgaben in Einklang. So traf einer der ersten ihrer Direktoren, Georgi Serebrjakow, in seinem Bestreben, das unter dem Druck der industriellen kapitalistischen Produktion im Niedergang begriffene Spielzeuggewerbe zu beleben, die Entscheidung, die Heranbildung seiner künftigen Meister an westlichen Musterbeispielen zu orientieren. Diese sammelte er in der Zeit seiner Auslandsreisen durch die Schweiz, Frankreich, die Tschechoslowakei und natürlich Deutschland. Nebenbei bemerkt hatte Serebrjakow, während er noch Direktor der Petrowsker Gewerbeschule für Spielzeug und Gegenstände des Hausgebrauchs in Totma war, schon im Dezember 1899 erste Kontakte mit Deutschland, als er in Bayern und Sachsen Reißzeuge sowie Klempnerwerkzeuge und -maschinen bestellte. Bemerkenswerterweise stellte die Firma all diese Gegenstände kostenlos zur Verfügung. Im Sommer 1901 bestand die Absicht, ihn zum Studium der Organisation von Heimarbeit nach Deutschland zu schicken.[14] Die Reise kam damals nicht zustande und wurde erst nach der Übersiedelung Serebrjakows vom Gouvernement Wologda ins Gouvernement Moskau realisiert.

Seine leider kurzen Aufzeichnungen von dieser Reise sind uns erhalten[15] und lüften ein wenig den Schleier des Geheimnisvollen über einem der schwierigen Abschnitte in der Geschichte der russischen volkstümlichen Kunst des Spielzeugs. So besuchte Serebrjakow in der Zeit seines Aufenthaltes in der Schweiz die bekannte Schule für Holzschnitzerei in Brienz, wo ihm der rumänische Schnitzer Georgi Monescu-Monello empfohlen wurde, der damals in München arbeitete. Serebrjakow traf sich mit dem Meister und schloß mit ihm einen Vertrag für einen Arbeitsaufenthalt in Bogorodskoje. Dieser währte freilich nicht lange – vom Februar bis zum August 1914, als Monescu in Urlaub fuhr und bedingt durch den ausbrechenden Weltkrieg nicht mehr nach Rußland zurückkehren konnte. Indes konnte seine, wenn auch nur kurze Tätigkeit zugleich mit den vom Direktor der Schule aus Prag, Nizza, Interlaken und Oberammergau besorgten Etalons nicht ohne Einfluß auf die russische folkloristische Tradition des Bogorodskojer Gewerbes bleiben. Allerdings nahm die Tradition keinen wirklichen Schaden, dazu war sie viel zu tief verwurzelt: All diese fremdartigen Einflüsse in sich aufnehmend und sie künstlerisch verarbeitend verwandelte das Bogorodskojer Spielzeuggewerbe sie nach einiger Zeit in „typisch russische Dinge", die auf dem inländischen wie internationalen Markt bald auch genauso aufgefaßt wurden. Wir haben vor allem das sogenannte Bewegungsspielzeug im Auge, ausgestattet mit einfachsten Mechanismen: Knöpfe, Leisten und Gewichte nach dem Muster der volkstümlichen Holzplastik.

Zieht man das Fazit aus all dem oben beschriebenen, so muß man feststellen, daß die engen Kontakte der russischen und deutschen volkstümlichen Spielzeugtraditionen noch in der zweiten Hälfte des vergangenen Jahrhunderts ihren Anfang nahmen und auf den unterschiedlichsten Ebenen bis zum Zweiten Weltkrieg fortgeführt wurden. Eine dieser Traditionen ist die Einarbeitung ausländischer, darunter auch deutscher Muster in den lebenden Stoff des Gewerbes und der Versuch der Spezialisten, aus den Erfahrungen, die sie in der Zeit ihrer Untersuchung westeuropäischer Spielzeugwerkstätten und -schulen gesammelt hatten, Nutzen zu ziehen. In diesem Falle geht es um den „Import“ von Tradition. Zu ihrem „Export“ dagegen kam es im Zuge der Präsentation russischer Holzspielzeuge im Ausland, darunter auch in Deutschland, im Rahmen des Verkaufs von kunstgewerblichen Produkten durch staatliche Außenhandelsorganisationen unter der Bezeichnung „Kowjorkustexport“ (Allunionsvereinigung zum Export kunstgewerblicher Erzeugnisse und Teppiche des Volkskommissariats für Außenhandel) und „Kunstexport“ (Allunionsaktionärsgesellschaft zum Export kunstgewerblicher Erzeugnisse und Import von Gegenständen für die kunstgewerbliche Industrie) oder bei verschiedenen Kunstgewerbeausstellungen, in Deutschland z. B. 1924 die Leipziger Messe und die Ausstellung in Köln und 1928 die zweite Europäische Ausstellung der künstlerischen Industrie im Leipziger Grassi-Museum und im selben Jahr die Messe in Frankfurt.

Der Verkauf von russischen kunstgewerblichen Erzeugnissen und eben auch von Holzspielzeug ins Ausland war recht rege, wobei nach Deutschland in der Hauptsache naturfarbenes geschnitztes Spielzeug aus Bogorodskoje und bemalte, polierte und gedrechselte Spielwaren aus der Moskauer Umgebung ausgeführt wurden. Dies belegen Archivdokumente für die 20er Jahre dieses Jahrhunderts. Laut einem Abkommen mit der Deutschen Regierung verfügte Rußland aber nicht über das Recht zum Einzelhandel, konnte somit in Deutschland keine eigenen Geschäfte eröffnen und schloß statt dessen eine Reihe von Konsignationsverträgen mit einigen Firmen in Berlin und in der Provinz; u. a. mit Wertheim, Hermann Tietz, Wallach und Matern. Die Unterzeichnung derartiger Verträge wurde möglich, weil „nur in Deutschland nach dieser Ware eine stete Nachfrage herrscht, die sich weiter erhöht“[16] – so vermerkte es im Jahre 1927 M. F. Andrejewa, eine Mitarbeiterin der Handelsvertretung der UdSSR in Deutschland.

Pickende Vögel
Schmiede, Ende 19., Anfang 20. Jahrhundert,
Sergijew Possad, Papiermaché, Kiefernholz, Metall, modelliert, bemalt, 8,5 x 32,5 x 3 cm,
SHM Moskau

Schmiede
Ende 19. Jahrhundert, Wolgagebiet, Espenholz, Axtarbeit, bemalt, 18,5 x 27,5 x 2 cm,
SHM Moskau

Bär und Schmied
Schmiede, Ende 19. Jahrhundert,
Bogorodskoje, Lindenholz, geschnitzt, 14 x 35 x 3,5 cm,
SHM Moskau

Der Erfolg der russischen Holzspielwaren in Deutschland hatte somit mehrere Gründe, vor allem aber war er durch die Ähnlichkeit der Gestaltungsformen bedingt. Dies bestätigt sich mittelbar sogar durch solch formale Momente wie Namen. Zu verschiedener Zeit wurden mal das nördliche Totma, mal das in der Moskauer Umgebung gelegene Sagorsk (heute: Sergijew Possad) von Journalisten mit dem deutschen Nürnberg verglichen: „Totma, das Zentrum des Spielzeuggewerbes in Rußland, ein russisches Nürnberg“.[17]

Man möchte meinen, daß sich auch in Deutschland, wenn es gilt, den Spielzeugmachern in Nürnberg oder Seiffen zu schmeicheln, in der Presse die Phrase finden ließe: „Ein deutsches Sergijew Possad“. Unserer Ansicht nach wäre dies gerechtfertigt und erlaubte, die vorliegende kleine Untersuchung, die den russisch-deutschen Beziehungen in der Kunst des Spielzeugs gewidmet ist, in logischer Weise zum Abschluß zu bringen.

Aus dem Russischen übersetzt von Heidi Janson

1 I. Sabelin, *Das häusliche Leben der russischen Zaren im 16. und 17. Jahrhundert,* Ausg. 4, Teil 2, Moskau 1915, S. 78, 103, 79, 100.

2 „Bolwaschki“ bezeichnet eine aus Papiermasché gefertigte Grundform für die Modellierung von Puppengesichtern.

3 L. G. Orschanski, *Historischer Abriß der Entwicklung der Spielzeugproduktion im Westen und in Rußland,* in: *Spielzeug. Seine Geschichte und Bedeutung,* Aufsatzsammlung unter der Redaktion von N. D. Bartram, Moskau 1912, S. 61.

4 ders., *Spielzeuge und angewandte Kunst,* Fragmente eines Aufsatzes aus einem unbekannten Sammelband, Sankt Petersburg 1911, S. 250, Archiv A. U. Grekow.

5 A. Issajew, *Das Spielzeuggewerbe im Erzgebirge,* in: *Arbeiten der Kommission zur Erforschung der Heimindustrie in Rußland,* Nr. 1, Sankt Petersburg 1879, S. 1–12.

6 Semstwo (wörtl.: Landstände) ist die Bezeichnung für ein lokales russisches Selbstverwaltungsorgan in den Jahren zwischen 1864 bis 1917, das sich aus gewählten Vertretern des Adels, der Städte und der Bauern zusammensetzte.

7 A. Issajew, *Angaben zur Holzbearbeitung in Deutschland und der Schweiz,* in: ebd., S. 29–47.

8 A. Issajew, *Verzeichnis von Büchern zur Lage der Kleinindustrie in Deutschland, Frankreich und der Schweiz,* in: ebd., S. 48 – 51.

9 Die drei wichtigsten Ansiedlungen um das Dreifaltigkeitskloster wurden 1782 unter dem Namen Sergijewskaja zusammengefaßt. 1919 verkürzte man den Namen auf Sergijew. Zu Ehren des russischen Revolutionärs W. M. Sagorski wurde die Stadt dann 1930 in Sagorsk umbenannt. Seit 1990 heißt sie nun wieder Sergijew Possad.

10 P. O. Morosow, *Schulen und Museen in Deutschland, Österreich, der Schweiz und Frankreich, die die Entwicklung der Heimindustrie zum Ziel haben,* in: *Berichte und Untersuchungen zur Heimindustrie in Rußland,* Bd. 2, Sankt Petersburg 1894, S. 96–159.

11 L. G. Orschanski, *Autobiographie,* 1934, Manuskript, Archiv A. U. Grekow.

12 N. D. Bartram, *Ausgewählte Aufsätze. Erinnerungen an den Künstler,* Moskau 1979, S. 99.

13 ebd., S. 102.

14 T. A. Woronina, *Die Petrowsker Gewerbeschule,* in: *Totma. Historisch-literarischer Almanach,* Nr. 1, Wologda 1995, S. 80, 86.

15 G. S. Serebrjakows Aufzeichnungen über die Auslandsreisen befinden sich als Manuskript im Archiv A. U. Grekow.

16 *Volkstümliches Kunstgewerbe,* in: *Sowjetische dekorative Kunst. Materialien und Dokumente 1917–1932,* Moskau 1986, S. 104.

17 *Das russische Nürnberg. Spielzeuge aus Wologda,* in: *Niwa,* Nr. 15, 1912; D. Hait: *Das sowjetische Nürnberg. Spielzeugproduktion in Sagorsk,* in: *Krasnaja Now,* Nr. 10, 1932.

Da bewegt sich was!

Barrenturner
Pendelfiguren
Ratschen und Rasseln
Nachziehspielzeug
Klimperkästchen
Scheren und Schmieden
Wiege- und Schaukelreiter
Schaukeln und Karusselle
Steckengaukler
Hampelmänner
Fahrspiele
Kreisel

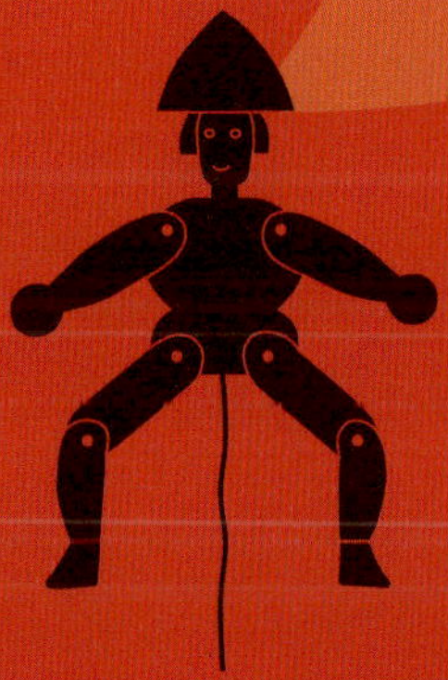

Szenen aus Handwerk und Hauswirtschaft
Schere, Anfang 20. Jahrhundert,
Bogorodskoje, Lindenholz,
geschnitzt,
10,5 x 31 x 23,7 cm,
SHM Moskau

Durch die öffnende und schließende Bewegung der Scherenhebel wird der Eindruck erweckt, als würden sich die auf der Schere angeordneten Figuren vor und zurück bewegen.

Kavallerie
Schere, 1932, Bogorodskoje,
Holz, geschnitzt,
13 x 53 x 11,6 cm,
PKS Sergijew Possad

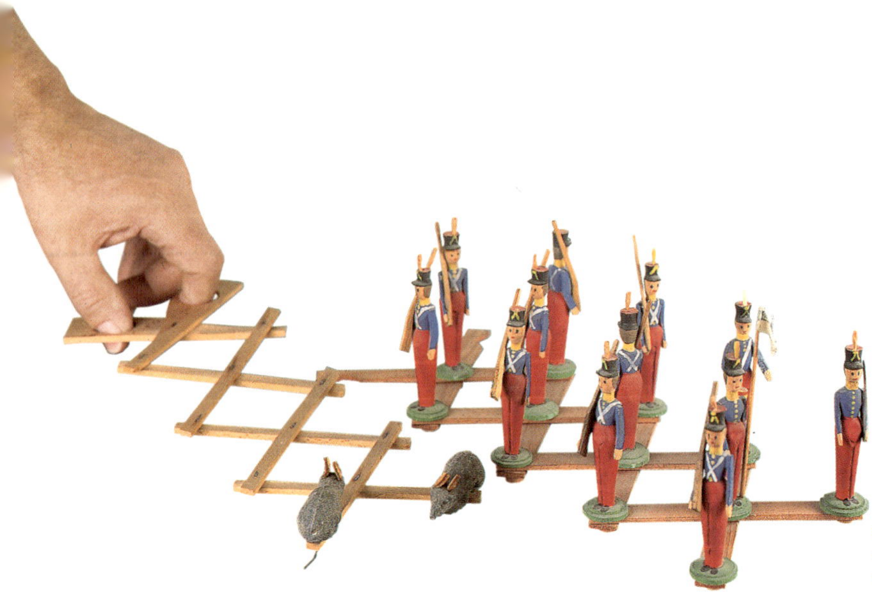

Mäuse
Schere, um 1905, Sonneberg,
Holz, Papiermaché, Tuchschur,
gesägt, geformt,
2,8 x 13,2 x 8,5 cm,
DS Sonneberg

Soldaten
Schere, nach Vorlage um 1820,
Sonneberg, Holz, gedrechselt,
gesägt, beschnitzt, bemalt,
10,3 x 12 x 15 cm,
DS Sonneberg

Soldaten bei der Wachablösung
Schere von T. F. Krasnojarow, 1970er Jahre, Koskowo, Lindenholz, geschnitzt, bemalt, lackiert, 73 x 8,5 x 23 cm, SHM Moskau

Soldaten bei der Wachablösung
Schere von A. N. Warganow, 1986, Sergijew Possad, Lindenholz, geschnitzt, bemalt, 4,7 x 5,9 x 4,8 cm, SHM Moskau

Siegessalut
Schere von A. N. Warganow, 1988, Sergijew Possad, Lindenholz, geschnitzt, 21,5 x 14,5 x 12 cm, SHM Moskau

Springender Clown
Schere von M. I. Surnin, Wjatka, Furnierholz, Papier, ausgesägt, farbig grundiert, bemalt, 30,5 x 17,6 x 0,7 cm, HMAL Kirow

Rotarmisten
Schere, 1930er Jahre, Sagorsk, Holz, gedrechselt, bemalt, 12,6 x 14 x 13,8 cm, PKS Sergijew Possad

Windmühlen
1930er Jahre, Wjatka (1945 aus der Wjatkaer Filiale des Wissenschaftlich-Experimentellen Spielzeuginstituts der Sowjetunion), Holz, gedrechselt, bemalt, lackiert, 20 x 13,5 x 7 cm, HMAL Kirow

Beim Herauziehen des Fadens mit dem Gewicht drehen sich die Flügel der Mühle.

Mädchen mit Gänsen
Schere, 1930er Jahre, Wjatka, Furnierholz, gesägt, bemalt, 12,5 x 21 x 40 cm, HMAL Kirow

Barrenturner
von J. Günther, 1976, Seiffen,
Buchenholz, gesägt, bedruckt,
gefräst, gespritzt,
8 x 14 x 5 cm,
TG Seiffen

Barrenturner
von R. Frohs, 1920, Seiffen,
Buchenholz, gesägt, bestempelt,
bemalt, 16 x 24 x 8 cm,
TG Seiffen

Wie der Hampelmann so gehört auch der Barrenturner zu den klassischen Vertretern des Bewegungsspielzeugs. Ihren besonderen Reiz entfalten die oftmals als Harlekin gestalteten Figuren, wenn sie sich nach einem kurzen Anstoßen überraschend lange auf dem Barren um ihre eigene Achse drehen. Um die möglichst gleichmäßige Drehbewegung zu gewährleisten, mußte der Schnitzer die quer aufliegende Stange genau im Zentrum des Turners plazieren. Durch eine Kerbe am Ende der Holme wird der Turner vor dem Absturz bewahrt.

Barrenturner
um 1920, Thüringen (?), Holz,
Metall, gesägt, gedrechselt,
bemalt, 28,5 x 25 x 7 cm,
JM Scharfenstein

Am Reck turnender Clown
Anfang 20. Jahrhundert, Landkreis Sonneberg, Holz, Papiermaché, Stoff, Draht, gesägt, beschnitzt, geformt, bemalt, Höhe: 26 cm, DS Sonneberg

Der Clown bewegt sich durch Druck auf den Drahthebel.

Clown an der Leiter
von E. Bauersachs, um 1910, Effelder, Holz, Papiermaché, Stoff, Draht, gesägt, gedrechselt, beschnitzt, geformt, bemalt, Höhe: 19 cm, DS Sonneberg

Durch Druck auf den feinen Drahthebel beginnt der Clown, an seiner Leiter zu turnen.

Barrenturnende Matrosen
1930er Jahre, Semjonow (M. I. Kalinin-Genossenschaft), Holz, gedrechselt, bemalt, 24,5 x 11,5 x 32,5 cm, HKM Semjonow

Barrenturner
1940, Weimar, Holz, gesägt, gedrechselt, bemalt, 14,3 x 10 x 33 cm, Höhe: ca. 22 cm; einer der beiden Turner und der Barren wurden von einer Modellbaufirma, der zweite Turner von einem Schuljungen angefertigt, DS Sonneberg

Vögelchen
Pendelspielzeug, 1920er–30er Jahre, Wjatka, Holz, gedrechselt, getischlert, Holzbrandmalerei, 14 x 6 x 15,5 cm, HMAL Kirow

Bei Bewegung des Gewichtes schaukeln der Kopf und der Schwanz des Vogels.

Krokodil
Pendelspielzeug, 1930er Jahre, Wjatka, Holz, gedrechselt, getischlert, Holzbrandmalerei, 10 x 25 x 8 cm, HMAL Kirow

Beim Pendeln des Gewichts bewegen sich Maul und Schwanz.

Hund
Pendelspielzeug, 1930er Jahre, Gebiet Kirow, Holz, geschnitzt, getischlert, Holzbrandmalerei, 14,5 x 15,5 x 2,8 cm, HMAL Kirow

Bei Bewegung des Gewichtes schaukeln Kopf und Schwanz des Hundes.

Pickehühner
Pendelspielzeug, 1930er Jahre, Wjatka (Genossenschaft „Iskra“), Holz, getischlert, farbig grundiert, bemalt, 4,5 x 21 x 15 cm, HMAL Kirow

Bei Bewegung des Gewichtes schlagen die Hühner mit dem Schnabel auf den Teller.

Wackel- und Schaukelreiter basieren auf simplen mechanischen Prinzipien und sind außer aus Seiffen auch aus Bayern überliefert. Durch eine Kugel oder ein Pendel im Gleichgewicht gehalten, bewegen sie sich schaukelnd auf der Stelle, bis sich mit der Zeit wieder ein ruhendes Gleichgewicht einstellt.

Schaukelreiter
von W. Werner, 1990er Jahre, Seiffen, Holz, Metall, gedrechselt, gesägt, bemalt, Höhe des Reiters: 8 cm, JM Scharfenstein

Doppelstöckige Reitschule
Kurbelkästchen, vermutlich
um 1900, Landkreis Sonneberg,
Holz, gedrechselt, geschnitzt,
gesägt, bemalt,
26,3 x 15,8 x 9,3 cm,
DS Sonneberg

Zweistöckige Reitschule
Klimperkästchen von G. Hübsch, um 1990, Seiffen, Holz, Papier, Metall, gedrechselt, reifengedreht, gesägt, bemalt, 20,5 x 9,5 x 9,5 cm, JM Scharfenstein

Trommler
Kurbelkästchen, Anfang 20. Jahrhundert, Sergijew Possad, Holz, gedrechselt, getischlert, bemalt, 18,9 x 9,5 x 7 cm, PKS Sergijew Possad

Katalka mit Junge und Vögeln
von L. Kotikow, 1934, Semjonow (M. I. Kalinin-Genossenschaft), Holz, getischlert, farbig grundiert, bemalt, 27 x 26 x 8 cm, HKM Semjonow

Das einfache Klingen der Klimperkästchen entsteht durch Anschlagen von drei bis vier Metall-, früher Holzfedern per Handkurbel, während sich das Kurussell dreht. Das historische Vorbild solcher tönenden und beweglichen Spielzeuge wurde wahrscheinlich schon um 1800 in Seiffen hergestellt. Der besondere Reiz bei den erzgebirgischen Reitschulen liegt auch in den einfachen, herben, reifengedrehten Pferden und Reitern, die in größeren Mengen schneller und billiger hergestellt werden konnten und haltbarer waren als die feinen, aus Masse geformten Thüringer Figuren.

Karussell
Kurbelkästchen von T. F. Krasnojarow, 1980, Koskowo, Lindenholz, geschnitzt, bemalt, lackiert, 11 x 26 x 28 cm, SHM Moskau

Reiterin auf Schaukelpferd
Ende 19., Anfang 20. Jahrhundert, Bogorodskoje, Lindenholz, Metall, geschnitzt, 15 x 19,5 x 5,5 cm, SHM Moskau

Schaukel
Anfang 20. Jahrhundert, Podolsk, Lindenholz, gedrechselt, bemalt, 25 x 12,3 cm, SHM Moskau

Kettenkarussell
Klimperkästchen von Ender, um 1980, Borstendorf, Holz, Metall, gedrechselt, gesägt, bemalt, 12,5 x 8 x 8 cm, JM Scharfenstein

Russische Luftschaukel (Riesenrad)
von E. Kempe, um 1960, Seiffen, Holz, gedrechselt, reifengedreht, gesägt, bemalt, 14 x 13 x 8,5 cm, JM Scharfenstein

Russische Luftschaukel (Riesenrad)
von E. Kempe, um 1940/60, Seiffen, Holz, gedrechselt, reifengedreht, gesägt, bemalt, 14 x 13 x 8,5 cm, JM Scharfenstein

Karussell
um 1940/50, Seiffen, Holz, gedrechselt, reifengedreht, bemalt, 8,5 x Ø 8 cm, JM Scharfenstein

Russische Luftschaukel (Riesenrad)
von E. Kempe, um 1970, Seiffen, Holz, gesägt, bemalt, 9 x 8 x 7 cm, JM Scharfenstein

Kettenkarussell
um 1990, Seiffen, Holz, Metall, gedrechselt, bemalt, 8 x Ø 7,7 cm, JM Scharfenstein

Reitschule
Spieldose von W. Werner, um 1980, Seiffen, Holz, gedrechselt, reifengedreht, gesägt, bemalt, 11,5 x 8 x 8 cm, JM Scharfenstein

Karussell mit Musik
von L. Kotikow, 1930er Jahre, Semjonow (Spielzeuggenossenschaft „Loschkosojus"), Holz, getischlert, bemalt, 25,5 x 25 x 21,5 cm, HKM Semjonow

Hase auf Skiern mit Hund
Katalka, 1929–35, Wjatka (Berufsschule für betriebliche Bildung des Kulturindustrieverbandes), Holz, getischlert, gesägt, farbig grundiert, bemalt, 20,5 x 28 x 10 cm, HMAL Kirow

Bär auf Skiern
Katalka, 1929–35, Wjatka (Berufsschule für betriebliche Bildung des Kulturindustrieverbandes), Holz, getischlert, gesägt, lackiert, 20 x 19,5 x 10,5 cm, HMAL Kirow

General Toptygin auf der Troika
von Patschujew, 1949, Bezirk Semjonow (M. I. Kalinin-Genossenschaft), Holz, geschnitzt, bemalt, 18,3 x 11 x 25,5 cm, SHA Nischni Nowgorod

Bei Bewegung springen die Pferde, und der Bär (Beiname Toptygin) erhebt sich im Schlitten.

Karussell
Katalka von A. Kotikow, 1949, Bezirk Semjonow (M. I. Kalinin-Genossenschaft), Holz, geschnitzt, bemalt, 28 x 17 cm, SHA Nischni Nowgorod

Bei Bewegung der Katalka drehen sich zwei Pferdchen mit Reitern sowie zwei Wippen mit Säcken.

Sägearbeiter
von T. Krasnojarow, 1978, Koskowo, Holz, getischlert, bemalt, 17 x 12,5 x 15 cm, SHA Nischni Nowgorod

Quadrille
von T. Krasnojarow, 1978, Koskowo, Holz, geschnitzt, bemalt, 20,5 x 11 x 22,5 cm, SHA Nischni Nowgorod

Bei Betätigung der Kastenkurbel drehen sich die Figuren zur Musik.

Ziege mit Bär
Muschik mit Bär
Kindermädchen mit Kind
Piroggenverkäufer
4 Kurbel- und Druckkästchen, Ende 19., Anfang 20. Jahrhundert, Sergijew Possad, Papiermaché, Stoff, Kiefernholz, Papier, modelliert, bemalt, 18,5 x 16,5 x 7 cm, 16,5 x 13,3 x 6,4 cm, 22,5 x 14,5 x 7,8 cm, 18,8 x 9,8 x 6 cm, SHM Moskau

Bei den beiden Kästchen links versetzt die Betätigung der Kurbel die Figuren in eine drehende Bewegung, während bei den anderen beiden das Kindermädchen beim Drücken des Hebels das Kind hochnimmt und der Verkäufer die Hand hebt.

Riesenrad
Fahrspiel, um 1925, Seiffen, Fichtenholz, Papier, gedrechselt, beschnitzt, beklebt, 25 x 22 x 11 cm, ES Seiffen

Reiter
Fahrspiel von R. Ulbricht, um 1925, Seiffen, Fichtenholz, gedrechselt, beschnitzt, bemalt, 16 x 16,6 x 6,7 cm, ES Seiffen

Karussell
Fahrspiel von R. Ulbricht, um 1925, Seiffen, Fichtenholz, gedrechselt, beschnitzt, bemalt, 20,5 x 18,1 x 10,5 cm, ES Seiffen

„Der kleine Maschinenbauer“
Baukasten, um 1900, Nürnberg (Firma Julius Stief), Holz, Papier, Sisal, Metall, gesägt, gedrechselt, gedruckt, 29,5 x 47,2 x 9,1 cm, SM Nürnberg

Pendeln, kurbeln, ziehen, drücken, rollen, werfen, schauen, hören, stellen, sortieren, ordnen, gestalten – Elemente des Bewegungsspielzeugs, die universellen Charakter haben und der Schulung des Geistes ebenso dienen wie der der Handfertigkeiten. Gern nutzten Spielzeugmacher die Kraft des rollenden Rades. Wurde eine waagerechte Scheibe auf eine Radfelge aufgelegt, wandelte sich die vertikale Bewegung in eine horizontale. Die Festgirlande an diesem Karussell einfacher Qualität ist aus Papier gestanzt. Rudolf Ulbricht (1884–1949) war ein wichtiger Hersteller solcher Traditionsspielzeuge.

Mühle mit Häuschen
von S. Kokurin, 1986,
Fedossejewo, Holz, getischlert,
bemalt, 21,5 x 8 x 20,5 cm,
SHA Nischni Nowgorod

Sägearbeiter
von F. Majorow und
Je. Majorowa, 1949, Merinowo
(Handwerkergenossenschaft),
Holz, gedrechselt, bemalt,
46 x 14 x 12 cm,
SHA Nischni Nowgorod

Sägearbeiter
Windrad von W. N. Sasnobin,
1970er Jahre, Gorki,
Kiefernholz, Lindenholz, Metall,
getischlert, geschnitzt, bemalt,
78 x 29 x 29 cm,
SHM Moskau

Weberin
Windrad von W. N. Sasnobin,
1970er Jahre, Gorki,
Kiefernholz, Lindenholz, Metall,
getischlert, geschnitzt, bemalt,
36 x 45 x 30 cm,
SHM Moskau

Ente mit Küken
Katalka von A. Kotikow,
1940er Jahre, Bezirk Semjonow
(M. I. Kalinin-Genossenschaft),
Holz, geschnitzt, bemalt,
15,5 x 13,2 x 20 cm,
SHA Nischni Nowgorod

Beim Rollen der Katalka
bewegen sich die Figuren zur
Musik.

Schiffschaukel
um 1940/60, Seiffen, Holz, Metall, gedrechselt, gesägt, bemalt, 9 x 12,5 x 4 cm, JM Scharfenstein

Schaukelreiter
um 1985, Seiffen, Holz, gedrechselt, gesägt, bemalt, 13 x 14 x 5 cm, JM Scharfenstein

Schaukelreiter
um 1930/40, Mitteldeutschland, Holz, Metall, gesägt, bemalt, 5 x 6,5 x 2 cm, JM Scharfenstein

Der kleine Reiter ist nur an den Händen mit dem Pferd verbunden und durch mehrere Gelenke in viele verschiedene Stellungen zu bringen.

Fahrschaukel
von M. Schalling, um 1990, Seiffen, Holz, gedrechselt, gesägt, bemalt, 11,5 x 7 x 3,8 cm, JM Scharfenstein

Bei der Grobschnitzerei arbeitete der Handwerker mit einem feststehenden, einfachen Messer. Dabei ging es weniger um eine möglichst detailgetreue Ausführung als vielmehr um die Herausarbeitung der charakteristischen Merkmale des Darzustellenden. Um konkurrenzfähig zu bleiben, war der Schnitzer stets zur Produktion sehr hoher Stückzahlen gezwungen.

Wiegereiter
um 1900, Seiffen, Fichtenholz, gedrechselt, beschnitzt, bemalt, 12,3 x 15 x 3 cm, ES Seiffen

Arschpfeifenrößl
Grobschnitzerei der Berchtesgadener Handwerkskunst, 1990er Jahre, Berchtesgaden, Nadelholz, Feder, gesägt, geschnitzt, gedrechselt, bemalt, 13,2 x 11,5 x 6,5 cm

Schaukelreiter
Grobschnitzerei der Berchtesgadener Handwerkskunst, 1990er Jahre, Berchtesgaden, Nadelholz, gesägt, geschnitzt, bemalt, 9,5 x 10 x 1,8 cm

In Anlehnung an die großen Schaukelpferde entstanden sowohl in Thüringen wie auch im Erzgebirge diese kleinen Tischspielzeuge. Ein Wiegereiter konnte den Förster ebenso tragen wie Bauern oder kriegerische Soldaten. Für Seiffen soll um 1880 August Herrmann Ulbricht die ersten Reiterlein gefertigt haben. Traditionell wurden die farbigen Dekore eines „Seiffener Reiterleins" mit einem „Schwämmchen" aufgetupft.

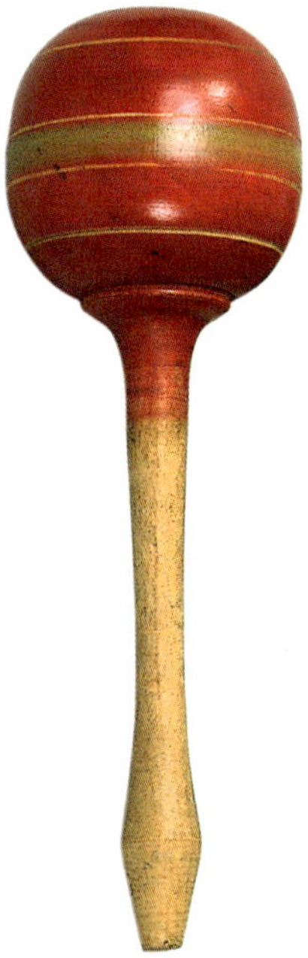

Rassel
Ende 19. Jahrhundert,
Zentralrußland,
Lindenholz,
gedrechselt, bemalt,
12 x 4,5 cm,
SHM Moskau

Rassel
Ende 19. Jahrhundert,
Bezirk Archangelsk,
Espenholz, getischlert,
gesteckt, bemalt,
16 x 8 x 8 cm,
SHM Moskau

Rassel
von M. Warwarski,
1978, Bezirk
Archangelsk, Birken-
rinde, geflochten,
21 x 7 x 8 cm,
SHM Moskau

Rassel
von M. Warwarski,
1978, Bezirk
Archangelsk, Kiefern-
holz, geschnitzt,
gesteckt,
21 x 8 x 8 cm,
SHM Moskau

Ratsche
Rassel
1990er Jahre, Berchtesgaden
(Berchtesgadener Handwerks-
kunst), Nadelholz, gedrechselt,
gesägt, bemalt,
11 x 11,3 x 1,3 cm,
12,3 x 4 x 4 cm

Rassel
1891, Zentralrußland, Lindenholz, gedrechselt, bemalt, 16,3 x 4,5 cm, SHM Moskau

Ratsche
von G. Steiner-Büttner, vermutl. um 1900, Schichtshöhn, Holz, gesägt, 13,2 x 10,3 cm, DS Sonneberg

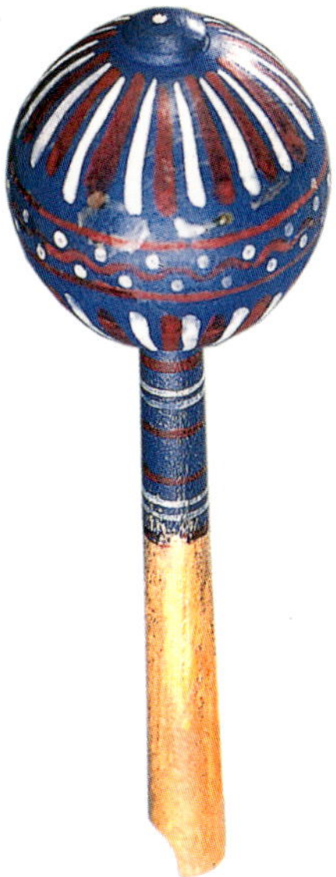

Klapper
von B. Heumann, um 1960, Sonneberg, Holz, gedrechselt, bemalt, Höhe: 15 cm, der Stiehl ist zur Pfeife ausgearbeitet, DS Sonneberg

Ratsche
Vorlage aus der 1. Hälfte 19. Jahrhundert, Landkreis Sonneberg, Holz, gesägt, beschnitzt, bemalt, 10 x 8,1 cm, DS Sonneberg

Klapper
von W. Preiss, 1925–30, Sonneberg (Firma Cuno & Otto Dressel), Holz, gesägt, bemalt, 27,3 x 12,9 cm, DS Sonneberg

Eine Besonderheit des russischen Nordens ist die „Scharkunok" genannte Kinderrassel, die man traditionell dem Neugeborenen schenkte. Auf einem kunstvoll geschnitzten Griff sitzt der mit einem ausgeklügelten System aus vielen kleine Holzbrettchen zusammengesetzte Rasselkörper, während auf der Spitze für ein Mädchen ein kleiner Vogel, für einen Jungen ein kleines Pferd herausgeschnitzt ist. Der Scharkunok besitzt eine magische Bedeutung: Der Lärm der in den kleinen Zellen liegenden Erbsen soll beim Schütteln die bösen Geister vertreiben. Für das heranwachsende Kind dient er aber auch als beliebtes Geduldsspiel, da man die von einem Verschlußstäbchen zusammengehaltene Brettchenkonstruktion komplett auseinandernehmen und wieder zusammensetzen kann.

Scharkunok
Rassel von P.A. Popow, 1987,
Koida, Holz, geschnitzt,
getischlert,
24,9 x 11,3 x 11,3 cm,
PKS Sergijew Possad

Matrjoschka-Rassel
von A. Babina, 1984, Polchow Maidan, Holz, gedrechselt, Polchow Maidaner Malerei, 20 x 5,5 cm, SHA Nischni Nowgorod

Rassel
1949, Merinowo (Handwerker-genossenschaft), Holz, gedrechselt, bemalt, 13,5 x 5 cm, SHA Nischni Nowgorod

Rassel
1949, Bezirk Semjonow (M. I. Kalinin-Genossenschaft), Holz, gedrechselt, bemalt, 14 x 4,7 cm, SHA Nischni Nowgorod

Mann und Frau
Figurenkreisel, 1990er Jahre, Berchtesgaden (Berchtes-gadener Handwerkskunst), Nadelholz, gedrechselt, bemalt, je 7,5 x Ø 4 cm

Drehkreisel „Jula“
Anfang 1930er Jahre, Wjatka (1945 aus der Wjatkaer Filiale des Wissenschaftlich-Experimentellen Spielzeuginstituts der Sowjetunion), Holz, gedrechselt, bemalt, 6,5 x Ø 6,5 cm, HMAL Kirow

Kreisel
1930er–40er Jahre, Wjatka (Genossenschaft „Tokar“), Holz, gedrechselt, bemalt, lackiert, 15 x 8,5 cm, der Kreisel macht beim Drehen ein Geräusch, HMAL Kirow

Bauer und Ziege
Der Fuchs
und die Weintrauben
2 mechanische Spielzeuge von L. Kotikow, 1935, Semjonow (M. I. Kalinin-Genossenschaft), Holz, getischlert, geschnitzt, farbig grundiert, bemalt, 19 x 27,2 x 10 cm, 16,5 x 24 x 6 cm, HKM Semjonow

Kopf und Hände des Bauern und der Kopf der Ziege können mit einem Metallgriff und einer Schnur bewegt werden, während sich der Fuchs rechts durch einen hölzernen Hebel bewegen läßt.

Hase und Bär beim Musizieren
von L. Kotikow, 1934, Semjonow (M. I. Kalinin-Genossenschaft), Holz, geschnitzt, bemalt, 17,5 x 25 x 8,2 cm, HKM Semjonow

Elchgespann
von M. Kaplin und A. Kusnezowa, 1938, Semjonow (Berufsschule), Holz, getischlert, geschnitzt, bemalt, 26 x 54 x 8 cm, HKM Semjonow

Stockaffe
von J. Günther, 1972, Seiffen, Buchenholz, gefräst, geschnitten, lackiert, 30 x 2 x 3 cm, TG Seiffen

Durch hoch- und runterschieben der hölzernen Manschette kann man den Affen in eine Kletterbewegung versetzen.

Vögel
1930er Jahre, Semjonow (M. I. Kalinin-Genossenschaft), Holz, geschnitzt, gedrechselt, bemalt, 19 x 29 x 7,5 cm, HKM Semjonow

Bär auf Troika
von N. Semjonow, 1935, Semjonow (M. I. Kalinin-Genossenschaft), Holz, getischlert, farbig grundiert, bemalt, 12,2 x 24 x 9,5 cm, HKM Semjonow

Die Figuren können mit der hölzernen Leiste bewegt werden.

Mäusekistchen
1. Hälfte 19. Jahrhundert, Sonneberg, Holz, Metall, gesägt, geschnitzt, bemalt, 4,7 x 3,8 x 8,8 cm, DS Sonneberg

Beim Öffnen des Deckels schnellt ein Mäuschen heraus.

Kuckuck auf Räderbrett
Balgartikel nach Vorlage um 1800, Landkreis Sonneberg, Holz, gedrechselt, geschnitzt, bemalt, 12,5 x 7,2 x 14,4 cm, DS Sonneberg

Die Herstellung von „Guckgucken" ist im Kreis Sonneberg seit 1735 nachweisbar. Vermutlich waren es zunächst einfache unbemalte und bemalte hölzerne Vögel. Im Laufe der Zeit fügte man Räder und einen Balg aus Ziegenleder oder starkem Papier hinzu, durch den der Ruf des Kuckucks täuschend echt nachgeahmt wurde. Diese Form ist seit Anfang des 19. Jahrhunderts belegbar. Allmählich wurde das Angebot an sogenannten Balgartikeln immer vielfältiger.

Männer am Amboß
Schmiede, 19. Jahrhundert, Judenbach, Holz, geschnitzt, bemalt, 7,2 x 1,6 x 16,1 cm, DS Sonneberg

Spielzeugschmieden sind eine der ältesten Formen kindlicher Unterhaltung. Sie finden sich schon im mittelalterlichen Europa und gelangten in Rußland zu weiter Verbreitung. Die Schlichtheit der Konstruktion und die Möglichkeit zu einer abstrakten Behandlung der Gestalten erlaubte es, dieses unter häuslichen Bedingungen herzustellen. Dennoch produzierten viele Spielzeugzentren Rußlands solche Schmieden, wobei sie die einfache Konstruktion durch geschnitzte oder aus Papiermaché modellierte Figuren von Menschen, Bären und Vögeln ergänzten.

Mädchen mit Bürste
Schmiede, 1929–35, Wjatka (Berufsschule für betriebliche Bildung des Kulturindustrieverbandes), Furnierholz, gesägt, farbig grundiert, bemalt, lackiert, 13,4 x 23 x 1,5 cm, HMAL Kirow

Eskimo im Boot
Schmiede, 1929–35, Wjatka (Berufsschule für betriebliche Bildung des Kulturindustrieverbandes), Furnierholz, gesägt, bemalt, lackiert, 10,5 x 21 x 2,6 cm, HMAL Kirow

Bären auf der Wippe
von Patschujew, Bezirk Semjonow (M. I. Kalinin-Genossenschaft), Holz, geschnitzt, bemalt, 20,5 x 11,5 x 28 cm, SHA Nischni Nowgorod

Bären
Schmiede, 1940er Jahre, Bezirk Semjonow (Genossenschaft „Semjonowski Kooperator"), Holz, geschnitzt, bemalt, 11 x 2 x 29 cm, SHA Nischni Nowgorod

Petruschka
Hampelmann, Anfang 20. Jahrhundert, Gouvernement Moskau, Lindenholz, Fäden, geschnitzt, bemalt, 23,3 x 13,2 x 3 cm, SHM Moskau

Bär
Hampelmann von W. P. Putschkow, Ende 19., Anfang 20. Jahrhundert, Bogorodskoje, Lindenholz, Fäden, geschnitzt, 26,5 x 8,5 x 2,5 cm, SHM Moskau

Bauer
Hampelmann von Ja. G. Tschuschkin, Ende 19., Anfang 20. Jahrhundert, Bogorodskoje, Lindenholz, Fäden, geschnitzt, 26 x 8 x 2,5 cm, SHM Moskau

Bei Ziehen am Faden bewegt der Bauer nicht nur seine Arme und Beine, sondern er öffnet und schließt auch den Mund.

In der ganzen Vielfalt der beliebten Spielzeugbären sind jene als Hampelmänner mit die populärsten mechanischen Spielzeuge. In Rußland wurden diese aus Holz geschnitzten Bären traditionell in dem Dorf Bogorodskoje hergestellt. Ein solcher Hampelmann läßt sich nicht nur zum alltäglichen Spielen verwenden, sondern diente auch als Figur des häuslichen Theaters bei der Aufführung eines Märchens.

Eule
Hampelmann, 1930er Jahre (?), Wjatka (Genossenschaft „Iskra"), Holz, getischlert, geschnitzt, bemalt, lackiert, 18 x 8,5 x 3 cm, HMAL Kirow

Akrobaten
um 1905, Schalkau, Holz, Papier, gesägt, beklebt, farbig bedruckt, Höhe: 31,7 cm, DS Sonneberg

Gretel
Ziehfigur, 1920, Sonneberg (Firma Viktor Steiner), Holz, bemalt, Höhe: 39 cm, DS Sonneberg

Fridolin
Hampelmann von H. Kutzbach (Laienarbeit), 1936, Deutschland, Holz, Messingblech, Textil, Glasperlen, gesägt, gestanzt, bemalt, Höhe: 43 cm, SM Nürnberg

Nun tanzen sie so sonderbar,
Daß alles stumm vor Staunen war.
Sie trampelten und zappelten,
Daß Arm' und Beine rappelten;
Und wie im Takt sie sprangen,
Sie auch ein Liedchen sangen:

„Hanselmänner heißen wir,
Tausend Possen reißen wir,
Und sind kreuzfidel!
Schickt herum im deutschen Reich!
Keiner tut's uns beiden gleich.
Wahrlich! meiner Seel'!"

Heinrich Hoffmann: „König Nußknacker und der arme Reinhold", um 1870

Hampelmann
um 1920/30, Seiffen, Holz, Faden, gesägt, gedrechselt, bemalt, Höhe: 17 cm, JM Scharfenstein

Hampelmann
aus der Werkstatt Dietmar Ender, um 1995, Borstendorf, Holz, Hanf, gesägt, gedrechselt, bemalt, Höhe: 11,5 cm, JM Scharfenstein

Schusterjunge
Hampelmann, Anfang 20. Jahrhundert, Landkreis Sonneberg, Holz, Papier, gesägt, beklebt, farbig bedruckt, Höhe: 38 cm, DS Sonneberg

Hampelfrau
um 1920/40, Erzgebirge, Holz, Metall, gesägt, gedrechselt, Höhe: 6,5 cm, JM Scharfenstein

Hampelmann
um 1920/40, Erzgebirge, Holz, Metall, gesägt, gedrechselt, Höhe: 6,5 cm, JM Scharfenstein

Zum lustigen Kinderspiel gehörte einst der Hampelmann, ein Verwandter der Marionette. Lange vor dem Bewegungskünstler aus dem Erzgebirge kamen Hampelmänner als Ausschneidebogen auf die Welt und zappelten als Soldat, Wachtmeister oder Harlekin in Kinderhand. Dieser stabilere, hölzerne Mann entstand um 1928. Seine Formen und Farben erinnern an die überlieferten farbenfrohen Gesellen, wurden jedoch an der einstigen Spielwarenfachschule in Seiffen von gestaltender Hand gestrafft.

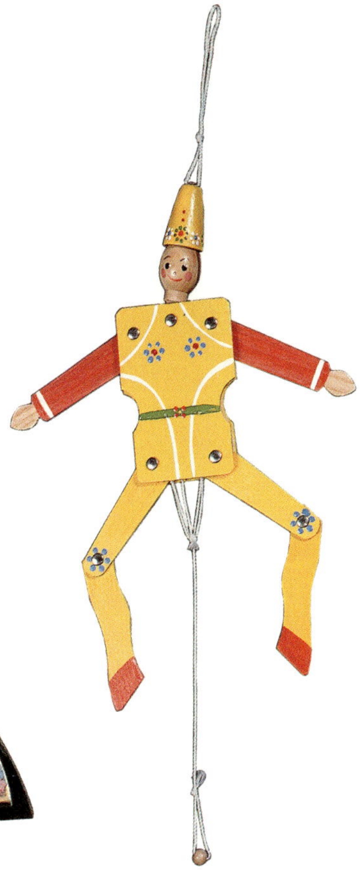

Hampelmann
der Berchtesgadener Handwerkskunst, 1990er Jahre (Entwurf nach älteren Formen unter Beteiligung von G. Zimmermann), Berchtesgaden, Nadelholz, Metall, Faden, gedrechselt, gesägt, bemalt, Höhe: 29 cm

Hampelfrau
der Berchtesgadener Handwerkskunst, 1990er Jahre, Berchtesgaden, Nadelholz, Metall, Faden, gedrechselt, gesägt, bemalt, Höhe: 29 cm

Hampelmann
Gemeinschaftsarbeit Werbeschau Seiffen, 1928, Seiffen, Fichtenholz, gesägt, bemalt, 80 x 30 x 10 cm, TG Seiffen

Zur Geschichte des Holzspielzeugs in Deutschland

Manfred Bachmann

Auf der Leipziger Buchmesse stellte 1991 ein westdeutscher Reisebuchverlag sein Angebot mit einem originellen Plakat vor, auf dem jeweils für ein Land ein typischer ethnographischer Beleg aus der Sachkultur die regionale Spezifik andeutete. Neben dem Säbel für Marokko, dem Bumerang für Australien und dem Souvenir Eiffelturm für Paris vertrat der Seiffener Nußknackerkönig aus der Familie Füchtner „Ostdeutschland". Es besteht kein Zweifel: Die erzgebirgische Volks- und Handwerkskunst ist besonders in unserem Jahrhundert zu einem internationalen Begriff geworden. Zwar sind die Zeiten vorbei, in denen einfache Menschen in naiver Weise ihre Figuren „schnitzelten", die Motive dem Alltag abgelauscht; und dennoch: Trotz der ständigen technologischen Veränderungen in der Herstellung geschnitzter und gedrechselter Figuren, Pyramiden und anderer weihnachtlicher Lichterträger ist die Volkskunst des Erzgebirges als Einstimmung auf das Weihnachtsfest in allen deutschen Landschaften beliebt. Engel und Bergmann, Pyramiden und Schwibbogen sind weit über Sachsen hinaus in den Fest- und Brauchkreis zum Jahresende eingebunden. Im Erzgebirge ist noch heute, im Zeitalter der modernen Industrie und Technik, eine relativ beständige Geschlossenheit verschiedener traditionsgebundener Volkskunstzweige anzutreffen: eine formen- und farbenreiche Schnitzerei im westlichen Teil der Region, die Produktion alter Volksspielzeuge und Weihnachtsfiguren (neben der modernen Spielzeugindustrie) im Gebiet von Seiffen, Grünhainichen und Olbernhau, eine weitverbreitete Spitzenklöppelei, lebendiger Volksgesang und Mundartdichtung.

Beim Reifendreher
Emil Biermann (1877–1933)
in Seiffen, um 1920

Die westerzgebirgische Holzschnitzerei

Die erzgebirgische Volkskunst ist in allen ihren Zweigen auf das Engste mit der Entwicklung des Bergbaus verbunden, der seit dem 12. Jahrhundert in zunehmendem Maße das Wirtschaftsleben bestimmte. Besonders der westerzgebirgische Silberbergbau wurde entscheidend für die Entfaltung einer bergmännisch geprägten Kultur. Der Bergmannsgruß Glückauf, Buckelbergwerke, Lieder und Sagen künden gleichermaßen davon wie Bräuche, Feste und Pyramiden. Diesen direkten Einfluß des Bergbaus auf die gestalterischen Eigenheiten der erzgebirgischen Volkskunst kann man am besten in der Schnitzerei erkennen. Ursprünglich wohl als eine standesgebundene Form der Volkskunst den Bergleuten zugehörig, verbreitete sich die Schnitzerei allmählich in allen Kreisen der Bevölkerung, besonders seit dem Ende des vorigen Jahrhunderts. Als Bergleute – später als Industriearbeiter – waren die Erzgebirgler jederzeit technischen und gesellschaftlichen Neuerungen gegenüber aufgeschlossen.

Unter den Einzelfiguren der Erzgebirgsschnitzerei tritt verständlicherweise der Bergmann hervor. Er wird von Feierabendschnitzern etwa seit dem ausgehenden 18. Jahrhundert in Arbeitskleidung und Paradepracht, mit bergmännischem Arbeitsgerät oder mit dem Licht in einer oder in beiden Händen geschnitzt. Es gibt unzählige Variationen dieser Art: vom historischen Oberberghauptmann bis zum einfachen „Wismutkumpel" unserer Tage. Vielfach werden auch ganze „Bergaufzüge" oder „Bergparaden" gestaltet, deren Figuren das historische erzgebirgische Bergmannshabit tragen. Die „Bergbrüderschaften" und Bergvereine des Erzgebirges halten bei ihren festlichen Umzügen das Erbe lebendig, machen es im Alltag sichtbar. Zur genauen farbigen Gestaltung der Bergmannstracht verwenden die Schnitzer bildliche Darstellungen in der bergbaugeschichtlichen Literatur, Bilderbogen aus neuerer Zeit und Genrebilder aus dem 19. Jahrhundert.

Geschnitzte Lichterengel (auch als Schwebeengel) treffen wir im gegenwärtigen Bild der erzgebirgischen Schnitzerei nur selten an. Sie wirken zumeist sehr süßlich und sind vom Motiv her häufig Kopien trivialer Öldrucke des 19. Jahrhunderts. Man bevorzugt die gedrechselte Form des Seiffener Lichterengels, der oft dem geschnitzten

Bergmann zur Seite gestellt wird. Das Licht wurde unter den harten Arbeitsbedingungen der Vergangenheit zum Sinnbild bergmännischer Sehnsucht nach dem Sonnenlicht, das der Arbeiter unter Tage entbehren muß. Zu den bekanntesten bergmännischen Bildschnitzern gehört Ernst Dagobert Kaltofen (1841–1922) aus Langenau, der mit 30 Jahren noch den Holzbildhauerberuf erlernte. Er benutzte in der Regel die Arbeiten des berühmten Freiberger Professors und Zeichenmeisters Eduard Heuchler

Einarmiger Lichterengel
um 1900, Seiffen, Holz, Teigmasse, gedrechselt, geformt, bemalt, Höhe: 22 cm, JM Scharfenstein

(1801–1879) als bildliche Vorlagen für seine Werke. Für das 17.–19. Jahrhundert sind aus Zinn gegossene Bergmannsfiguren als Lichtträger, aus Elfenbein geschnitzte bergmännische Themen und Bergleute aus Porzellan (18.–19. Jahrhundert) überliefert. Ihre Gestalter waren professionelle Kunsthandwerker.

Die Liebe des Erzgebirglers zu seiner Heimat kommt auch in den vielen liebevoll geschnitzten erzgebirgischen Volkstypen zum Ausdruck. Als Motive sind besonders beliebt: Waldarbeiter, Pilzsucher, Beerensammler, der Wildschütz Carl Stülpner, der Volkssänger Anton Günther (1876–1937), Dorftypen, Kinder, die Tiere der Heimat u. a. m. Auch unsere Gegenwart und die jüngste Vergangenheit finden in zahlreichen Werken Ausdruck.

Spielzeug aus dem Seiffener Gebiet

Die Spielzeugindustrie des Seiffener Gebietes hat ebenso wie die „Feierabendschnitzerei" und Klöppelei des westlichen Erzgebirges ihre Wurzeln im Bergbau, der seit dem 12. Jahrhundert Bevölkerungsstruktur, Wirtschaftsleben und Kultur dieser Landschaft prägte. Es ist noch nicht genau nachgewiesen, wann die Seiffener Zinnlager entdeckt wurden, vermutlich im 13. Jahrhundert. Im Jahre 1324 werden erstmals „cynsifen" als Einrichtung des Bergbaues erwähnt. Nun beginnt Seiffens Aufstieg zum Bergort und Sitz des Vasallenbergamtes der Herren von Schönberg. Die Zinnseiffner waren zugleich Bauern und rangen dem steinigen Boden in rauhem Klima geringe Erträge ab. Diese Doppelberufigkeit ist typisch für die Entwicklung der Wirtschaft des Seiffener Gebietes und erhielt sich z. B. in der Bindung von Drechsler und Landwirt bis heute. Die wechselvolle Geschichte des Seiffener Bergbaues bis zur Auflösung des Bergamtes 1851 hat Karl Ewald Fritzsch ausführlich beschrieben und die Umstellung des Bergortes Seiffen auf die Spielzeugproduktion, den Übergang vom Bergmann zum Spielzeugmacher, überzeugend nachgewiesen. Seine Zusammenfassung:

„1. In der Periode bergbaulicher Blüte leben Zinnseiffner wie einfahrende Bergleute im wesentlichen von der Gewinnung des Erzes. Soweit Witterungsverhältnisse die Arbeit über Tage beeinträchtigen, bleibt Zeit für notwendige hausliche Arbeiten; soweit landwirtschaftliche Arbeiten die männlichen Kräfte zur Sicherung der Ernährung beanspruchen, gibt sie der technisch völlig unkomplizierte Betrieb ohne weiteres dafür frei.

2. In der Periode rückläufigen Bergbaues wird die landwirtschaftliche Nebenarbeit bedeutsamer. Auch weitere Berufe müssen dann die bergmännische Existenz stützen, die bisher nur gelegentlich in Erscheinung traten. Dafür gewinnt in unserem Untersuchungsbereich das Holz der großen Wälder vorrangige Bedeutung.

3. In einer dritten Periode des erlöschenden Bergbaues wird dann die Holzverarbeitung zur eigentlichen Existenzgrundlage. Der Bergmann wird Holzhandwerker und Spielzeugmacher."[1]

Der Seiffener Bergbau erlebte in der ersten Hälfte des 18. Jahrhunderts einen letzten Aufschwung. Etwa seit 1760 erfolgte dann die rege Entwicklung der Holzarbeit als neuer Erwerbszweig für die durch den Rückgang des Bergbaus in ihrer Existenz bedrohte Bevölkerung. Die kurfürstliche Holzordnung von 1560 für das Lautersteiner Gebiet und die Purschensteiner Holzordnung von 1588 bestätigen, daß in den Orten an der Flöha im mittleren Erzgebirge bereits im 15. und 16. Jahrhundert, also noch während der Zeit des Bergbaus, zahlreiche Holzhandwerker tätig waren. Sie fertigten Holz- und Arbeitsgeräte, die dann von Hausierern im Lande vertrieben wurden. Im Kirchenbuch von Grünhainichen wird bereits 1578 ein Händler mit Holzwaren genannt. Für 1613 ist Christoph Wagner als Händler auf dem „Leipsischen Markt" nachgewiesen. In der Folgezeit entwickelten sich vor allem Grünhainichen und Waldkirchen zu Handelsorten, die im wesentlichen den Vertrieb der Erzeugnisse aus dem ganzen Seiffener Gebiet übernahmen.

Auch in Seiffen besaß die gewerbliche Holzverarbeitung – neben dem Bergbau – eine gewisse Tradition. Für die Mitte des 17. Jahrhunderts sind erste Belege für die Tätigkeit von Drechslern vorhanden. 1699 war ihre Zahl auf zehn, im angrenzenden Heidelberg auf vier gestiegen. Erst als während des Siebenjährigen Krieges der Zinnbergbau fast völlig zum Erliegen kam und im alten Bergflecken Seiffen die Not einzog, erfolgte allmählich die endgültige Umstellung zum Spielzeugort. Eine wichtige Grundlage dafür war die Umwandlung der alten Pochstätten zu Drehwerken. Die 17 am Seiffenbach von der Höhe bis zum Tal wie Perlen an einer Schnur aufgereihten Pochwerke bildeten mit ihren kraftspendenden Wasserrädern das Produktionsgerüst des neuen Gewerbes. Das Bergamt unterstützte diesen Vorgang, um den Bergleuten wieder Arbeitsmöglichkeiten zu bieten. 1765 arbeiteten die Drechsler bereits an 28 Drehladen in acht Drehwerken, ehemaligen Pochwerken. Dafür mußten sie dem Bergherren im Jahr acht, später zwölf Groschen Zins zahlen. Als einige Jahre später der Bergbau erneut aufgenommen werden sollte, wollten die ehemaligen Bergleute nicht wieder in ihren alten Beruf zurück, sondern blieben im neuen Erwerbszweig, der besseren Verdienst, günstigere Arbeitsbedingungen und größere persönliche Freiheit bot. Das Holzgewerbe war zum Schicksal für den Bergbau geworden, dem unter diesen Umständen jede Entfaltungsmöglichkeit genommen war. Der Holzreichtum der erzgebirgischen und böhmischen Wälder schuf günstige Voraussetzungen für den gewerblichen Wandel im Seiffener Gebiet. Die Zahl der Drechsler stieg rasch an. 1782 produzierten für den Olbernhauer Verleger Johann Gottlieb Semmler in Seiffen bereits 41, in Einsiedel 10 und in Deutschneudorf 6 Drechsler. Um 1800 arbeiteten in Seiffen 110 Drechsler, 1843 in Seiffen und Heidelberg zusammen bereits 310 und im ganzen Gebiet mehr als 500. Für das gleiche Jahr wurden 800–900 Familien genannt, die im Bereiche der Herrschaft Purschenstein vom Spielzeuggewerbe lebten, und zu Beginn des 20. Jahrhunderts zählten etwa 50 Orte zum erzgebirgischen Spielzeugland.

Aufgrund der technischen Bedingungen und der wirtschaftlichen Situation begannen sich die Seiffener Spielzeugmacher schon früh zu spezialisieren. Dieser Prozeß kann bis in unsere Zeit verfolgt werden. Neben einzelnen Familien, die ganz bestimmte Typen pflegten, legten sich auch verschiedene Dörfer auf spezielle Formen fest (so z. B. Halbach: Archen; Eppendorf: Puppenstuben; Heidelberg und Deutscheinsiedel: Reifentiere; Borstendorf: Baukästen und Brettspiele; Pobershau: Pfeifen; Grünhainichen und Umgebung: Pferdeställe, Kaufläden und Puppenstuben; Deutschneudorf: Dosen und Kästchen; Blumenau: Baukästen; Olbernhau: Kindergewehre).

Wie auch in anderen Gegenden Deutschlands, in denen die ländliche Hausindustrie zum entscheidenden Wirtschaftsfaktor wurde, entwickelte sich im erzgebirgischen Spielzeuggewerbe der Stand der Verleger. Sie traten als Mittelsleute zwischen Produzenten und Konsumenten. Aus bestimmten ökonomischen und verkehrsgeographischen Gründen festigten sich im Ort Seiffen nur wenige Verlagsgeschäfte. Die Spielzeughandwerker waren in der Regel an auswärtige Verleger gebunden (in Olbernhau, Grünhainichen, Waldkirchen).

Der Stand der Verleger rekrutierte sich vornehmlich aus ehemaligen Hausindustriellen und Warenhändlern. Sie brachten die Spielzeugmacher und Drechsler in völlige Abhängigkeit. Häufig lieferten die Verleger Rohstoffe, Lebensmittel, Farb-, Schnitt- und Drogenwaren für die übernommene Fertigware. Das Trucksystem[2] entwickelte sich zu einer Fessel für die Holzwarenarbeiter. Auch die Preisgestaltung wurde durch die Verleger völlig willkürlich gehandhabt, deshalb war Lohndrückerei eine alltägliche Erscheinung.

Bei „Soldaten-Ehnerts"
in Seiffen, um 1930

In wirtschaftlichen Krisenzeiten wälzten die Verleger den Verlust auf die hausindustriellen Arbeiter ab, indem sie keine Aufträge mehr erteilten oder gefertigte Waren nicht übernahmen. Dann zogen Armut, Not und Hunger in die Hütten der Spielzeugmacher ein.

Auf dem Weltmarkt zeichneten sich die erzgebirgischen Waren wegen der Breite des Sortiments und ihrer niedrigen Preise aus und fanden großen Absatz. Die ländliche Hausindustrie bildete in der zweiten Hälfte des 19. Jahrhunderts die breite Grundlage der jungen Großindustrie Deutschlands. Wie Friedrich Engels in einem Aufsatz 1887 nachwies, ist für ihre Entwicklung charakteristisch, daß sie im Verein mit Gartenbau oder kleiner Landwirtschaft betrieben wurde. Diese Verbindung bedeutete jedoch für den hausindustriellen Arbeiter eine große Fessel: Er mußte die ihm gebotenen Löhne nehmen oder sich anderswo Arbeit suchen. Um nicht auf Haus und Hof verzichten zu müssen, begnügten sich die Arbeiter meistens mit den geringeren Löhnen. Die Folge davon war der erstaunlich günstige Preis vieler deutscher Erzeugnisse, die Konkurrenzfähigkeit Deutschlands auf dem Weltmarkt mit vielen kleinen Artikeln. Seit der Mitte des 19. Jahrhunderts entstanden im Seiffener Gebiet auch zahlreiche Fabriken, die nunmehr neben der Hausindustrie produzierten. Manche Arbeiten ließen sich jedoch nicht mit Maschinen ausführen, deshalb bestand zwischen den Fabriken und den hausindustriellen Spielzeugmachern eine enge wirtschaftliche Verbindung: Viele arbeiteten als Zubringer für die Industrie oder übernahmen aus den Fabriken Halbfabrikate zur Fertigstellung. So wuchs gleichzeitig ein großes Heer von Heimarbeitern heran, vorwiegend Frauen, deren soziales Los mit das härteste war.

Obwohl sich nach 1871 die deutsche Wirtschaft kräftig entwickelte, herrschte unter den Arbeitern der Spielzeugindustrie ungeheures Elend. Häufig wurden bereits Drei- und Vierjährige in der Hausindustrie beschäftigt. Nicht selten mußten die Schulkinder in Saisonzeiten Nächte hindurch arbeiten, um der Familie das karge Brot zu sichern. Es wurde durch radikale Arbeitsteilung innerhalb des Familienkreises und durch unbegrenzte Arbeitszeit erkauft. Um 1919 waren beispielsweise noch 90% aller Schulkinder von Steinhübel in die Produktion einbezogen. Die Reallöhne der Arbeiter sanken ständig, nach einer amtlichen Ermittlung zwischen 1875 und 1881 z. B. im Durchschnitt um 63%, in Einzelfällen bis zu 91%; 1880 hatte ein Spielzeugarbeiter bei 13stündiger Arbeitszeit 15 Pf Stundenlohn. Als Folge der Unterernährung litten die Familien unter vielen Krankheiten. Ein Alter von über 50 Jahren galt als Ausnahme. Um 1861 hieß es in einem Gedicht: „Im sächsischen Erzgebirge, / Da ist gar große Not, / Der Doktor nennt es Typhus, / Das Volk nennt's Hungertod."

In der großen Berliner Heimarbeitsausstellung von 1906, für die Käthe Kollwitz das ergreifende Plakat schuf, wurde das Erzgebirge als „Schmerzgebirge" bezeichnet. In der zeitgenössischen Literatur finden wir auch oft den Namen „Sächsisches Sibirien". Die engen, unwürdigen Wohnverhältnisse der Hausarbeiter ließen keine gesunde Lebensführung zu. Die Stuben dienten zum Kochen und Wohnen sowie gleichzeitig zum Arbeiten und Trocknen der Ware. In den Fabriken herrschten ähnliche Verhältnisse. Lichtlose und luftarme Werkstätten und das Fehlen von Arbeitsschutzvorrichtungen erschwerten dem Arbeiter das Leben.

Diese Zustände mußten sich auf die Produktion auswirken. Deshalb beschäftigten sich staatliche Stellen mit der wirtschaftlichen Lage in der Spielzeug- und Holzindustrie. Es wurden verschiedene Maßnahmen eingeleitet mit dem Ziel, den gefährdeten Industriezweig zu schützen und konkurrenzfähig zu halten. So wurden in Seiffen (1851), Grünhainichen (1874) und Olbernhau (1885) Fachschulen eingerichtet, ein Holzkonsumverein gegründet (1874) und eine ständige Industrieausstellung aufgebaut (1891). 1903 brachte das Kinderschutzgesetz eine Minderung der Kinderarbeit, jedoch noch keine gänzliche Beseitigung. Da sich die Lohnverhältnisse nicht gebessert hatten und in den Familien jede Arbeitskraft gebraucht wurde, klagten sogar die Arbeiter über seine Einführung. Bis 1910 traten nur ganz geringe Lohnverbesserungen ein. Sie bedeuteten aber für den Arbeiter keine Hilfe, da die Lebenshaltungskosten inzwischen merklich gestiegen waren. In den Fabriken ließ das Akkordsystem die Arbeiter bis zur Erschöpfung schuften. Am schlechtesten wurde nach wie vor die Frauen- und Kinderarbeit entlohnt. Nach den Ermittlungen des Zentralverbandes des deutschen Konsumvereins betrug um 1909 der wöchentliche Durchschnittsverdienst eines Hausarbeiters ohne Familie 6–16 Mark, mit Familienhilfe 9–22 Mark; eine Heim- oder Fabrikarbeiterin

Heimarbeiterinnen
in Seiffen, um 1930

verdiente nur etwa 300–400 Mark im Jahr. Für Fabrikarbeiter bedeuteten 90–1.000 Mark ein hohes Jahreseinkommen.

Nur langsam entwickelte sich unter der zersplitterten Arbeiterschaft der Gebirgsdörfer die Arbeiterbewegung und damit die Möglichkeit eines wirksamen Widerstandes. Um die krassen Mißstände abzustellen, schlossen sich 1843 zahlreiche Seiffener Drechsler zusammen und verlangten Schutz vor einer „unbeschränkten Gewerbefreiheit". Sie forderten ein Arbeitsverbot für vorschulpflichtige Kinder, die Einführung einer Lehrzeit, um die Schluderarbeit der Drechslersöhne zu unterbinden, die sich bereits mit 15 Jahren selbständig machen konnten, ferner das Verbot des Trucksystems, die Schaffung einer Genossenschaft nach dem Vorbild der bergmännischen Knappschaft, um verbilligte Rohstoffe zu beschaffen und in persönlichen Notlagen Hilfe zu ermöglichen. Diese Forderungen blieben jedoch fast alle unerfüllt. 1892 organisierten sich die Drechsler und Bildhauer Neuhausens in einem Verband. Auch in anderen Orten entstanden nach 1900 gewerkschaftliche Verbände der Holz- und Spielwarenarbeiter. Streiks flammten auf, z. B. 1905 in Pobershau, 1908 in Lauterbach, 1910/13 in Deutschneudorf, 1905 und 1912 in Neuhausen. 1904 gründeten die Reifendreher eine Innung.

Die Welt des Volkskünstlerischen erlitt durch die kapitalistische Industrialisierung in der zweiten Hälfte des letzten Jahrhunderts einen schweren Bruch. Immerhin gehörte die Spielzeuggestaltung zu den Rückzugsgebieten, in denen die überlieferten Formen noch lange weiterlebten, trotz jeweiliger rascher Anpassung der Produktion an neue Formen der Technik und der Mode. Die künstlerische Qualität sank aber im Ganzen beträchtlich. Die Zange von Angebot und Nachfrage bestimmte die Gestaltungen. Billig und schnell mußte der Holzhandwerker die vom Verleger gewünschten Erzeugnisse herstellen, oftmals wider besseres künstlerisches Empfinden. Die völlige Technisierung und absolute Spezialisierung des Arbeitsprozesses in den Betrieben der größeren Unternehmer töteten oft jeden persönlichen Gestaltungswillen der Arbeiter. Die erzgebirgische Spielzeugproduktion entfernte sich immer weiter von guter, echter Volkskunst. Selbst die Motive der heimischen Volkskunst wurden zu billigem, geschmacklosem Kunstersatz verfälscht. Heimatfremdes, wesenloses Spielzeug und Massenkitsch fanden ihren Weg in viele Länder der Welt. Freilich hat es bereits vor dem ersten Weltkrieg und besonders in den 20er Jahren viele kritische Stimmen gegen diese Entwicklung gegeben. Alle Bemühungen von Heimatvereinen, Künstlern usw., das schöpferische Gestalten der Volkskünstler unter den Seiffener Spielzeugmachern zu retten, erwiesen sich letztlich als wenig fruchtbar, weil die wirtschaftlich-gesellschaftlichen Ursachen des künstlerischen Niederganges nicht klar erkannt wurden. Die meisten Versuche der am Ort ansässigen Fachschule, mit Hilfe neuer „Muster" die Lage zu bessern, schlugen fehl, obwohl sie von Liebe und Begeisterung zur Volkskunst getragen waren.

Spielzeugmalerin,
Oberseiffenbach, um 1930

Der erste Weltkrieg, die Inflation und die Weltwirtschaftskrise wirkten sich im Erzgebirge am stärksten in der Textilindustrie und im holzverarbeitenden Gewerbe aus. Die Zahl der Arbeitslosen lag in den Jahren um 1930 stets bedeutend höher als im übrigen Deutschen Reich. Die Löhne gingen rapid zurück. Die Kleinbetriebe verschuldeten total und mußten nicht selten Konkurs anmelden. Der Faschismus brachte den Seiffener Spielzeugmachern eine Scheinblüte. Sie mußten die WHW-Abzeichen produzieren, mit denen Hitler seine Kriegsmaschine finanzierte. Sogar kleine Fliegerbomben wurden angefertigt.

Unbestreitbar sind die großen wirtschaftlichen Erfolge, die seit 1945 von der Seiffener Holz- und Spielwarenindustrie erzielt wurden. Allein im Kreis Marienberg konnten 1955 für 10.909.000 Mark Spielwaren produziert werden, bereits 1960 dagegen für fast 20 Millionen. Die sozialen Einrichtungen für die Arbeiter konnten allseitig verbessert werden. Nicht nur die Industrie, sondern auch das holzverarbeitende und -bearbeitende Handwerk festigten sich in ökonomischer Hinsicht, das wirkte sich besonders positiv in der Exportbilanz der Spielzeugindustrie aus. Im Zuge der Wiedervereinigung erfolgte im Spielwarengebiet durchgehend eine Reprivatisierung der bisherigen volkseigenen Betriebe bzw. die Umwandlungen in GmbH. Dazu kamen neue private Betriebe und Handelseinrichtungen. Das Berufsbild „Holzspielzeugmacher" konnte in das „Verzeichnis der anerkannten Ausbildungsberufe" der BRD übernommen werden. Die Handwerksbetriebe, in der Regel von starker Familientradition geprägt, haben im Durchschnitt bis fünf Mitarbeiter, jeder zehnte zwischen acht und zwanzig.

Der Seiffener Drechsler

Es ist das bezeichnende Merkmal der Seiffener Volkskunst, daß ihre Erzeugnisse an der Drehbank entstehen und – wenn notwendig – nachträglich lediglich beschnitzt werden. Die Technik des Drechselns zwingt zur Stilisierung, zur Vereinfachung der Formen, zur Beschränkung auf die Darstellung typischer Merkmale, sie ermöglicht eine Massenproduktion. Damit unterscheidet sich die Seiffener Volkskunst grundsätzlich von der westerzgebirgischen Schnitzerei. Die Drechsler des Seiffener Gebietes verbesserten ständig ihre Technik und erhöhten damit gleichzeitig ihre Produktion. Wurden ursprünglich die Drechselbänke mit dem Fuß angetrieben, so liefen um 1750 bereits die ersten Drehwerke mit Wasserkraft. Seit 1868 arbeitete ein Dampfdrehwerk mit 150 Drehstellen und 1912 erfolgte der elektrische Kraftanschluß.

Als früheste Erzeugnisse der Seiffener Drechsler werden Knöpfe für Bergmannskittel, Nadel- und Federbüchsen, Teller, Rockenständer, Spindeln und anderes Gebrauchsgerät genannt. Die Spielzeugherstellung breitete sich stark am Ende des 18. Jahrhunderts aus, Seiffens Ruhm als „Deutschlands Spielzeugschachtel" festigte sich in aller Welt. Die überlieferten Kataloge und Spielzeugmusterbücher der Spielzeugverleger und Handelshäuser, die um die Mitte des 19. Jahrhunderts zur Orientierung der Kunden geschaffen und z. T. farbig gezeichnet wurden, zeigen den Formenreichtum des erzgebirgischen Spielzeugs; Klingkästen mit Szenen aus dem Volksleben und von Arbeitsvorgängen, Fahrspielzeuge aller Art, Pendelspielzeuge, Baukästen für Bauernhöfe, Dörfer und Stadtanlagen, Tiergärten und Archen, Miniaturspielzeug, Brettspiele, Bäume in den verschiedensten Techniken, Hampelmänner, Holzsoldaten als Widerspiegelung der kriegerischen Ereignisse der Zeit, Puppenstuben u. a. m.

Zu den typischen Erzeugnissen Seiffens gehören die seit etwa 1800 gedrehten Reifentiere, mit denen vor allem die Archen gefüllt wurden. Es sind Sätze mit mehr als 100 verschiedenen Tierformen überliefert, die vom Drechsler – in verschiedenen Größen – frei im Ring gedreht wurden. Astfreie Fichtenstämme werden frisch aus dem Wald kommend verarbeitet oder liegen wochenlang im Wasser, bis sie von der Stahlröhre und dem Meißel zu Ringen geformt werden, die im Querschnitt das Profil eines Tieres zeigen. Eine geschickte Hand spaltet dann vom Ring mit dem Messer etwa 50 bis

Wilhelm Füchtner
(1844–1923)

60 gleichbreite Scheiben ab, andere beschnitzen die Tierkörper, leimen Schwanz und Hörner ein und bemalen sie. Das Tier ist in seinen wesentlichen Merkmalen erfaßt. Früher wurden die Reifentiere auf Grund der schlechten Verdienstmöglichkeiten als „Pfengvieh" (Pfennigvieh) oder „Elendsware" bezeichnet. Diese einmalige Handwerkstechnik, die man als Krönung der Seiffener Drechselkunst bezeichnen kann, wird heute noch in der PGH Seiffener Volkskunst und durch mehrere Handwerker in Privatwerkstätten und in den Schauwerkstätten gepflegt; auch komplette Archen sind erfreulicherweise wieder im Angebot. Früher wurden die Spielzeugeinheiten in der Regel in Spanschachteln verpackt auf den Markt gebracht. Man nannte die Händler deshalb auch Schachtelleute. Aus langgezogenen Holzspänen entstanden die gelegentlich auch bemalten Behältnisse für die Spielzeugfiguren. Die Verwendung kleinerer Spanschachteln im Seiffener Spielzeug- und Kunstgewerbeangebot tritt heute erfreulicherweise wieder stärker hervor.

Zu besonderer Berühmtheit gelangten die Erzeugnisse der alten Seiffener „Männelmacher". Ihre Figuren wurden in verschiedenen Größen aus der walzenförmigen Dockengrundform geschaffen und durch technologische Verfeinerungen in vielen Varianten gestaltet. Die Drechsler gliederten sie beim Drehen der organischen Körperteilung entsprechend, erreichten durch „gebrochene" Figurenkörper, die die starre Dockenform auflösten, durch den Einsatz zusätzlicher Materialien (Stoff, Papier, Federn, Fell) und durch eine ansprechende Bemalung einen unerhört lebendigen Ausdruck. In ihren Miniaturgrößen gehörten sie einst zum billigsten Spielzeug. Auch die Nußknacker, Räuchermänner, Lichterbergleute und -engel sind technologisch aus der Dockengrundform heraus entwickelt. Neben Louis Hiemann (1857–1939) galt Karl Müller (1879–1958) als exponierter Vertreter dieses liebenswürdigen Zweiges der Seiffener Volkskunst.

In der Gegenwart bemühen sich viele der besten Handwerker um eine kreative Weiterentwicklung dieser Tradition. Als Besonderheit erscheinen die bergmännischen Darstellungen, die noch erhaltene Vielfalt der Miniaturgespanne und Spielzeuggruppen von Miniaturen in den kleinsten Größen. Dazu zählen auch die Miniaturstuben und die szenisch gefüllten Streichholzschachteln.

In den 20er Jahren belebte die Seiffener Fachschule die alte Technik des Stechens von Spanbäumen neu, bei dem das scharfe Eisen von weichen Lindenholzkernen runde Späne nach oben oder nach unten als Äste und Zweige abrollen läßt. Die PGH Seiffener Volkskunst und einige private Drechsler führen diese viel Sorgfalt und Geduld erfordernde Technik weiter. In die Nachbarschaft des Spanbaumstechens gehört die Technik der Holzspanblumen aus der Familienwerkstatt von Günther Leichsenring.

Zur Seiffener Volkskunst gehören aber auch die charakteristischen gedrechselten Weihnachtsgestaltungen, die heute noch in zahlreichen Werkstätten – wenn auch in unterschiedlicher künstlerischer Qualität und in unterschiedlicher Anlehnung an den historischen Formenschatz – in großen Mengen das Gebirgsdorf verlassen: Bergmann und Engel als Lichterträger, Nußknacker, Räuchermänner, Kurrendegruppen, Schwibbogen, Hängeleuchter und Pyramiden.

Sonneberg als Zentrum der Thüringer Spielzeugproduktion

Sonneberg, heute als traditionsreiches Zentrum industrieller Spielzeugfertigung bekannt, besaß schon im 14. Jahrhundert beachtliche wirtschaftliche Bedeutung. Handelsweg der Nürnberger Kaufleute nach dem einst mächtigen kurmainzischen Erfurt war die „Hohe Straße", die über Bamberg, Coburg, Neustadt, Oberlind und an Sonneberg vorbei über Neufang und Steinheid zum Rennsteig führte. Gegen entsprechendes Entgelt gaben die Territorialherren den Kaufmannszügen, für die eine Alleinfahrt durch den Thüringer Wald wegen der Raubritter gefährlich war, bewaffnetes Geleit. Als Erfurt im letzten Drittel des 15. Jahrhunderts an Bedeutung verlor und sich das süddeutsche Interesse auf den mit kaiserlichen Privilegien versehenen Messeplatz Leipzig konzentrierte, verlagerte sich der Handelsverkehr auf eine andere Straße, die bei Sonneberg abzweigte und über Judenbach, den Sattelpaß, Saalfeld und Gera führte.

Eine längere Rast vor der Gebirgsauffahrt bot Gelegenheit für den Aufkauf von Handelsgütern aus den umliegenden Ortschaften. Eisensteinvorkommen hatten in den Flußtälern der Steinach, der Effelder und der Werra Hüttenwerke entstehen lassen, in denen gute Werkzeuge hergestellt wurden. Das Holz der riesigen Wälder wurde zu Holzkohle und Pech sowie zu allerlei Gebrauchs-

Kinderheimarbeit im Erzgebirge
von Johannes Wüsten, 1934

gegenständen verarbeitet. Einen Teil ihrer Produktion boten die Wäldler im Nebenerwerb zur kärglichen Landwirtschaft den umherziehenden Handelsleuten, die damit den Bedarf des Flachlandes an vielen Geräten befriedigen konnten. Bald entwickelte sich ein lebhafter Handel, der wiederum die Produktion anregte. Holzlöffel, die man sowohl in Städten als auch auf dem Lande benutzte, müssen in riesigen Mengen geschnitzt worden sein. Ob aus den verarbeiteten Ahorn-, Buchen- oder Lindenhölzern auch Spielzeug für Kinder entstand, wissen wir nicht.

Auch aus dem Nachweis von Wismutmalerei in Sonneberg schon für das 16. Jahrhundert allein kann nicht auf die Produktion von Spielzeug geschlossen werden, denn das aufwendige Malen auf einer Wismutschicht kam allgemein nur bei wertvolleren Gegenständen (Kästen, Schachteln, Möbeln) in Anwendung. Zum Bemalen von Spielzeugen begnügte man sich zunächst mit Heidelbeersaft oder anderen billigen Farbstoffen.

Während des Dreißigjährigen Krieges wurde Sonneberg 1632 grausam geplündert und gebrandschatzt. Neun Jahre später wird im Fragment eines Kirchenbuches „Veit, Jahn, Mahler Meister" angeführt. Spätere Fragmente belegen die Spielzeugmacherei, so 1652 „Hans Escherich, Schachtelmacher", 1666 „Andreas Sattler, (Spielzeug-) Geigenmacher", 1666 „Johann Christian Dressel, Mahler und Schachtelmacher", 1688 „Elias Wanderer, Mahler" und 1688 „Claus Eichhorn, Pfeuffenmacher". Die Sonneberger Handwerker scheinen ihre Erzeugnisse fast ausschließlich nach Nürnberg geliefert zu haben, da die Thüringen-Geleitakten dieser Zeit niemals von Fahrten selbständiger Sonneberger Kaufleute zur Leipziger Messe berichten. Der Handel zwischen beiden Städten, durch das Kriegsgeschehen ohnehin beeinträchtigt, war völlig unterbrochen, nachdem im Jahre 1638 unweit von Sonneberg ein großer Nürnberger Handelszug trotz eines kaiserlichen Schutzbriefes von kaiserlichen Soldaten vollständig ausgeplündert worden war. Die Verbindung wurde erst nach Friedensschluß in veränderter Form wiederhergestellt.

In der zweiten Hälfte des 17. Jahrhunderts traten daher an die Stelle der Nürnberger Verleger „Exporteure" aus Sonneberg, die für den Absatz ihrer Produktion sorgten. Sie gründeten an vielen bedeutenden Orten des Welthandels eigene Niederlassungen, z. B. in London, Riga und Lübeck. Bereits um 1735 galten Holland, England, Spanien, Frankreich, Dänemark, Schweden, Norwegen, Rußland, Österreich-Ungarn, Ost- und Westindien als Absatzgebiete. Schließlich stand in der Mitte des 18. Jahrhunderts der Sonneberger Kaufmann auf allen großen Messen gleichberechtigt neben dem Nürnberger. Er brauchte sich dabei nicht nur auf die örtliche Industrie zu stützen, denn die Herstellung von Holzwaren und Spielzeug hatte in vielen kleineren Orten des Meininger Oberlandes Fuß gefaßt.

Mit der Entstehung des lokalen Verlagswesens erweiterte sich die Produktionsstruktur. Neben den zunftgebundenen, hausindustriellen Spielzeugmachern bearbeiteten hausindustrielle Lohnarbeiter das vom Verleger gelieferte Material im Stücklohn (später oft sogar mit geliefertem Werkzeug). Konkrete Angaben über die Art der Produktion stehen uns allerdings erst mit der „Beschreibung des Ober- und Untergerichts Neustadt und Sonnenberg“ durch Heinrich Ernst Sonnhoff von 1735 zur Verfügung. Er berichtet, daß in großer Vielfalt vorwiegend Haus- und Gebrauchsgegenstände für die Ausstattung von Küche und Haus hergestellt wurden. Als „Kinderwaren“ werden genannt: „Degen, Pistolen, Flinten, Pfeuffen, Geigen, Kegelspiel, Nußbeißer und Klappern, Guck-Gucke, Schnarren und dergleichen mehr“. Diese Spieldinge der älteren Sonneberger Produktion, die für das 18. Jahrhundert typisch waren, wurden fast ausschließlich von Schnitzern und Drechslern hergestellt. Im Verhältnis zu anderen Holzwaren war aber die Produktion von Kinderspielzeug im Umfang gering, wohl wegen der niedrigen Bezahlung. Geschnitzte Docken, Figuren und Tiere führt Sonnhoff nicht an.

Der wachsende Bedarf führte zur Entwicklung eines neuen Rohstoffs, der leichter als Holz zu behandeln war. Findige Sonneberger versuchten erfolgreich, Figuren aus einem Teig von Schwarzmehl und Leimwasser („Brotteig“) zu formen und brachten es im freien plastischen Gestalten nach Vorlagen schon um die Mitte des 18. Jahrhunderts zu großer Fertigkeit. Da diese getrockneten grauen Figuren einen kräftigen Farbüberzug verlangten, gewann die Arbeit der Maler an Bedeutung. Die Art der Farbmischung und der Farbbehandlung betrachteten sie als Berufsgeheimnis. Ihre Stellung am Ende des Produktionsganges ließ sie bald zu Händlern werden. Manche Maler lösten sich allmählich völlig vom Handwerk, und da der Handel gegenüber dem Bemalen wesentlich einträglicher war, bemühten sie sich zunächst vergeblich um ein alleiniges Handelsmonopol. 1789 jedoch sicherte Herzog Georg von Sachsen-Meiningen 26 Sonnebergern und vier ländlichen Kaufleuten das „Große Handelsprivileg“ zu. Dessen strenge Regelungen verboten es fortan jedem anderen zu handeln und machte eine Aufnahme in die Reihen der Spielzeughändler äußerst schwierig.

Um 1800 steigerte sich der Bedarf an Spielzeug erheblich, und dadurch stieg die Einwohnerzahl mancher Landorte sprunghaft auf das Drei- bis Sechsfache an. Zugleich verschärfte sich die Konkurrenz sowohl zwischen den hausindustriellen Spielzeugmachern als auch zwischen den Kaufleuten. Die Preise wurden ständig unterboten, so daß sie schließlich auf ein Minimum herabsanken. Kinderarbeit war an der Tagesordnung. Besonders intensive Formen nahm der Wirtschaftskampf zwischen den Kaufleuten Sonnebergs und des benachbarten Neustadts an. Die Leidtragenden waren die Arbeiter, die sich von der Schaffung strenger Zunftordnungen Hilfe erhofft hatten und nun aufgrund des „Großen Handelsprivilegs“ keine Möglichkeit sahen, ihre Erzeugnisse zu besseren Bedingungen selbst zu verkaufen. Dieses Privileg legte die Sonneberger Spielzeugindustrie endgültig auf die Hausindustrie (Verlagssystem) fest. Der Versuch einiger Verleger um 1840, sich entgegen den Bestimmungen des Privilegs durch die Gründung von Fabriken eines Teils der Produktion zu bemächtigen, führte 1848 zu Auseinandersetzungen revolutionären Charakters. Die Arbeiter zerstörten die Maschinen und erzwangen das Fortbestehen der gewohnten Hausindustrie. Erst mit der Durchsetzung der Gewerbefreiheit 1862 verlor das Handelsprivileg seine Geltung.

Mit der umfangreichen Puppenherstellung vor allem seit Mitte des 19. Jahrhunderts und der Gründung von Fabriken wurde die alte Verleger- und Handelsstadt Sonneberg zum bedeutenden Industrieort. Das nahe, zu Bayern gehörige Neustadt versuchte, ihm nachzueifern. Die umliegenden Orte wurden mit der Herstellung von Puppenkleidern, Frisuren und Augen in die Produktion einbezogen. Da bei der Puppenherstellung die Tätigkeit des Bossierers, Drückers und Malers weithin koordiniert werden mußten, befanden sich ihre Werkstätten meist in denselben Orten. Daneben hatte das Holz als wichtigstes Ausgangsmaterial noch immer einen erheblichen Anteil an der Produktion. In Sonneberg verblieb eine größere Zahl von Drechslerwerkstätten, obgleich sich das Schwergewicht dieses traditionellen Gewerbezweiges in den Nordwesten des Gebietes verlagerte. Die kammwärts gelegenen Orte Steinach, Rauenstein und Effelder blieben ebenfalls dem Holz verbunden. Der Doppelort Mengersgereuth-Hämmern wurde Hauptplatz für die Herstellung von Spielschiffen, die von Steinach, dem alten Zentralort der Griffelindustrie, ihren Ausgang genommen hatte. Im Raum Waltershausen–Ohrdruf–Ilmenau begann die Puppen- und Holzspielzeugproduktion um 1805. Westwärts ausgreifend sind der Verarbeitung des Materials Holz in Schalkau und Eisfeld sogar neue Schwerpunkte zugewachsen. Erst in den 30er Jahren des 19. Jahrhunderts stellte sich das Ackerbürgerstädtchen Schalkau, in dem schon eine gute Tradition für das Holzschnitzen bestand, auf die Anfertigung von

„Garnituren“ um. Bauernhöfe, Menagerien, Schäfereien, Jagden werden als „Bauereien“ genannt, dazu kamen Ratschen, Schnarren, Kindergewehre – alles Dinge, die schon damals als typisch erzgebirgisch galten, doch mag die Anregung zu ihrer Herstellung aus der nahen fränkisch-süddeutschen Spielzeuglandschaft gekommen sein. Auf Sonneberger Einfluß ist die Herausbildung der Puppenindustrie zurückzuführen, die als „Schalkauer Genre“ immer einen eigenständigen Charakter bewahrte. In Eisfeld verdrängte die Herstellung von Wagen und Pferden, besonders von Schaukelpferden, sogar das einst bodenständige Textilgewerbe und wurde so bedeutsam, daß sich noch nach 1900 erzgebirgische Verleger auf Eisfelder Erzeugnisse stützten. Nicht zufällig hielt der gesamte von Sonneberg nordwestwärts gelegene Gebirgshang am Holzdrechseln fest, denn die zahlreichen Gebirgsbäche lieferten den Wasserrädern die Antriebskraft.

In der zweiten Hälfte des 19. Jahrhunderts nahm die Spielwarenindustrie Thüringen durch die Einführung der Gewerbefreiheit einen beträchtlichen Aufschwung. Die teilweise zum Verlag gehörenden Puppen- und Spielzeugfabriken, die anfänglich auf Sonneberg, Neustadt und Schalkau beschränkt blieben, später jedoch auch in Großdörfern mit traditioneller hausgewerblicher Spielzeugproduktion wie Judenbach, Köppelsdorf, Hüttensteinach errichtet wurden, zogen vor allem Arbeitskräfte aus dem agrarischen Umland an. Um 1880 bestanden in Sonneberg etwa vierzig Exportfirmen. Die zunehmende Arbeitsteilung, besonders in der Puppenindustrie, beeinträchtigte oft die künstlerische Qualität.

Die Einrichtung von gewerblichen Fach- und Industrieschulen sollte der Heimindustrie zu künstlerischem Aufschwung verhelfen. Infolge der staatlichen und der internationalen Handelspolitik unterlag die Thüringer Spielzeugindustrie am Ende des 19. Jahrhunderts zwar gelegentlichen Schwankungen, Krisen und regionalen Rückschlägen, aber die Stabilisierung nach 1892 ist unverkennbar: Die Zahl der Exportgeschäfte stieg von 42 im Jahre 1880 auf 80 um 1907. Diese Blütezeit brachte dem Spielzeug des Sonneberger Raumes Weltgeltung, den Verlegern und Fabrikanten hohe Profitraten, während sich die Arbeits- und Lebensbedingungen der hausindustriellen Spielzeugmacher, der Fabrik- und Heimarbeiter sowie der hausindustriellen Lohnarbeiter verschlechterten. Steigende Ausbeutung, lange Arbeitszeiten, willkürliche Lohnfestlegungen, Mietwucher, Wohnungselend und Verschuldung, fortgesetzte Preisherabsetzungen der Verleger, die sich auf dem Weltmarkt behaupten wollten, und umfangreiche Mitarbeit niedrig entlohnter Frauen und Kinder verschärften an der Schwelle zum 20. Jahrhundert die Lage außerordentlich. Hohe Säuglings- und Kindersterblichkeit, niedrige Lebenserwartung, nicht nur völlig mangelhafte Bildungsmöglichkeiten, sondern soziale Nachteile auf allen Gebieten waren kennzeichnend.

Das schwärzeste Kapitel in der Geschichte der Thüringer Spielzeugproduktion ist – wie in allen anderen deutschen Gebieten der Hausindustrie – die erbarmungslose Ausbeutung der Kinder und Jugendlichen. Für 1894 gibt es Belege, daß bereits Vierjährige arbeiten mußten, und auch nach Erlaß des „Gesetzes über die Kinderarbeit“ (1903), das ohnehin nur die schlimmsten Mißstände beseitigen sollte, übersahen die staatlichen Behörden (oft auch die Lehrer) geflissentlich dessen Überschreitungen oder begnügten sich mit den Strafen. 1910/11 waren mehr als ein Viertel aller Schüler zwischen 6 ½ und 7 ½ Jahren mit täglichen Arbeitszeiten bis zu zwölf Stunden hausindustriell tätig. Mit zunehmendem Alter stieg der Anteil. Noch 1939 wurde Kinderarbeit als häufig bezeichnet.

Nürnbergs Bedeutung im Spielzeughandel

Der Ruf Nürnbergs als Stadt des Spielzeugs ist durch die Tätigkeit seiner Kaufleute begründet worden. Bereits im 15. Jahrhundert galt es als weltoffener Handelsmittelpunkt. Holzreichtum, bestimmte soziale Voraussetzungen und eine günstige Verkehrslage waren die wesentlichen Faktoren für die Entfaltung einer volkskünstlerisch geprägten Hausindustrie, die wir hauptsächlich in den deutschen Mittelgebirgen und im Alpengebiet finden. In diesen Siedlungsbereichen waren die Häusler und die bäuerliche Bevölkerung zum zusätzlichen Broterwerb gezwungen. Aus zunächst nur gelegentlicher Produktion von allerlei Hausgerät und Spielzeug entwickelte sich vielfach im Laufe der Zeit ein zunftgerechtes und -gebundenes Gewerbe.

Für Nürnberg sind bereits 1413 und 1465 die Dockenmacher Ott und Meß urkundlich erwähnt. Der gute Ruf als Stadt des Spielzeugs wurde durch Kaufleute und Handwerker begründet. Bereits im 16. Jahrhundert, vermutlich sogar schon früher, stellten Nürnberger Meister Klappergruppen an der Drehbank her. Christoph Weigel lobte die Drechsler, sie hätten es verstanden, „viele antike Docken und Puppenwerke zu schnitzen und zu drehen, allerlei Kling- und Klapperwerk zu verfertigen und denen Bildern, ja oft vielen zugleich fast natürlichen Beugungen beizubringen, daß auch wohl Erwachsene und Alte selbige nicht ohne Belustigung anschauen.“ Zu den berühmtesten Persönlichkeiten der Spielzeuggeschichte zählt der Nürnberger Georg Hieronimus Bestelmeier (1764–1829), der als geschickter Kaufmann für sein Versandhaus seit 1792/93 die ersten bebilderten Kataloge („Magazine“) in regelmäßiger Folge herausgab.

Die zentrale Lage Nürnbergs in unmittelbarer Nachbarschaft zu den mittelalterlichen Hauptverkehrsstraßen begünstigte seine Funktion als Umschlagstelle für das einfache Holzspielzeug. Unweit der Straße über den Brenner, dem wichtigsten Ost-Alpenpaß, am Wege nach Venedig, entstand bei Kloster Ettal der Schnitzerort Oberammergau. Die Tauernstraße von Triest über Villach nach Salzburg führte an Berchtesgaden, einem weiteren Produktionszentrum, vorbei. Im Einzugsbereich der Nürnberger Hauptstraße bekam am Nordhang des Thüringer Waldes das Spielzeuggebiet des Sonneberger Landes Anschluß an den Handel dieser Stadt.

Nürnberg verstand es, in relativ kurzer Zeit fast den gesamten Handel für Holzspielzeug in seinen Mauern zu konzentrieren. Daneben gab es aber auch schon um die Mitte des 18. Jahrhunderts Verleger in den Orten der Hausindustrie, die ein ganzes Netz von Geschäftsniederlassungen in mehreren Ländern entwickelten. Ursprüngliche Besonderheiten der einzelnen Gebiete in der Gestaltung des Spielzeugs wurden allmählich durch den realen Bedarf auf dem Weltmarkt zugunsten einheitlicher, durch die Nürnberger Verleger gesteuerter Formen aufgegeben. Das in der Hausindustrie angefertigte Spielzeug erhielt so häufig einen uniformen Charakter, ohne jedoch seine künstlerische Eigentümlichkeit einzubüßen. Diese Tatsache wird durch eine vergleichende Untersuchung der Musterbücher, Magazine und Kataloge der Verleger und Händler bestätigt.

Berchtesgadener Volkskunst im Spielzeug

Über den genauen Ursprung der Berchtesgadener Schnitzerei läßt sich nichts Sicheres sagen. Vielleicht ist sie aus dem klösterlichen Handwerksbetrieb hervorgegangen, denn der Chronist des von Augustiner Chorherren vom Kloster Rottenbuch gegründeten Stiftes Berchtesgaden nennt bereits um 1150 „Nithordus", den „Drechsler". Da diese Urkunde in Verbindung mit dem Kloster Benediktbeuren genannt wird, ist es auch möglich, daß die Kunst des Schnitzens von Berchtesgaden aus über Benediktbeuren in den Ammergau gewandert ist. Erst aus dem 16. Jahrhundert haben wir sichere Nachrichten, die von dieser frühesten Entwicklung ausführlich Kunde geben. Aus zahlreichen urkundlichen Verbriefungen kann man berechtigt schließen, daß bereits damals die Handwerker Geltung besaßen. Unter Fürstprobst Balthasar Hirschauer wurde 1506 eine Ordnung ihrer Rechte festgelegt. In dieser Verordnung, dem sogenannten „Fuchsbrief" (nach dem Beauftragten des Kaisers Maximilian, Ritter Degenhardt Fuchs von Fuchsberg), wird verbrieft, daß das Kaufholz der Handwerker frei vom Ein- und Ausgangszoll sein solle. 1535 erließ der Stiftsprobst eine Handwerkssatzung für die „Drechsler, Löffel- und Schindelmacher", die nunmehr unter kirchlichem Schutz als Sebastiani-Bruderschaft geführt wurden. Diese alle Zweige des Handwerks zusammenfassende Vereinigung bestand bis nach dem Ersten Weltkrieg.

Bereits im 16. Jahrhundert trat zwischen Erzeuger und Verbraucher der Aufkäufer oder – wie es in der Spielzeugindustrie heißt – der Verleger als Mittelsperson. Weil für die Verleger ohne Rücksicht aufs Handwerk lediglich der Absatz entscheidend war, regelte eine Verordnung von 1614 die Beziehungen zwischen Meistern und Verlegern. Der Handel blühte auf, besonders nach dem Dreißigjährigen Krieg. Die Holzwarenlager nahmen den Heimarbeitern gegen Bargeld oder Naturalien die Waren billig ab. Sie unterhielten Niederlassungen in Wien, Linz, Antwerpen, Genua und Venedig und übernahmen den Versand nach dem Orient und nach Übersee. Über Sonneberg und Leipzig leiteten die Verleger die Waren nach dem Osten. Verpackt in Fässern reisten Berchtesgadener Spielzeuge, hölzerner Hausrat und Gebrauchsgegenstände in alle Länder der Erde und wurden damit zu Welthandelsartikeln.

Ein für die Spielzeugproduktion bedeutsamer Beruf war der des Faßmalers. Wie in allen Zentren der Heimindustrie, so bildeten auch in Berchtesgaden die Faßmaler (oft Wismutmaler genannt) ein eigenes Gewerbe. Sie übernahmen die farbige Behandlung der von den „Weißmachern" kommenden Rohware. Wie wichtig die Kenntnis des richtigen, technisch einwandfreien Bemalens des Spielzeugs war, zeigt folgendes Beispiel: Um 1735 siedelten sich Berchtesgadener Spielzeugmacher gemeinsam mit Salzburger Exulanten in Altdorf bei Nürnberg an. Ihre Produktion vermochte sich nicht durchzusetzen, weil die Bemalung ihrer Ware unzulänglich war und der Feuchtigkeit nicht widerstand. Die ausgewanderten Spielzeugmacher beherrschten also nur ungenügend die Technik des Fassens. Das Spielzeug wurde in einem besonderen Verfahren mit Leimfarben und Lack behandelt. Der Name Wismutmaler ist deshalb in der Spielzeugindustrie irreführend. Wismut verwandte man seit dem 15. Jahrhundert zur Herstellung des Grundes der besonders in Ulm, Augsburg und Nürnberg hergestellten Wismutschachteln, niemals aber für Spielzeug. Alle Berchtesgadener Waren zeichnen sich durch prächtige Farbgebung aus. Das trifft besonders auf die Spanschachteln zu. Da wechseln barocke Zierformen, große weiße und gelbe Tulpenmuster auf schwarzem Grund, mit Schmuckformen des 18. Jahrhunderts, den gelben, schwarzen und weißen Streumustern als Punktrosetten und den vielstrahligen Blüten.

In der zweiten Hälfte des 18. und während der ersten Jahrzehnte des 19. Jahrhunderts sind figürliche Motive (Andachtsbildchen) weit verbreitet. Diese Farbenfreudigkeit hat sich in der Berchtesgadener Volkskunst bis heute erhalten. Aus zahlreichen Berichten, Verlegerzetteln und Musterbüchlein des 17. und 18. Jahrhunderts erfahren wir, welche Spielzeugformen in Berchtesgaden heimisch waren. Besonders interessant ist darunter eine Nachricht, die aus dem Jahre 1784 oder 1789 stammt. Damals hatten die Freisinger Studenten für eine kostümierte Faschingsschlittenfahrt „Berchtesgadener Ware" als Thema gewählt. Sie gestalteten 30 Schlitten für dieses Fest, die alle verschiedene Titel aufwiesen und von einem Vorreiter als „Hausierender Landkramer mit seinem Weibe" angeführt wurden. Trompeterl und Waldhörnlein, Steckenpferd, Rössel mit Pfeiferl, Grillenhäusel und Nußbeißer waren unter vielen anderen dabei vertreten.

Die Holzhandwerkerzunft hat gegenwärtig noch ca. 50 Mitglieder. Sie pflegen die seit Jahrhunderten überlieferten Techniken der künstlerischen Holzverarbeitung: Schnitzen, Drechseln und Malen, dazu das Schachtelmachen. Ihre Produktion zeugt von den großen schöpferischen Fähigkeiten dieser heimatverbundenen Menschen. Jahrhundertealte Typen des Volksspielzeugs haben sich durch strenge Überlieferungen in den Familien bis in die Gegenwart erhalten. Reich ist das Angebot der Volkskünstler: Pfeifenrößl, Dockin und Bergmandl, Hühnerwagerl, Puppenstuben, Grillenhäusel, Tiere, die Arche Noah, Ringelspiele mit Musikwerkchen, Krippen, Bergknappenzüge, Hochzeitskutschen, Filigran-Drechslerarbeiten, Spanschachteln in allen Größen, Formen und Farben, Gebrauchsgegenstände wie z. B. Salzstreuer, Salzschaffel, Butterformen, Gebäckmodel, Nadelbüchsen, Leuchter und Truhen. Als genossenschaftliche Verkaufsstelle übernimmt die „Berchtesgadener Handwerkskunst" den Vertrieb der Erzeugnisse und nimmt auch beratend und anregend Einfluß auf die Produktion, die sich besonders in den Kurorten zum Teil üppig wuchernd der Andenkenindustrie und dem Kitsch zuwendet. Nach vielen Ländern der Erde wird heute wieder Berchtesgadener Volkskunst geliefert, bei Messen und Ausstellungen des In- und Auslandes findet sie ständig sachkundige Interessenten.

Oberammergauer Schnitzereien

Die ersten schriftlichen Belege für die Bildschnitzerei in Oberammergau, deren Geschichte Karl Gröber ausführlich dargestellt hat,[3] weisen in das 16. Jahrhundert. Sie lassen jedoch vermuten, daß bereits vor dieser Zeit Holzschnitzer dort ansässig waren. 1520 wird in der Chronik Ettals von den Oberammergauern berichtet, daß sie das Leiden Christi so fein und klein schnitzen konnten, daß es in einer Nußschale Platz hatte. Ähnliche Hinweise finden sich auch in den Abteirechnungen des Klosters Ettal zwischen 1522 und 1529. Im 16. Jahrhundert blühte die Schnitzerei rasch auf. Strenge Zunftgesetze regelten bis ins 19. Jahrhundert hinein die Ausübung des Holzhandwerks. Entscheidend dafür war die Handwerksordnung von 1563, die der Abt von Ettal den alteingesessenen Schnitzern, die er als Zunft anerkannte, gab. 1681 folgte eine neue Handwerksordnung, die auf Drängen der Schnitzer in eine „Bildschnitzerordnung" abgeändert wurde.

In der Folgezeit verhinderten Kriege die Ausweitung des Gewerbes. Trotzdem gab es bereits Ende des 18. Jahrhunderts Oberammergauer Handlungshäuser in vielen Ländern der Welt. Zur gleichen Zeit, aber vor allem im frühen 19. Jahrhundert erwuchs für Oberammergau durch die Entwicklung der Hausindustrie in Berchtesgaden, Gröden, Thüringen und im Erzgebirge eine spürbare Konkurrenz, der um die Mitte des 19. Jahrhunderts fast der gesamte Spielzeughandel der Gemeinde wegen der Beliebtheit des neu aufkommenden Blechspielzeugs zum Opfer fiel. Lediglich die sakrale Schnitzerei nahm unter dem Einfluß der Passionsspiele und des damit verbundenen Fremdenverkehrs weiterhin zu.

Aus den genannten Gründen war der Oberammergauer Handel sehr krisenanfällig geworden. Viele seiner Handelshäuser im Ausland wurden geschlossen. Der bedeutendste Verleger Oberammergaus, Georg Lang, versuchte deshalb, neue Formen des Absatzes einzuführen. Nach dem Muster Nürnbergs löste er die eigenen unrentablen Niederlassungen in fremden Ländern auf. Dafür erwarb er die Schnitzereien am Orte und errichtete in Oberammergau ein eigenes großes Warenlager (1775). Den Vertrieb der Waren im Ausland übergab er in den einzelnen Ländern ortsansässigen Handelshäusern. Schließlich organisierte er den Hausiererstand völlig neu. Als er 1821 starb, standen über 100 Schnitzer in seiner Abhängigkeit. Seine Nachfolger führten diesen Verlag und den damit verbundenen Handel bis ins 20. Jahrhundert fort.

Bis um die Mitte des 19. Jahrhunderts war das Fassen, d. h. das Bemalen der weißen Ware, fast allgemein gebräuchlich. Oberammergau stand mit dieser Kunst bis ins 18. Jahrhundert konkurrenzlos da. Die alten Fassungen der Schnitzwerke verraten ein hohes handwerkliches Können und ein sicheres künstlerisches Empfinden. Der um 1860 einsetzende Übergang zur farblosen Schnitzerei, oft mit seelenlosem Kopieren gepaart, war zugleich ein Ausdruck für den künstlerischen Niedergang des heimischen Holzgewerbes, das nun als sogenannte „Herrgottschnitzerei" mit ausgeprägtem Geschäftssinn den Bedarf der Fremdenverkehrsindustrie (Passionsspiele) routinemäßig zu befriedigen suchte. Damit war die Produktion des alten, einfachen Holzspielzeugs ausgestorben.

Neben den von alters her prägenden Darstellungen des religiösen Volksglaubens und profanen Schnitzereien wie Zunftzeichen für Fuhrleute und Flößer, figürliche Uhrständer und schmückende Genrefiguren entfaltet sich die volkskünstlerische Begabung der Oberammergauer noch am ursprünglichsten in den Formen des Holzspielzeugs. Hier lebte sich die schöpferische Phantasie und die Gestaltungskraft am intensivsten aus. Trotz Massenherstellung erhielten Hampelmänner, Puppenköpfe, Fatschenpuppen, „Damen und Herren der Gesellschaft", herzhafte Volkstypen, ganz einfach geschnitzte Soldaten und kunstvoll gearbeitete Offiziere durch Schnitt und Farbe charakteristische Züge, die jeder einzelnen Figur Individualität im Ausdruck verliehen. Die Arche Noah, Pferdeställe, Tiere, Menagerien in allen Größen, Kutschen, bewegliche Karussells und Schaukeln mit Figuren füllten die Musterschachteln der Verleger, die mit solcher Herrlichkeit auf die Reise gingen. Als Pfennigartikel vollführte der Steckengaukler lustige Bewegungen. Nußknacker, Kugelspiele und der „Tell-Schuß" erfreuten alt und jung. Als besondere Berühmtheit galten im 19. Jahrhundert die beweglichen Festungen und Schlachten, deren Mechanismus durch eine Kurbel in Gang gesetzt werden konnte.

Historische Berg- und Hüttenparade
von W. Werner, 1958, Seiffen, verschiedene Hölzer, Papier, gedrechselt, beschnitzt, bemalt, 240 Figuren und 4 Reiter auf 4 Bodenbrettern,
Höhe: 9 cm, ES Seiffen
(Detail, vgl. S. 35)

Der Beitrag entstand auf der Grundlage folgender bereits erschienener Publikationen des Autors: *Spielzeug und Handwerkskunst aus Thüringen und dem Erzgebirge,* Kat., Karlsruhe 1991; *Holzspielzeug aus dem Erzgebirge,* Dresden 1994; *Das Sonneberger Spielzeugmusterbuch von 1831,* Leipzig 1979; *Berchtesgadener Volkskunst,* Husum 1998; sowie Karl Ewald Fritzsch, Manfred Bachmann, *Deutsches Spielzeug,* Leipzig 1977.

1 Karl Ewald Fritzsch, *Die Umstellung des Bergortes Seiffen zur Spielzeugproduktion,* in: *Sächsische Heimatblätter,* Nr. 6, Dresden 1965, S. 482.
2 Das Trucksystem bezeichnet eine Entlohnung durch Warenbezugsscheine, die jedoch ausschließlich in den Läden des jeweiligen Unternehmers eingelöst werden konnten.
3 vgl. Karl Gröber, *Alte Oberammergauer Hauskunst,* 2., erg. Auflage, Rosenheim 1980.

Mit Fell und Federn

Ziehtiere
Haus- und Hoftiere
Jagd- und wilde Tiere
Räderbrettiere
Reifentiere
Arche Noah
Menagerien
Pfeifenvögel
Katalkas

Bär mit Bienenstock
von G. Schischkin, 1950,
Bogorodskoje, Lindenholz,
geschnitzt, 16 x 7,5 x 6 cm,
SHM Moskau

Bär auf Roller
1964, Bogorodskoje,
Lindenholz, geschnitzt,
10 x 11 x 5,5 cm,
SHM Moskau

Bär
Ende 19., Anfang 20. Jahrhundert, Bogorodskoje, Lindenholz, Glas, geschnitzt,
17,5 x 21,3 x 5 cm,
SHM Moskau

Bär mit Ziehharmonika
von T. S. Stulow, 1950,
Bogorodskoje, Lindenholz,
geschnitzt, 9,5 x 4,5 x 4,5 cm,
SHM Moskau

Bär
Ende 19., Anfang 20. Jahrhundert, Bogorodskoje, Lindenholz, Glas, geschnitzt,
14,5 x 8 x 10 cm,
SHM Moskau

Ziegenbock
Hund
Schwein
Löwe

von I. A. Ryschow d. J.,
Ende 19., Anfang 20. Jahrhundert, Sergijew Possad, Holz,
geschnitzt,
12,5 x 15 x 2,5 cm,
10 x 15 x 4 cm,
8,5 x 12 x 3,5 cm,
16,8 x 27 x 5 cm,
PKS Sergijew Possad

Hase
Bär
Schaf
Hyäne

von I. A. Ryschow d. J.,
Ende 19., Anfang 20. Jahrhundert, Sergijew Possad, Holz,
geschnitzt,
5,5 x 9,3 x 2,8 cm,
7,5 x 13 x 4,2 cm,
10,9 x 13 x 4,3 cm,
10 x 14,7 x 4 cm,
PKS Sergijew Possad

Löwe
Löwe
Kamel
Ende 19., Anfang 20. Jahrhundert, Bogorodskoje, Lindenholz, Glas, geschnitzt,
14,5 x 17,3 x 5,3 cm,
16 x 18,6 x 3,2 cm,
22 x 21,7 x 5 cm, SHM Moskau

Der linke Löwe stammt von I. Balajew.

Pferd mit Fohlen
Pferd
Schafbock
Stier
Ende 19., Anfang 20. Jahrhundert, Bogorodskoje, Lindenholz, Glas, geschnitzt,
17,2 x 21 x 4 cm,
20 x 20,3 x 6 cm,
18 x 31 x 5 cm,
17 x 26 x 5 cm,
SHM Moskau

Das zweite Pferd wurde von F. D. Jeroschkin geschnitzt.

Reiher
Ende 19., Anfang 20. Jahrhundert, Bogorodskoje, Lindenholz, geschnitzt,
27,5 x 5,3 x 6,6 cm,
SHM Moskau

Giraffe
Löwe
Kamel
1929–35, Wjatka (Berufsschule für betriebliche Bildung des Kulturindustrieverbandes), Furnier, gesägt, bemalt, 17,1 x 8 x 3,5 cm, 8,5 x 12, 5 x 2,5 cm, 17 x 18 x 2,6 cm, HMAL Kirow

Pinguine und Eisbärengruppe
Zündholzschachtel, 1980er Jahre, Nordhorn (Firma Juri), Holz, Papier, Pappe, gesägt, gebeizt, bemalt, 5,2 x 3,7 x 1,7 cm, SD Kassel

Bär
Affe
um 1908, Sonneberg (Firma Georg Friedrich Dorst), Holz, gedrechselt, geschnitzt, gefärbt, Höhe: 10,7 cm, 9,2 cm, DS Sonneberg

Hahn
Ente
Ende 19., Anfang 20. Jahrhundert, Bogorodskoje, Lindenholz, Glas, geschnitzt, 17 x 10 x 4,5 cm, 17 x 6 x 12 cm, SHM Moskau

Fisch
Ende 19., Anfang 20. Jahrhundert, Gouvernement Moskau, Lindenholz, geschnitzt, bemalt, 13,5 x 28 x 6 cm, SHM Moskau

Pfau
Zwei kleine Vögel
Hund
Katze mit Maus
Ente
Spielzeug mit Blasebalg, Ende 19., Anfang 20. Jahrhundert, Sergijew Possad, Papiermaché, Kiefernholz, Stoff, modelliert, bemalt, 23 x 12 x 7,5 cm, 12,8 x 16,6 x 4,8 cm, 29 x 17,5 x 8,5 cm, 14 x 19,8 x 6 cm, 13 x 15 x 7 cm, SHM Moskau

Die Ente öffnet beim Drücken auf den Balg den Schnabel und hebt die Flügel.

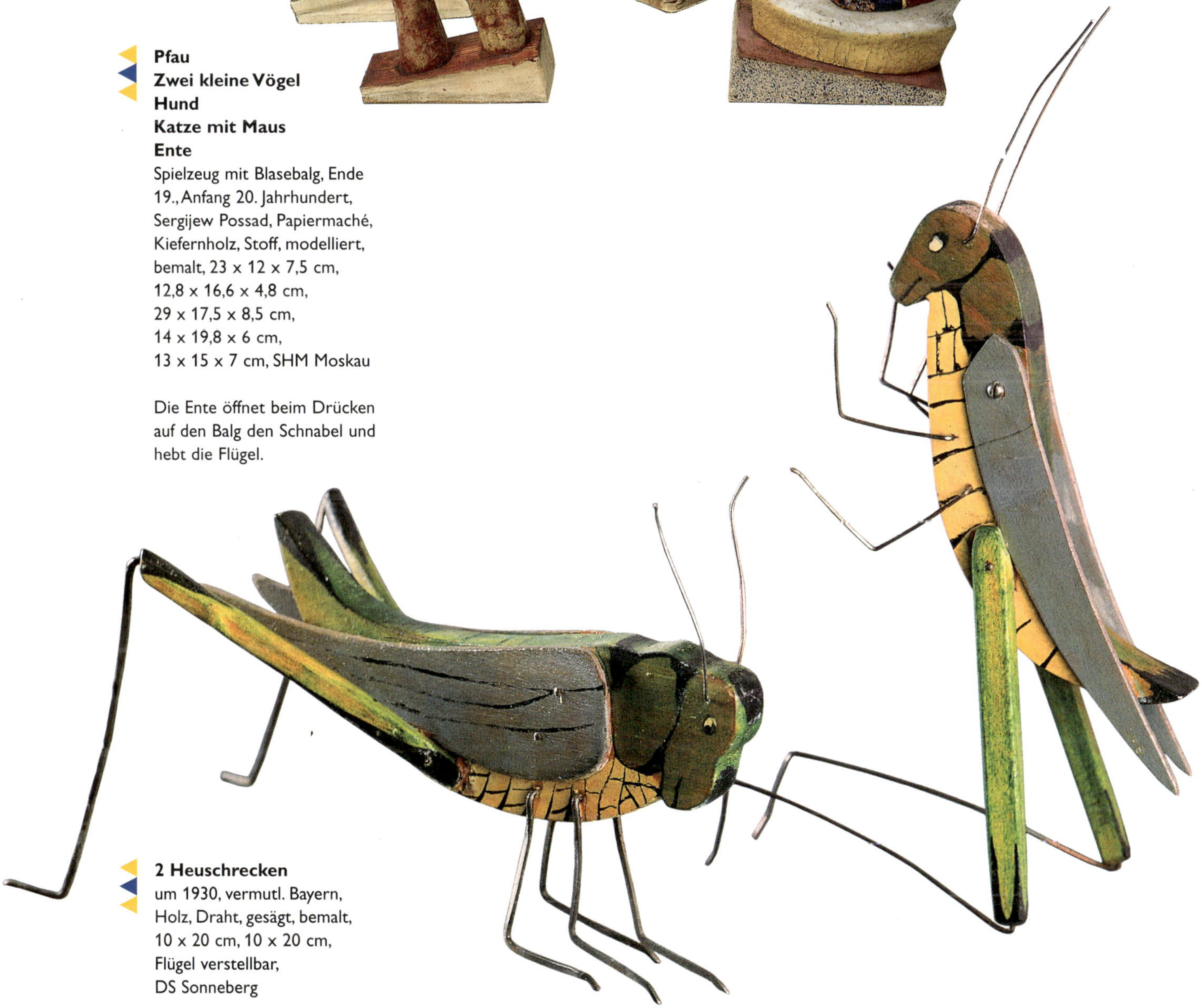

2 Heuschrecken
um 1930, vermutl. Bayern, Holz, Draht, gesägt, bemalt, 10 x 20 cm, 10 x 20 cm, Flügel verstellbar, DS Sonneberg

Kamel
Elephant
Tiger
Giraffe
Löwe
Zebra
Gepard
Bär
1930er Jahre, Roßwein (Firma Alfred Berthold), Holz, gepreßt, gestanzt, gesägt, gespritzt, Giraffe: Höhe 9,5 cm, SD Kassel

Archentiere
Reifentiersortiment, um 1930, Seiffen, Fichtenholz, reifengedreht, beschnitzt, bemalt, 10teilig: 6,5 x 1,3 x 5,5 cm, ES Seiffen

Elefant
Reifentier-Werdegang von H. Beyer, 1986, Seiffen, Fichtenholz, reifengedreht, beschnitzt, 13teilig, Reifen: 3,8 x Ø 22,5 cm, ES Seiffen

Springende Jagdtiere
Sortiment von B. Drechsel, um 1940, Seiffen, Fichtenholz, reifengedreht, beschnitzt, bemalt, 6teilig: je 6,2 x 1,5 x 9 cm, ES Seiffen

Bauernhof
Anfang 1930er Jahre, Wjatka (Wjatkaer Filiale des Wissenschaftlich-Experimentellen Spielzeuginstituts der Sowjetunion), Holz, getischlert, gedrechselt, geschnitzt, 22teilig, Kuh: 7,3 x 10 x 2 cm, Huhn: 4 x 3 x 1,6 cm, HMAL Kirow

Hühnerhof
Schachtelfüllung, um 1930, Seiffen, Fichtenholz, Holzwolle, reifengedreht, beschnitzt, bemalt, geheftet, 20teilig, 2,5 x 24 x 18 cm, ES Seiffen

Katze mit Schleife
Sitzender Hase
Hund mit Halsband
von I. A. Masin, 1934, Kurzewo,
Holz, Axtarbeit, bemalt,
17,5 x 3,2 x 7,5 cm,
15 x 3 x 5,6 cm,
12,5 x 2,8 x 5,2 cm,
die Figuren wurden von Masin
im Auftrag des Museums
angefertigt,
PKS Sergijew Possad

Katze mit Brustfleck
Hund mit Halsband
Hase unter einem Busch
von I. A. Masin, Kurzewo,
Holz, Axtarbeit, bemalt,
12,5 x 3,2 x 6,5 cm,
12,7 x 2,7 x 5,3 cm,
10 x 2,2 x 7,2 cm,
die Figuren wurden von Masin
im Auftrag des Museums
angefertigt,
PKS Sergijew Possad

Hase
Hase
Truthahn
Figuren zum Öffnen,
1892–1912, Sergijew Possad,
Holz, Glas, gedrechselt,
geschnitzt, bemalt,
18,5 x Ø 8 cm,
19 x Ø 8 cm,
18 x Ø 8 cm,
PKS Sergijew Possad

Neben den zusätzlichen Intarsien besitzt der linke Hase einen von I. A. Ryschow d. J. geschnitzten Kopf.

3 Pfeifenvögerl
der Berchtesgadener Handwerkskunst, 1990er Jahre,
Berchtesgaden, Nadelholz,
gedrechselt, gesägt, bemalt,
5 x 6,5 x 2,5 cm

6 Vögel
2. Hälfte 19. Jahrhundert,
Sergijew Possad, Holz,
geschnitzt, bemalt,
Höhe: 3,8–8 cm,
PKS Sergijew Possad

Käfig auf Rädern
um 1940, Judenbach, Holz, Papiermaché, Plüsch, Papier, gesägt, gedrechselt, geformt, beklebt, 20,5 x 16 x 12,5 cm, DS Sonneberg

Beim Öffnen der Gittertür springt der Bär brummend hervor.

Käfig mit Hahn
1910, Judenbach, Holz, Masse, Federn, Stoff, Metall, Papier, gesägt, gedrechselt, geformt, beklebt, 12,8 x 11 x 11 cm, DS Sonneberg

Am Boden des Käfigs ist eine Kurbel angebracht, durch die sich der Hahn klingend drehen läßt.

Vogelkäfig
Balgartikel, um 1914, vermutl. Judenbach, Holz, Papiermaché, Metall, Papier, Feder, getrocknete Pflanzen, gedrechselt, gesägt, gedrückt, beklebt, 17,5 x 5,5 x 5,5 cm, DS Sonneberg

Durch Drücken des Balges erklingt eine Vogelstimme.

Schlange
vermutl. Mitte 19. Jahrhundert, Landkreis Sonneberg, Holz, gedrechselt, beschnitzt, bemalt, Länge: 79,5 cm, DS Sonneberg

Hühnersteigen
1990er Jahre, Berchtesgaden (Berchtesgadener Handwerkskunst), Nadelholz, gesägt, geschnitzt, bemalt, unterer Stall: 3,9 x 14,4 x 5,4 cm

Jedes Hühnchen ist einzeln aufgehängt und bewegt sich pickend bei Berührung.

Hühnerstall
1. Hälfte 19. Jahrhundert, Landkreis Sonneberg, Holz, Metall, beschnitzt, gesägt, gedrechselt, bemalt, Dach mit Papier beklebt, 4,2 x 9,9 x 6,3 cm, DS Sonneberg

Durch die Montage der Hühner auf Spiralen wippen sie beim Anstoßen in pickender Bewegung.

Der Berchtesgadener Typus der Arche Noah zeichnet sich durch die bayerische blau-weiße Bemalung des Schiffrumpfes aus. Auf Deck steht ein Bauernhaus mit steinbeschwertem, aufklappbarem Schindeldach.

Arche Noah
1990er Jahre (Grobschnitzerei nach älteren Formen), Berchtesgaden (Berchtesgadener Handwerkskunst), Holz, geschnitzt, bemalt,
Länge des Schiffs: 50 cm,
Höhe der Figuren: ca. 3 cm,
HK Berchtesgaden

Es kam nunmehr ein großer Zug.
Die Arche Noäh war's, die trug
Gar allerlei Getier herbei.
Das alles zog zu zwei und zwei
Fromm aus dem Kasten durch die Stadt,
Ein Zug, der kaum ein Ende hat.

Heinrich Hoffmann: „König Nußknacker und der arme Reinhold", um 1870

Arche Noah
1990er Jahre, Zell u. A. (Margarethe Ostheimer GmbH), Holz,
Arche: 40 x 68,5 x 44,5 cm,
MO Zell

Arche Noah
Ende 19., Anfang 20. Jahrhundert, Sergijew Possad, Lindenholz, Papier, geschnitzt, bemalt, Farbdruck,
Arche: 20 x 41 x 13,3 cm,
Höhe der Tiere: bis 8 cm,
seitlich an der Arche sind deutsche Bildchen mit Tierdarstellungen aufgeklebt,
SHM Moskau

In den Sortimenten der Spielzeugmacher Berchtesgadens, Oberammergaus und des Erzgebirges findet sich ein reiches Angebot an Archen, von einfachen Formen mit wenigen Tieren bis hin zu prachtvollen Ausführungen mit bis zu 300 Tierpaaren. Eine enorme Nachfrage kam aus England und den USA, da Archen in puritanischen Familien als einziges Spielzeug auch an Sonntagen benutzt werden durften.

Arche Noah mit 6 Tierpaaren
um 1925, Erzgebirge,
Holz, Papier, Eisen, Kreidefarbe, gesägt, bemalt,
11 x 7,5 x 27 cm,
SM Nürnberg

Reiter, Pferd und Hirsch zählten im 18. Jahrhundert zu den gefragtesten Sonneberger Holzspielzeugen. Das „Reiterlein auf Pferdlein mit Pfeiflein im Ärschlein" wurde in den 30er Jahren des 20. Jahrhunderts zum Symbol der Stadt Sonneberg.

Sonneberger Reiterlein auf Standbrett
Ende 18. Jahrhundert, Landkreis Sonneberg, Holz, Feder, geschnitzt, gedrechselt, bemalt, 11,7 x 3 x 9,2 cm, Schwanz als Pfeife gestaltet, DS Sonneberg

Pferd auf Räderbrett
18. Jahrhundert, Landkreis Sonneberg, Holz, geschnitzt, bemalt, 8,5 x 5 x 8 cm, DS Sonneberg

Hirsch auf Standbrett
nach Vorlage aus dem 18. Jahrhundert, Landkreis Sonneberg, Holz, geschnitzt, bemalt, 8 x 1,4 x 6,9 cm, DS Sonneberg

Pferd mit Fohlen auf Räderbrett
nach Vorlage aus dem 18. Jahrhundert, Steinach, Holz, 9,5 x 5,9 x 8 cm, DS Sonneberg

Ziege
Ziehtier, um 1950, Erzgebirge, Holz, Metall, Hanf, Leder, gesägt, gedrechselt, Länge: 19 cm

Kastenente
Ziehtier, um 1920/40, Gebiet Seiffen, Holz, Metall, gesägt, gedrechselt, bemalt, Länge: 28 cm, Kopf und Schwanz wackeln beim Ziehen

Hase
Ziehtier, um 1920/40, Erzgebirge, Holz, Metall, gesägt, gedrechselt, bemalt, Länge: 14 cm

Katze und Maus
Ziehtier, um 1930, Erzgebirge, Holz, Metall, Hanf, gesägt, gedrechselt, bemalt, Länge: 23 cm, bewegen sich beim Ziehen

Ente
Ziehtier, 1880–1910, Erzgebirge, Holz, Metall, gesägt, gedrechselt, bemalt, Länge: 24 cm

Katze und Maus
Ziehtier, um 1930, Thüringen (?), Holz, Metall, Hanf, gesägt, gedrechselt, bemalt, Länge: 28 cm, Maus wackelt beim Ziehen hin und her

Hahn und Henne
Ziehtier, 1910–20, Mitteldeutschland, Holz, Metall, gesägt, gedrechselt, bemalt, Länge: 21 cm, Henne pickt, Hahn nickt beim Ziehen

Marienkäfer
Ziehtier, um 1930/40, Mitteldeutschland, Holz, Metall, gesägt, gedrechselt, bemalt, Länge: 15 cm

untere Gruppe:
JM Scharfenstein

Pferd auf Rädern
vermutl. 1980er Jahre, Steinach (VEB Plaho), Holz, gesägt, bemalt, 16 x 6,5 x 22 cm, DS Sonneberg

Vogel auf Rädern
1920, Sonneberg (Firma Viktor Steiner), Holz, ausgesägt, farbig lackiert, 13,8 x 6,3 x 15 cm, DS Sonneberg

Kamel auf Rädern
von Arno Viegelmann, 1935, Steinach (Firma G. Ch. Vogel), Holz, ausgesägt, farbig bemalt, 17 x 7,1 x 20,5 cm, DS Sonneberg

Größere Spielzeugtiere wurden zumeist mit der Bandsäge ausgeschnitten und anschließend beschnitzt. Ochse und Pferd, fahrbar auf einem Räderbrettchen, entstanden in der Werkstatt von Max (1900–1976) und Otto Walther (1902–1979) in Seiffen. Mit wuchtigen Schnitten wurde an der Schnitzbank die Rohform erstellt, bevor man die Oberfläche glättete und realistisch mit Leimfarbe bemalte. Ergänzt wurde „echtes" Zaumzeug, dazu kamen die passenden Karren und Leiterwagen, die in ihrer stellmacherischen Perfektion den Originalen der Erwachsenenwelt kaum nachstanden.

Pferd
Ochse
Ziehtiere von M. und O. Walther, um 1960, Seiffen, Fichtenholz, geschnitten, beschnitzt, bemalt, 22,8 x 24,5 x 9,3 cm, 21,5 x 27,5 x 11 cm, ES Seiffen

Ochse
Fahrtier von M. und O. Walther, um 1940 (?), Seiffen (aus dem Musterbestand der Fa. C. O. Langer, Neuhausen), Fichtenholz, ausgesägt, beschnitzt, bemalt, 40 x 15 x 35 cm, GK Neuhausen

Fische auf Rädergestell
von Viegelmann jun., 1935, Sonneberg (Firma Viktor Steiner), Holz, Metall, gesägt, bemalt, 12 x 10,5 x 22,8 cm, DS Sonneberg

Durch eine doppelt gebogene Kurbelwelle „schwimmen" die Fische beim Ziehen in wellenartiger Bewegung.

2 Pferde
Katalkas, 1920er Jahre,
Russischer Norden, Holz,
Axtarbeit, geschnitzt, bemalt,
12,8 x 22,5 x 6,5 cm,
11,5 x 19,8 x 10,5 cm,
PKS Sergijew Possad

Pferd auf Rädern
Fahrtier, um 1925,
Deutschland, Holz, Eisen,
gesägt, gedrechselt, gebeizt,
bemalt, 25,2 x 10 x 36,5 cm,
SM Nürnberg

Pferd auf Räderbrett
Ziehtier, um 1935,
Deutschland, Holz, Eisen,
gesägt, gedrechselt, bemalt,
23 x 8,6 x 25,5 cm,
SM Nürnberg

2 Pferde
Katalkas, 1920er Jahre,
Russischer Norden, Holz,
Axtarbeit, geschnitzt, bemalt,
12,2 x 21 x 7,4 cm,
8,5 x 14 x 8,7 cm,
PKS Sergijew Possad

Pferd
Katalka, Anfang 20. Jahrhundert, Wjatka, Holz, Stroh,
Intarsien, geschnitzt, bemalt,
44 x 40 x 13,2 cm,
PKS Sergijew Possad

Pferd
Letztes Viertel 19. Jahrhundert,
Weliki Ustjug, Lindenholz,
Tempera, geschnitzt, bemalt,
23 x 47 x 9 cm,
SHM Moskau

Pferd
1904, Ust-Zilma, Holz,
Axtarbeit, geschnitzt,
17 x 20 x 6,8 cm,
PKS Sergijew Possad

Pferd
Ende 19. Jahrhundert,
Russischer Norden, Holz,
Axtarbeit, geschnitzt, bemalt,
22,5 x 18 x 4,7 cm,
PKS Sergijew Possad

Pferd
1880er Jahre, Weliki Ustjug,
Lindenholz, geschnitzt, bemalt,
25 x 40 x 12 cm,
SHM Moskau

Pferd
von I. A. Masin, 1933, Kurzewo,
Holz, Axtarbeit, geschnitzt,
bemalt, 20 x 13,5 x 4,5 cm,
PKS Sergijew Possad

Russisches Holzspielzeug

Olga Strugowa, Natalja Kologriwowa

Seit jeher war Spielzeug ein Ausdruck der Liebe der Erwachsenen zu ihren Kindern. Solche Spielzeuge besaßen einen individuellen Charakter und bestachen durch ihre Schlichtheit und Einzigartigkeit. Bis ins 20. Jahrhundert erhielt sich beispielsweise bei den Fischern des Russischen Nordens der Brauch, in Zeiten langer Abwesenheit von zu Hause ihre Freizeit zur Anfertigung geschnitzter Figuren für ihre daheim gebliebenen Kinder zu nutzen. Viele der in russischen Museen aufbewahrten Spielzeuge tragen genau diesen individuellen Charakter.

Gelegentlich zeigen Gegenstände, die in nicht solch alte Zeit gehören, Ähnlichkeit mit altertümlichen archäologischen Objekten, so daß es mitunter schwerfällt, die Grenze zwischen Gegenständen des rituellen Lebens der Erwachsenen und Kinderspielzeugen zu ziehen. Eines dieser alten Motive ist das Pferd, das im heidnischen Altertum ein Symbol der Sonne war und sich in der volkstümlichen Kunst über Jahrhunderte hinweg erhielt. Stilisierte Darstellungen eines Pferdes waren auf dem russischen Lande allenthalben anzutreffen – in architektonischen Details wie in Gegenständen des täglichen Gebrauchs. In dieser Zeit begleitete das Pferd den Menschen sein ganzes Leben lang, ohne es war das Wirtschaftsleben undenkbar.

Spielzeuge, die die Tierwelt widerspiegeln, erfreuten sich immer besonderer Liebe bei den Kindern aller sozialer Schichten. Hier ist es interessant, eine Eintragung im Ausgabenbuch Katharinas I. vom 26. Dezember 1721 zu zitieren: „In Moskau an verschiedenen Spielzeugen für die gnädige Zarentochter Natalja Petrowna und für den Großfürsten und die Fürstentochter gekauft: drei Kühe, zwei Pferde, zwei Hirsche, vier Schafböcke, zwei Schwanenpaare, zwei Hähne, eine Ente, bei ihr drei Junge …"

Zweifellos unterschieden sich Spielzeuge, die für die Zarenkinder bestimmt waren, von denen, mit welchen die Bauernkinder spielten. Das teure Spielzeug für die privilegierten Schichten im 17. und 18. Jahrhundert wurde in der Regel aus dem Ausland geliefert (vorzugsweise aus Deutschland und Frankreich), oder es wurde auf Bestellung in der Moskauer Rüstkammer angefertigt. So gab es in dieser frühen Periode nur individuelles oder in Sonderanfertigung hergestelltes Spielzeug.

Man kann jedoch schon seit Ende des 18. Jahrhunderts vom Aufkommen einer Spielzeugmassenproduktion in Rußland sprechen. Die Nachfrage nach Spielzeug erklärte sich weitgehend durch das Anwachsen der Städte, charakteristisch für die Regierungsperiode Katharinas II. Es ist daraus jedoch auch ein verstärktes Interesse an der Welt der Kinder abzulesen. Die Verbreitung von Massenspielzeug im 18. Jahrhundert war eine allgemeineuropäische Erscheinung. Sie führte zur allmählichen Abspaltung dieses Produktionszweiges, zur Ausdifferenzierung spezifischer Holzbearbeitungsverfahren und infolgedessen zur Verbilligung der Spielzeugherstellung.

Rußland und Deutschland sind die Länder, in denen das Spielzeug der volkstümlichen Kultur am nächsten stand. Die mit den Jahrhunderten entwickelten Herstellungsverfahren bewirkten eine zunehmende Stilisierung und Einheitlichkeit der Formen, die charakteristisch für das hölzerne Massenspielzeug wurden. Der Reichtum an Wäldern in Rußland und die jahrhundertealten Traditionen der Holzbearbeitung trugen dazu bei, daß Holz zum hauptsächlichen Material der Spielzeugproduktion wurde.

Anfänglich besaß dieses Gewerbe einen saisonalen Charakter, man beschäftigte sich damit in erster Linie in der winterlichen, von Feldarbeit freien Zeit. Mit der Zeit jedoch, als deutlich wurde, daß eine dauerhafte Nachfrage nach solchen Produkten bestand, begannen die Bauern und Bewohner der städtischen Randbezirke einiger Gebiete Rußlands, die Spielzeugproduktion zu ihrer einzigen Erwerbsquelle zu machen.

Das älteste Zentrum einer Spielzeugmassenproduktion ist die nördlich von Moskau gelegene Stadt Sergijew Possad. Der erste schriftliche Hinweis darauf findet sich im Jahre 1787 in einer Beschreibung der Städte des Moskauer Gouvernements. Dennoch läßt sich das Bestehen einer Spielzeugproduktion im Gebiet von Sergijew Possad, welches im 19. Jahrhundert den Ehrennamen eines „russischen Nürnbergs" erhielt, mit Sicherheit bereits viel früher ansetzen.

Die Hauptursache für die Entstehung und stürmische Entwicklung der örtlichen Gewerbe war die Tatsache, daß sich hier das größte Kloster Rußlands, die Troize-Sergijewa Lawra (Dreifaltigkeitskloster), befand, welche zahlreiche Wallfahrer aus dem ganzen Land anzog. Diese brachten dann die von den dortigen Handwerkern angefertigten Spielzeuge in die verschiedenen Gouvernements. Von einer Verbindung des örtlichen Spielzeuggewerbes mit dem Kloster zeugt auch die schöne lokale Legende, die erzählt, daß schon im 14. Jahrhundert dessen Gründer, der heilige Sergi Radoneschski, selbst einfache Holzspielzeuge herstellte und sie an Kinder verteilte.

Das zu Anfang des 19. Jahrhunderts nahe der Lawra entstandene größte russische Zentrum der Spielzeugproduktion schloß neben Sergijew Possad auch die benachbarten Dörfer mit ein. Am bekanntesten davon ist Bogorodskoje im angrenzenden Gouvernement Wladimir, wo man unbemalte geschnitzte Figürchen und ganze Szenerien herstellte. Beide Zentren waren eng miteinander verbunden: Häufig wurden die Spielzeuge in Bogorodskoje geschnitzt und in Sergijew Possad bemalt.

Zur weiten Verbreitung von Spielzeug aus Holz trug nicht nur das ausreichend vorhandene Material bei, sondern auch seine verhältnismäßig leichte Bearbeitung. Verwendung fanden Espe, Birke, Linde und Kiefer. Mit einfachsten Werkzeugen wie Beil, Messer und Stechbeitel verstanden es die

Meister, treffende, vereinfachte, jedoch außerordentlich ausdrucksstarke Darstellungen zu schaffen, die durchaus bildhauerische Qualitäten besitzen.

Die Herstellungstechniken des geschnitzten Spielzeugs bildeten sich im Verlauf von Jahrzehnten heraus und wurden von Generation zu Generation weitergegeben. So erinnerte sich der Bildhauer I. Jefimow, wie zu Anfang des 20. Jahrhunderts der altangestammte Spielzeugschnitzer Ryschow arbeitete: „In seinen sonnengebräunten Händen wirkte das helle Holz wie Butter, so ergeben fügte es sich den scharfen Schnitten seiner Stemmeisen. Dahinter stehen nicht alleine seine ungeheure Erfahrung und die Reihe endlos wiederholter Figuren aus den vierzig Jahren seiner Arbeit, sondern diese verbinden sich mit der Erfahrung seines Vaters und Großvaters … Er wiederholte nicht blindlings einen festgelegten Kanon wie Bär, Hund, Pferd oder Schaf; er fragte, welche Hunderasse er für mich schnitzen solle."

Mit der Steigerung des Bedarfs an Spielzeugen bediente man sich in Sergijew Possad zu deren Herstellung auch neuer Materialien und Technologien. Seit den 20er Jahren des 19. Jahrhunderts begann man hier, Artikel aus Papiermaché herzustellen, und binnen Kürze entstanden sie in Massenproduktion; gegen Ende des 19. Jahrhunderts wurden etwa 7.000 Arten von Spielzeugen aus Papiermasse hergestellt.

Die Technik selbst kam vermutlich aus Deutschland. Bei der Herstellung solchen Spielzeugs verwandte man holzgeschnitzte Formen, für die es in Sergijew Possad eine gute Basis gab. Ein Teil der Schnitzer ging schließlich vollständig zur Herstellung solcher Formen über. Bald begann man auch, die bemalten und mit Lack überzogenen Abdrücke aus Papiermaché, farbenprächtig und leicht, in komplizierteren Kompositionen zu verwenden, die häufig mit einem sehr einfachen Mechanismus zur Bewegung oder Hervorbringung von Tönen versehen waren. Später wurden je nach Vervollkommnung der Produktion die Figuren auch in Gipsformen abgegossen, welche ihrerseits mit holzgeschnitzten Formen hergestellt wurden.

Bärenführer mit Bär
1. Hälfte 19. Jahrhundert,
Sergijew Possad, Lindenholz,
geschnitzt, bemalt,
21 x 13 x 11 cm,
SHM Moskau

Spielzeug ist ein „Spiegel des Lebens" – dieser Gedanke des bekannten Künstlers und Forschers N. D. Bartram offenbart angesichts des russischen Holzspielzeugs seine ganze Bedeutung. Wenn in den einen Spielzeugen nationale Traditionen erkennbar sind, die aus der Tiefe der Jahrhunderte herrühren, dann spiegelten sich in anderen sowohl historische Ereignisse als auch das Alltagsleben. So etablierten sich z. B. nach dem Krieg mit Napoleon im Jahre 1812 im Sortiment der Meister von Sergijew Possad und Bogorodskoje für viele Jahrzehnte die militärischen Figuren. Vor allem aber Darstellungen der feinen Damen, Kaufleute und Ammen waren Spielzeuge, die das Kind im alltäglichen Leben umgaben. Auch exotische Tiere – Kamele, Elefanten und Löwen – waren unter dem Einfluß der Wandertierschauen, eine populäre Jahrmarktsunterhaltung für Kinder und Erwachsene, häufig im Sortiment der Spielzeugmacher vertreten.

Eine besondere Verbreitung im Spielzeug fanden Bärendarstellungen. Die „Bärenkomödie" war in Rußland von alters her beliebt, und Bärenführer mit dressierten Bären zogen schon in den Zeiten Zar Iwans des Schrecklichen im 14. Jahrhundert durch die Städte und Dörfer. In alter Zeit sah man den Bären als ein besonderes Lebewesen an, das dem Menschen näher als alle anderen Tiere stand. Im 19. Jahrhundert kam in der Fastnachtszeit kaum ein Jahrmarkt ohne den Zottelbär und seine häufige Begleiterin, die „bärtige Ziege" aus. Es sind viele Zeugnisse von einer solchen Vorstellung erhalten. Ihre Mitwirkenden waren gewöhnlich der

5 Birjulki-Sätze
Ende 19., Anfang 20. Jahrhundert, Kreis Swenigorod, Palmholz, karelische Birke, Lindenholz, Metall, gedrechselt, lackiert, 23–41 teilig
Höhe: 0,7–6,5 cm,
SHM, Moskau

Der Satz rechts außen wurde von A. W. Schurkin gefertigt.

In vielen Museen Rußlands kann man die äußerlich unauffälligen kleinen Kostbarkeiten antreffen, von bescheidenen Ausmaßen, jedoch elegant und fein. Auch ihr Name, Birjulki, spricht gleichsam von einer gewissen Bedeutungslosigkeit, Bescheidenheit der Gegenstände: „Birjulki spielen" hieß im alten Rußland, sich mit einer nichtigen, vielleicht auch unnützen Sache beschäftigen, die Zeit vertändeln. Dennoch war das Birjulkispiel, das jetzt fast verschwunden ist, einstmals äußerst populär. Die Drechselmeister fertigten die unterschiedlichsten Birjulki-Garnituren, Tee- und Eßgeschirre und Dinge des häuslichen Bedarfs. Für das Spiel schüttete man die kleinen Gegenstände auf den Tisch und entnahm dann diesem Haufen mit einem kleinen Häkchen ein Teil nach dem anderen, jedoch in demBemühen, die benachbarten Gegenstände nicht zu bewegen. Man spielte in der Regel „interessehalber", häufiger aber um Kopfnüsse, die man sich gegenseitig für ärgerliche Fehler verabreichte. Oftmals wurden die Birjulki aus Wacholderholz gedrechselt, was ihnen ein ungewöhnliches, bezauberndes Aroma verlieh.

Bärenführer mit einer Trommel am Gürtel, eine Ziege (sie wurde in der Regel von einem verkleideten Jungen dargestellt) und natürlich der Hauptdarsteller, ein dressierter Bär. Sie führten witzige Szenen auf, die der Bärenführer kommentierte, zeigten Bärentänze im Paar mit der Ziege, einen lustigen Kampf mit dem Herrn. Aus dieser Tradition fand die Figur des Bären – oft mit Führer oder mit Ziege – auch Eingang ins Spielzeug.

Aber auch Einflüsse der Porzellanplastik sind zu bemerken. So ist in dem von einem Bogorodskojer Schnitzer angefertigten Reiher mit einem Fisch im Schnabel eine ähnliche Figur aus Porzellan, die Ende des 18. Jahrhunderts in Meißen angefertigt wurde, erkennbar. Das sich großer Nachfrage erfreuende sogenannte „Chinesische Allerlei" – verschiedenartige kleine, geschnitzte Figürchen – kann gleichfalls auf Porzellanartikel zurückgeführt werden. Zeitgenossen vermerkten, daß man hölzernes Spielzeug im 19. bis Anfang des 20. Jahrhunderts im kleinbürgerlichen Leben auf Kommoden, Regalen, Fenstern usw. stellte, das heißt es wie Erzeugnisse der Porzellanplastik verwandte.

Sergijew Possad und die angrenzenden Gebiete waren das bedeutendste, jedoch nicht das einzige Zentrum der Spielzeugherstellung im Umkreis Moskaus. Die ständig steigende Nachfrage nach Spielzeug rief neue Herstellungsstätten ins Leben, die in der Regel in den alten Zentren der Holzbearbeitung entstanden. Die Produktionsstätten von Massenspielzeug umgaben Moskau von allen Seiten, das als bedeutendstes Handelszentrum den Schwerpunkt bildete. Von hier nahmen die Spielzeuge ihren Weg über das ganze Land, verbreitet durch Geschäfte und Jahrmarkthändler.

Jedes Zentrum spezialisierte sich auf eine besondere Art von Erzeugnissen. So waren die Meister des Kreises Swenigorod im Moskauer Gouvernement berühmt für ihre gedrechselten Spielzeuge, besonders die „Birjulki": ein Satz gedrechselter Miniaturgegenstände, zumeist Geschirr, in einem Schächtelchen. In einem jedem Satz befanden sich gewöhnlich 32 Teile, mit denen

Chinesisches Allerlei
Wanderer, 2 Chinesen, 2 Gutsherren, Bojar, Kind bei einer Tanne, Musikant, 2. Hälfte 19. Jahrhundert, Sergijew Possad, Lindenholz, geschnitzt, bemalt, Höhe: 2,5–7,8 cm, SHM Moskau

man folgendermaßen spielte: Die Birjulki wurden in einem Haufen auf dem Tisch ausgeschüttet, und die Spieler zogen mit speziellen Häkchen die Gegenstände einen nach dem anderen heraus, wobei die übrigen möglichst nicht bewegt werden durften.

Die Herstellung der Birjulki war ziemlich kompliziert und hatte ihre Geheimnisse. Die kleinsten Gegenstände wurden „nach Augenmaß" gedrechselt, unter einem Vergrößerungsglas, ohne spezielle Meßgeräte. Die Kinderbuchautorin S. Mogilejewskaja erinnerte sich an Birjulki, die ihr Vater von Leo Tolstoi als Geschenk erhielt: Das Schächtelchen in Form eines Apfels hatte etwa die Größe einer Haselnuß, jede Birjulka die Ausmaße einer kleinen Graupe. Mit solchen Spielzeugen zu spielen war nur zu Hause erlaubt, wobei sie auf ein Blatt sauberes Papier ausgeschüttet wurden. Die Spielzeuge waren fast gewichtslos, sie bewegten sich schon bei einem Atemhauch und versetzten alle, die sie sahen, in Begeisterung.

Die bedeutendste Region der Spielzeugmassenproduktion war das Wolgagebiet und insbesondere das Nischni Nowgoroder Land. Hier lagen mit Makarjew und Nischni Nowgorod die wichtigsten russischen Jahrmärkte, die viel zum Absatz von Spielzeug beitrugen. Lokale Holzbearbeitungsgewerbe existierten seit ältesten Zeiten und beeinflußten zweifellos die Eigentümlichkeit der Spielzeuge.

Seine regionale Besonderheit erhielt das jeweilige Spielzeug schon im Stadium der Materialvorbereitung. So zerschlug ein Meister in Sergijew Possad den Holzklotz zunächst in dreikantige Scheite, aus denen er, vergleichbar einem Bildhauer, die Figur herausschnitzte – die dreikantigen Sockel dieser Spielzeuge bewahren die Form des ursprünglichen Rohlings. Die Spielzeuge der Meister des Gouvernements Wladimir wurden aus einem abgerundeten Holzscheit herausgeschnitzt. Und die Nischni Nowgoroder Spielzeuge, die aus der Umgebung der Stadt Semjonow stammten, wurden nicht geschnitzt, sondern aus rohen Brettchen, die mit rhythmischen Bewegungen des Beils abgeschlagen wurden, zusammengebaut. So nannte man sie auch „Axtspielzeug". Die Arbeit eines Meisters hier ähnelte schon weniger der Kunst eines Bildhauers als vielmehr der eines Konstrukteurs, der aus Details gleicher Machart eine ungeheure Vielfalt an Dingen zusammensetzte. Hier waren das sowohl Möbel als auch Balalaikas, und neben Pferdchen, die vor ein Fuhrwerk gespannt sind, gibt es Dampfer, Automobile und Flugzeuge. Die einfache, jedoch ausdrucksstarke Konstruktion, die fröhliche, sonnige Bemalung machten solches Spielzeug einzigartig und unverwechselbar.

Die Kunsthistorikerin T. Semjonowa beschrieb das Spiel ihrer sechsjährigen Tochter mit Gegenständen, die aus den Händen des Spielzeugmachermeisters Sedow hervorgegangen waren, so: „Ich begriff, mit welcher Natürlichkeit diese ganzen bis ins Kleinste durchgearbeiteten Formen dazu angetan waren, mit ihnen das Leben selbst zu spielen. So lagen an allen Ecken und Enden bunte Läppchen herum, auf dem Sofa, den Sesseln und rund um den Tisch waren Puppen und Püppchen aufgebaut.

Stofftiere hatten in dichtem Haufen im Auto und in dem Wagen Platz genommen, an den schnell eine Schnur geknüpft wurde, angebunden an dem von Sedow am erforderlichen Platz eingeschlagenen kleinen Nagel. Alles, was fahren und sich bewegen konnte, formierte sich im Gänsemarsch und füllte die Hälfte des Zimmers aus. Alle Puppen und Tiere, die sich im Hause finden ließen, sogar die wertlosesten, fanden ihren Platz. Dazu gab es dann noch eine Schaufel, ein kleines Beil und ein Hämmerchen, so daß genug da war, womit man sich beschäftigen konnte … Hier gab es ein Abbild der lebenden Welt, in der man aktiv handeln konnte."

Das an Holzbearbeitungsgewerben reiche Nischni Nowgoroder Land ist bis heute eines der aktiven Zentren der Produktion traditionellen Spielzeugs. Da ist sowohl das geschnitzte und bemalte Spielzeug aus Gorodez als auch die gedrechselten Waren mit leuchtender Anilinbemalung aus dem Dorf Polchow Maidan. Dieses große Dorf im Süden des Nischni Nowgoroder Bezirks war seit dem 18. Jahrhundert bekannt als Produktionszentrum von gedrechseltem, unbemaltem Holzgeschirr. Seit den 20er Jahren unseres Jahrhunderts begann man hier damit, es auch zu bemalen, wobei diese Beschäftigung oft ganze Familien einschloß; häufig beteiligten sich an dieser Arbeit auch die Kinder, die dabei ihre Phantasie und ihre eigene Weltsicht mit einbrachten. In den letzten Jahrzehnten wurden die Holzspielzeuge aus den alten Zentren zunehmend zu Sammelobjekten von Erwachsenen. Die rührende Naivität und die Anmut dieser Gegenstände tragen zur Erhaltung der Spielzeuggewerbe bis in unsere Tage bei.

Eben diese Eigenschaften des traditionellen volkstümlichen Spielzeugs erregten Ende des 19. Jahrhunderts auch die Aufmerksamkeit professioneller Künstler. Die sprunghaft angestiegene Begeisterung für dessen eigentümliche Gestaltung war Ausdruck eines allgemeinen Interesses an nationalen künstlerischen Traditionen. Viele hervorragende Künstler der Jahrhundertwende, die eine wichtige Rolle bei der Herausbildung des Jugendstils in Rußland spielten, wandten sich dem Spielzeugentwurf zu. So kann man seit Ende des 19. Jahrhunderts in Rußland von einem professionellen Autorenspielzeug sprechen.

N. D. Bartram kommt in dieser Hinsicht eine besondere Bedeutung zu. Seine aktive künstlerische Tätigkeit begann im Jahre 1893, als er auf seinem eigenen Gut

Schaukel
von A. Loginow, 1991,
Fedossejewo, Holz, getischlert,
bemalt, 18 x 19 x 14 cm,
HKM Semjonow

Semjonowka im Gouvernement Kursk eine Tischlerlehrwerkstatt einrichtete. Die Ausbildung der jungen Leute im Tischlerhandwerk begann er mit der Herstellung von Spielzeug. Bartram war bestrebt, bei den Schülern kreative Initiative zu entwickeln, Beobachtungsgabe und die Fähigkeit, im Spielzeug ihre Eindrücke zu vermitteln. Eine ganze Reihe künstlerischer Spielzeugmuster wurde von Bartram selber ausgeführt. In den weiteren Jahren seiner außergewöhnlich reichen schöpferischen Tätigkeit widmete dieser Künstler dem Spielzeug viel Zeit. Im Jahre 1909 organisierte er die Ausstellung „Spielzeuge in Vergangenheit und Gegenwart". Ein Jahr später folgte die Ausstellung „Wie Spielzeuge gemacht werden", die eine Fortsetzung der vorangegangenen war. Hierzu lud er Meister ein, die direkt in der Ausstellung den Entstehungsprozeß traditionellen geschnitzten Holzspielzeugs vorführten.

Die Künstler der Jahrhundertwende machten sich den Kampf gegen das Vordringen der wenig künstlerischen Fabrikproduktion zur Aufgabe. Sie setzten sich für ein erneuertes Spielzeug ein und stützten sich dabei auf das Wiederaufleben der volkstümlichen Kunst. Es ist charakteristisch, daß ihrer schöpferischen Methode nicht das Kopieren der alten Muster zugrunde lag, sondern deren freie Interpretation. Das Autorenspielzeug dieser Zeit stellte dabei eine selbständige Kunstgattung dar und war ein Ausdruck des national-romantischen Jugendstils in Rußland, den man landläufig als „Neuen russischen Stil" bezeichnet.

In dieser Zeit erweiterten sich die Absatzmärkte für Erzeugnisse der russischen künstlerischen Industrie beträchtlich, und ihr Export nahm rapide zu. Großteils prägten eben die Erzeugnisse der dekorativen und angewandten Kunst dieser Zeit im Westen das Verständnis vom „Russischen Stil" in seiner zeitlosen Bedeutung. Ein Beispiel dafür ist die Entstehungsgeschichte der Matrjoschka. Im Verständnis vieler Menschen nicht nur im Ausland, sondern auch in Rußland ist sie ein Symbol der russischen künstlerischen Traditionen. Jedoch fällt ihr Aufkommen ganz ans Ende des 19. Jahrhunderts. Schöpfer der Matrjoschka war der berühmte Künstler und Maler S. Maljutin, einer der Begründer der russischen Variante des Jugendstils, Leiter der weit bekannten künstlerischen Werkstätten auf dem Landgut der Fürstin M. K. Tenischewa, „Talaschkino" bei Smolensk.

Die Form der Matrjoschka, die auf dem Prinzip des Ineinandersteckens von Puppen basiert, hatte Maljutin möglicherweise der Kunst des Nordens entlehnt. Er kombinierte jedoch in gelungener Weise die Form mit einer Bemalung, die die Gestalt eines russischen Mädchens in Nationaltracht entstehen ließ und den Kindern und Erwachsenen aus den russischen Volksmärchen bekannt war. Das Prinzip der Matrjoschka begannen bald darauf auch die Spielzeugmacher in Sergijew Possad anzuwenden, wo man anfing, verschiedene Varianten in großer Anzahl zu produzieren. In der ersten Zeit übernahmen deren Bemalung noch die örtlichen Ikonenmaler, was die hohe Qualität der frühesten Matrjoschkas erklärt.

So war die Jahrhundertwende eine besondere Periode in der Geschichte des Spielzeugs, in welcher es nicht nur zum Objekt des Interesses von Sammlern, Forschern und Künstlern wurde, sondern auch ein Ergebnis kreativer Suche darstellte. Diese Blütezeit des künstlerischen Spielzeugs allerdings war nicht von langer Dauer – gegen Ende des ersten Jahrzehntes des 20. Jahrhunderts tritt dann die erzieherische und entwicklungsfördernde Funktion von Spielzeug mehr und mehr in den Vordergrund.

Aus dem Russischen übersetzt von Heidi Janson

Matrjoschka mit Henne
von S. Maljutin (Werkstatt der Gebrüder Iwanow), Anfang 20. Jahrhundert, Sergijew Possad, Lindenholz, gedrechselt, bemalt, 8teilig, 15 x Ø 7,5 cm, SHM Moskau

Aus Feld, Wald und Wiese

Bäume
Obst
Gemüse
Hohlgedrehte Früchte
Blumenstand
Kaufladen
Pilze
Kakteen

Blumenstand
von G. Leichsenring,
1991, Seiffen, verschiedene
Hölzer, gedrechselt, bemalt,
13 x 30 x 25,3 cm,
ES Seiffen

2 Tannen
Apfelbaum
Pappel
2 Büsche
1930er Jahre, Roßwein
(Firma Alfred Berthold),
Holz, gepreßt, gestanzt, gesägt,
gespritzt, Höhe: 3,5–9 cm
SD Kassel

4 Kakteen
1990er Jahre, Seiffen
(Werkstatt Leichsenring),
Holz, gedrechselt, bemalt,
Höhe bis 6,5 cm

Topfblume
1990er Jahre, Seiffen
(Werkstatt Leichsenring),
Holz, Metall, gedrechselt,
bemalt, Höhe: 3,5 cm

Verschiedene Formen von Spielzeugbäumchen
von P. Zickmantel und H. Meyer, 1990er Jahre, Seiffen, Holz, gedrechselt, gestochen, gespant, gerollt, bemalt, Höhe bis 30 cm

2 Bäumchen
um 1980, Olbernhau (Spielwarenkombinat der Firma Vero), Buchenholz, gedrechselt, Höhe: 9,8 cm

Verschiedene Holzbäumchen
von G. Kaden, Neuhausen, Nadelholz, gedrechselt, Höhe: 10–20 cm

2 Bäume
1951, Bogorodskoje,
Holz, geschnitzt,
je 22,5 x Ø 6,5 cm,
PKS Sergijew Possad

Birke
Eiche
von F. S. Balajew, Bogorodskoje,
Holz, Metall, geschnitzt,
15,5 x Ø 8 cm, 17 x Ø 7,5 cm,
PKS Sergijew Possad

Die Blätter der Bäume sind an Metallfedern befestigt und bewegen sich bei Berührung oder Luftzug.

Bärenjagd
von W. T. Polinow, 1930er Jahre, Bogorodskoje, Holz, Metall, geschnitzt, 30 x 32,5 x 27,5 cm, PKS Sergijew Possad

3 Pilz-Spardosen und 10 kleine Pilze
zum Teil von Je. Lebedewa, 1965/66, Krutez und Polchow Maidan, Holz, gedrechselt, bemalt, Höhe: 5,3–14,8 cm, PKS Sergijew Possad

10 Pilze
1930er Jahre, Babenki und Woronowo, Holz, gedrechselt, teilweise farbig grundiert, poliert oder bemalt, Höhe 4–9 cm, PKS Sergijew Possad

Pilz
von Je. Tankowa, 1979, Polchow Maidan, Lindenholz, Anilinfarben, gedrechselt, bemalt, lackiert, 23,5 x 18,5 cm, zu öffnen, SHM Moskau

Apfel
von Je. Tankowa, 1978, Polchow Maidan, Lindenholz, Anilinfarben, gedrechselt, bemalt, lackiert, 21 x 17 cm, zu öffnen, SHM Moskau

Apfel-Spardose
von Je. Arbusowa, 1965, Polchow Maidan, Lindenholz, Anilinfarben, gedrechselt, bemalt, lackiert, 12 x 10,5 cm, SHM Moskau

Pilz-Spardose
1974, Polchow Maidan, Lindenholz, Anilinfarben, gedrechselt, bemalt, lackiert, 11,5 x 9,5 cm, SHM Moskau

Apfel-Spardose
von A. Roschkowa, 1960, Polchow Maidan, Lindenholz, Anilinfarben, gedrechselt, bemalt, lackiert, 11,5 x 10 cm, SHM Moskau

4 Äpfel, Birne, Gurke, Aubergine
Anfang 1930er Jahre, Wjatka (1945 aus der Wjatkaer Filiale des Wissenschaftlich-Experimentellen Spielzeuginstituts der Sowjetunion), Holz, gedrechselt, bemalt, Höhe: 5,2–13 cm, alle Früchte sind zu öffnen, HMAL Kirow

Radieschenbund
1990er Jahre, Grünhainichen (Firma Erzi GmbH), Holz, Fließ, Hanf, Höhe: ca. 7 cm

Apfel auf Ständer
1949, Merinowo (Handwerkergenossenschaft), Holz, gedrechselt, bemalt, 11,5 x 9 cm, der Apfel ist zu öffnen, SHA Nischni Nowgorod

Apfel
1949, Merinowo (Handwerkergenossenschaft), Holz, gedrechselt, bemalt, Ø 9 cm, der Apfel ist zu öffnen, SHA Nischni Nowgorod

Kaufladen
1990er Jahre, Grünhainichen
(Firma Erzi GmbH),
Holz, Papier, Leder, Schnur,
134 x 100 x 85 cm,
EG Grünhainichen

Hohlgedrehte Früchte und Schachtelware: Ein Exkurs zur erzgebirgischen Spielzeugverpackung

Konrad Auerbach

„Gut verpackt ist halb verkauft" – so könnte ein Grundsatz in einem Lehrbuch zur Produktgestaltung lauten. Und wahrlich, wir, die Käufer und Nutzer von Erzeugnissen, sind, wenn auch oft unbewußt, bei der Kaufentscheidung mitunter stark von der Verpackungsweise beeinflußt. Heute trifft dies besonders für den Bereich des Spielzeugs zu, da hier gerade über die Art der Umhüllung käuferorientierte Information, Suggestion oder Animation wirksam werden sollen. Auch in der über 200jährigen Geschichte des erzgebirgischen Spielzeugs hat sich immer wieder die Problematik des Verpackt-Werdens und Verpackt-Seins ergeben. Technologische, wirtschaftliche, kulturelle und mitunter im Spielzeug selbst begründete Gesichtspunkte haben dabei zu unterschiedlichsten Lösungen geführt.

Für Lewis Page, einen New Yorker Spielzeughändler und -importeur, war 1832 die Frage der Spielzeugverpackung eine sehr entscheidende. Der Versand per Schiff vom Hamburger Hafen nach New York war langwierig und brachte oft hohe Transportverluste mit sich. „Bitte, alles in trockenes Papier packen, damit ich die Ware ohne Schimmel erhalte ... Bitte, mein zerbrechliches Spielzeug wurde zu früh in das Schiff geladen und lag auf dem Boden des Schiffes unter allen anderen Kisten. Viele von den besten Spielsachen wurden dadurch zerbrochen", schrieb er in jenem Jahr an die Sonneberger Firma Lindner, die mit Holzspielzeug, auch mit solchem aus dem Erzgebirge, handelte.[1] Man muß dazu vermerken, daß bis weit nach 1800 selbst bei Spieldingen oft die Großraumpackung üblich war. Dutzende oder gar Hunderte Stücke wurden – manchmal als Schüttung – lose in Kisten, Säcken und Fässern eingelagert und so transportiert. Nicht verwunderlich ist es deshalb, daß Beschwerden über Frachtschäden häufig waren. Das Nürnberger Handelshaus Förster und Günter mahnte beispielsweise 1789 den Seiffener Verleger C. F. Hiemann & Sohn: „... nun war alles so schlecht verpackt, und das grösste Theil uneingebunden in der Kiste, so dass sehr vieles Schaden gelitten hat, und zerbrochen ist [,] wir sollten Ihnen billigerweiss einen starken Abzug darauf machen ..."[2] Erfahrungen lehrten, auf solche Erfordernisse zu reagieren. Bei Schiffspassagen war es u. a. üblich, mit Ölpapier gegen Nässe zu schützen, und Zerbrechliches wurde in der Regel erst zuletzt auf Fuhrwerke geladen oder an Bord genommen.

Sturzmännel
Artikel Nr. 1692 aus dem Waldkirchner Musterbuch von 1850, Erzgebirge oder Thüringer Wald

Erst im Laufe des 19. Jahrhunderts mehrten sich die Einzelverpackungen, die Produkthülle wurde mit der Hand beschriftet oder erhielt ein aufgeklebtes Etikett; eine Veränderung, die ein vergleichender Blick in das Musterbuch eines Bestelmeier[3] von 1803 und in das Waldkirchner Musterbuch von 1850 belegt. Zunehmend wurde die Spanschachtel und das Einzelkistchen verwendet. Schließlich hatte die aufkommende Kartonagenfabrikation in der zweiten Hälfte des 19. Jahrhunderts eine neue Variante im Angebot: Den Pappkarton, später oft farbig beklebt, in welchem das mit einem Faden dekorativ eingeheftete Sortiment in dieser werbewirksamen Präsentation zum Kauf aufforderte. Allein in Sachsen soll es um 1892 etwa 90 Hersteller von Pappschachteln und Pappgefäßen gegeben haben. Wenn das Kind so einen flachen Pappkarton schließlich öffnete, fand es die hölzernen Dinge wohlgeordnet vor. Als Hintergrund der mannigfaltigen Häuschen, Tiere, Figuren, Fahrzeuge dienten Papier oder Holzwolle, nicht selten in sattem Grün gefärbt, um die Farbkontraste zu steigern. Selbst einen praktischen Vorteil dürfte man sich vom Aufheften erhofft haben, da ein Zerbrechen der so befestigten zarten Reifentiere, Luffabäume,[4] Figürchen oder Papphäuschen nicht so schnell zu befürchten war.

Eine Verpackung mußte immer schon leicht, technologisch rationell und somit preiswert herstellbar, eventuell weiter nutzbar, stapelbar, platzsparend oder gar genormt sein. Als günstig erwies sich im Erzgebirge die Spanschachtel, hergestellt in unmittelbarer Nähe der Verlagsunternehmen. So entstanden keine kostspieligen Beschaffungswege, zumal sich die Spanschachtel im ungefüllten Zustand durch abgestufte Größen buchstäblich ineinander geschachtelt befördern ließ. Gezogene Holzspäne wurden um oval bzw. rund ausgeschlagene Böden gelegt und durch Holzbänder zusammengeflochten oder später geleimt bzw. mit Nägelchen gestiftet. Herstellerorte wie Rübenau oder Hallbach wurden gern als Schachteldörfer bezeichnet.

In Grünhainichen ist eine ehemalige wasserkraftbetriebene Spanziehmühle erhalten, die an die einstige Massenproduktion der Schachteln erinnert. Zur Komplettierung einer Kollektion ordneten im Verlagshaus schließlich ungezählte Hände die Bestandteile sortimentsgerecht und nach einem genauen Lageplan oder der Vorlage des Musterbuches ein. Hunderte Hersteller der Spielzeugmacherorte, die als Männelmacher, Geschirrhersteller, Bäumchendreher, Zäunchenmacher oder Tierschnitzer in hohem Maße auf ein Einzelprodukt spezialisiert waren, lieferten nach Maßgabe des Verlegers zu.

Aber auch ganz andersartige Verpackungen waren weit verbreitet. Heute sind sie völlig verschwunden und ihre Bezeichnung von damals mutet seltsam an: Hohlgedrehte Früchte. Solcherart aus verschiedenen Hölzern gedrechselte Behältnisse, oft in Form von Zitrusfrüchten oder Äpfeln, dienten vor allem der Verpackung kleiner und kleinster Spielsortimente.

Für die zweite Hälfte des 18. Jahrhunderts hinterließ der Olbernhauer Kaufmann Johann Gottlob Semmler eine anschauliche Beschreibung eines solchen miniaturisierten Spielzeugs. Semmler pries im Zusammenhang mit der Kapitalbeschaffung für seine verlegerischen Großunternehmungen vor allem die günstigen Preise solcher „Früchte-Spielzeuge“ an. 1786 heißt es in einem Angebot für potentielle Mitaktionäre seines europaweit, seit 1783 mit der spanischen Silberflotte auch überseeisch betriebenen Handels: „Wie unglaublich wohlfeil die Preiße dieser schönen und künstlich gearbeiteten Waaren sind, ist zum Beweis ein Apfel, Birn oder Zitrone davon, welche so natürlich gearbeitet sind, daß sie das Auge täuschen; in jeder dieser Früchte befindet sich folgender sehr natürlich gedrechselter Hausrath, als: 1 Kaffe- und 1 Milch-Kännchen, 1 Zucker-Dose, 4 paar Tassen, 2 Leuchter, 6 Teller, 1 Kaffee-Mühle, 1 The-Pott, 1 Fäßchen, 1 Boutaille, 2 Becher, 2 Salz-Fässer, 1 Schüssel; zusammen 24 Stück. – Jedes dieser Stücke ist mit allen Zubehör sehr proportioniert versehen, und ein Dutzend davon kostet nicht mehr als 8 $\frac{1}{2}$ Groschen; also ein Stück, welches obige 24 Stück enthält, nur 8 $\frac{1}{2}$ Pfennig, und in gleichem Verhältnisse stehen die Preiße aller übrigen Artikel.“[5] Die Exportaktivitäten Semmlers berührten Orte auf dem ganzen Globus, darunter Venedig, London und Archangelsk. Mit dem Kapital seiner Mitgesellschafter beabsichtigte man zudem Handel mit Nord- und Südamerika, über die Hafenstadt Lübeck auch mit „Moscau“. Vielleicht haben die von Semmler verschickten Sortimente bereits in jenen Jahrzehnten russische Drechslerhände beeinflußt.

Auch das unglaublich breite Sortiment im 1803 aufgelegten „Magazin von verschiedenen Kunst- und anderen nützlichen Sachen …“ des Nürnberger Verlegers Georg Hieronimus Bestelmeier umfaßt Motive hohlgedrehter Verpackungen. Unter der Katalognummer 600 ist beispielsweise „Ein Ey; in

Hohlgedrehte Früchte und Zylinder
Artikel Nr. 388–391 aus dem Spielwarenmusterbuch von Johann Simon Lindner, um 1830, Sonneberg, lithografiert, handkoloriert

welchem eine kleine Schäferey, aus 1 Schäfer, 1 Schäferin, 9 Schaafen und 6 Bäumen zum Aufstellen, 20 kr." verzeichnet und abgebildet. Daß die Herstellung virtuos gedrechselter Gefäße inbegriffen des miniaturisierten Spielinhaltes im Erzgebirge stark verbreitet war, belegen nicht nur die Mitte des 18. Jahrhunderts erschienenen erzgebirgischen Musterbücher. Bereits um 1790 werden in Briefen vom schon erwähnten Nürnberger Handelshaus Förster & Günter an Hiemann & Sohn in Seiffen neben „gut gemachten Pochwerken" oder „hölzernen Papiermühlen" auch „gelbe Limonen, gelbe und rothe Aepfel und Birnen von Holz mit schönem Hausrath oder Caffe-Guth" sowie „Früchte wo mehr als 5 bis 6 ineinander sind" in Bestellung gegeben. Bemerkenswerterweise erreichte mit Post vom 6. Mai 1791 die Hiemanns im Erzgebirge auch ein Auftrag über ein Dutzend „Poupen wo 7 in einander sind" – Matrjoschkas made in Erzgebirge!?[6] In die Zeit um 1860 ist ein erhalten gebliebenes, in blaßgrüne Hartpappe gebundenes Warenverzeichnis der Firma Hiemann & Sohn zu datieren, in welchem die Auflistung der „Früchte mit verschiedenen Gegenständen" nahezu eine Seite füllt. Als „Fruchtinhalt" werden die üblichen Service und Sortimente an miniaturisiertem Hausgerät genannt, doch auch Kollektionen an „Bergbau", „Drahtschlangen", „Dampfwagen" oder „braunen bzw. polierten Meubles" waren laut Angebotskatalog in der hohlgedrehten Verpackung zu haben.[7] Mit der Abbildungsnummer 677 begegnet uns im Waldkirchner Spielzeugmusterbuch von 1850 ein sehr interessantes Motiv. Verpackt in einem hohlen Apfel wird eine kleine Stadt dargestellt, mit Häuschen und Stadtmauern, die sicherlich in Reifendrehtechnik entstanden sind. Die kleine Rundkirche in der Mitte hat starke Ähnlichkeit mit der Dresdner Frauenkirche.

Das Dorf in der Frucht
Artikel Nr. 677 aus dem Waldkirchner Musterbuch von 1850, Erzgebirge oder Thüringer Wald

Offenbar gab es wichtige Gründe, eine solche für uns heute recht aufwendig und kostbar erscheinende Umhüllung anzufertigen. Allein aus der Sicht des Drechslers dürfte die Herstellung kaum Schwierigkeiten gemacht haben. Das Hohldrehen mit all seinen Eigentümlichkeiten bis hin zum Spezialwerkzeug war im Seiffener Raum allgemeiner Standard und neben der Herstellung des gedrechselten Spielgutes konnte an der gleichen Drechselbank die Verpackung mit entstehen. Einem Reisebericht von Leopold von Buch (1774–1853) ist eine zeitgenössische Darstellung solcher Technologien und des verwendeten „Ausziehhakens" zu verdanken. Abgesehen von den Notizen zu wasserkraftbetriebenen Drechslerwerkstätten schreibt von Buch zum Drechseln: „... wird aber das Loch sehr groß, wie z. B. bey Bechern, Körnchen etc. so braucht man ein krumgebogenes Eisen dazu wie beystehende Figur. Die Vertiefung vergrößert sich damit spiralfoermig ohngefähr wie man durch die Herumdrehung eines Stocks ein Loch im Sande zu machen pflegt."[8] Die massenhafte Herstellung von Nadelbüchsen, Dosen für Tabak, Gewürze oder Puder hatte dieses „Hohldrehen" perfektioniert. Zudem waren Schmucktechniken wie das RädeRieren, Brandreifen oder Zinnreifen entstanden, mit denen die gedrechselten Waren recht dauerhaft und bereits beim Drechseln dekoriert werden konnten. Sehr gut lassen Musterbuchabbildungen die kleinen Kerben und Rillungen erkennen, die der Zierung und realistischen Gestaltung solcher „Früchte" dienten. Hohlgedrehtes zur Verpackung bedurfte überdies weder Leim noch Nägel zur Herstellung. Allein die genaue Passung beider Teile ergab durch das Zusammenstecken eine praktikable Verbindung. Billigkeit und Stabilität waren jedoch nur eine Seite, denn vielmehr noch vermochten diese eigentümlichen und charakteristischen Spielzeugtypen ein Stück Identität zu stiften – vielleicht nach dem Motto: Kleinspielzeug in origineller Hülle! Möglicherweise kommt der Aspekt der Überraschung hinzu. Hohlgedrehte Storchenreiter geben beispielsweise ganz wundervolle Dinge frei, wenn man die am Faden befestigten Fläschchen, Töpfe, Klappern, Quirle oder Püppchen herauszieht. Oder man verschenkte kleine gedrechselte Dosen als Scherzartikel, die nach dem Öffnen eine lustige Figur herausschnellen ließen. Eine Unverwechselbarkeit in Form und Funktion war also mitentscheidend für jeglichen Exporterfolg, zumal eine rationelle Herstellung die „Wohlfeilheit" garantierte.

Eine ideale (und wohl auch ökonomisch günstige) Beziehung zwischen Spielzeug und Verpackung gibt es immer dann, wenn die Umhüllung zu einem Element des Spiels wird. Geradezu mustergültig konnte dies bei der Arche Noah, einem der wichtigen Exportschlager des 19. Jahrhunderts, praktiziert werden. Hier geriet das Haus zugleich zum Ort der Präsentation der zahlreichen Tier- und Menschenpaare. Es diente natürlich zuerst als Verpackung, war aber für das Kind schließlich Spiel- und Handlungsort und als „Sonntagsspielzeug" in Amerika und England der entscheidende Ordnungsmittelpunkt. In Zeiten der Billigprodukte noch vor 1900 hat die sogenannte amerikanische Füllung traurige Berühmtheit erlangt. Die Archenverpackung war dort zum minderwertigen, mit Papier ausgestopften Werbegeschenk verkommen. Nur ganz oben lag eine dünne Schicht spärlich geschnitzter und bemalter Tiere. Das kleine Dorf Hallbach, nahe der aufstrebenden Verlegerstadt Olbernhau gelegen, war Ende des 19. Jahrhunderts zum Haupterzeugerort für Archengehäuse geworden. Zahlreiche Familien stellten variantenreiche Schiffs,- Brett- oder Räderarchen her. Zur Ablieferung wurde der Weg hin zum Spielwarenverlag nicht selten zu Fuß zurückgelegt. Frauen mit turmartig aufgebauten Tragekörben voller Spielzeugarchen waren stundenlang unterwegs. Hier, auf den Packtischen der Großhändler, wurde der nötige Inhalt eingefüllt. Zumeist waren es reifengedrehte Tiere, die aus der Seiffener Gegend kamen.

Als Verpackung und Spielgegenstand zugleich dienten auch die verschiedensten Kaufläden oder Lagerhäuser. Gern wurden kleine, mit einem Hakenverschluß oder einem Schiebedeckel versehene Nischen eingebaut, in denen dann weiteres Spielzubehör verpackt wurde. Selbst Wachturm, Mauern, Schloß und Zugbrücke waren vor Spielbeginn bei einer Soldatenburg dem „hölzernen Burgberg" zu entnehmen und dann gemäß der Numerierung oben aufzustecken. Während Schachtelböden oder -deckel oft mit Spiel- und Aufstellplänen versehen wurden, konnte man andere Verpackungen selbst als Baukörper verwenden oder zu einer Spielkulisse aufklappen. Für erzgebirgische Baukästen und Legespiele war es üblich, die Schachtel und den Deckel mit Bauanleitungen zu versehen und schließlich ganz praktisch in das Ordnungs- und Konstruktionsspiel einzugliedern. Fröbelgaben[9] aus der Oberseiffenbacher, um 1850 von Samuel Friedrich Fischer gegründeten Baukastenfabrik demonstrieren, wie der Kasten mit seinen einsteckbaren Stäbchen zum didaktischen Spielpodium für Würfel, Walze und Kugel wird.

Einen geradezu phänomenalen Zusammenhang von Verpackung und Spielzeug präsentiert das sogenannte „Sturzmännel", wie es im Waldkirchner Spielzeugmusterbuch von 1850 abgebildet ist. Wie beim chinesischen Treppenläufer auch muß die Verpackungskiste aufgeklappt und zur Treppe aufgestellt werden, um da hinunter schließlich den zierlichen „Treppengaukler" seine Überschläge machen zu lassen. Die Präzision dieses Spielzeuges überrascht bei jeder gelungenen Vorführung, obgleich davon auszugehen ist, daß es wohl damals mehr ein Spielzeug für Erwachsene gewesen sein dürfte. Allein der Innenmechanismus mit seinen Quecksilberbestandteilen erforderte einen sorgfältigen Umgang. Heute kann man in Seiffen ein solches, nachempfundenes Stück aus kunstgewerblicher Werkstatt wieder erwerben.

Die Verpackungsfrage stellte sich im spielwarenerzeugenden Erzgebirge in den Jahren nach 1900 auf neue Weise. Nicht nur, daß die Holzpreise stark gestiegen waren, vielmehr machten sich wachsende Transportkosten und veränderte Zölle bemerkbar. Aus den ehemaligen Warenwertzöllen hatten sich im Großteil der in Frage kommenden Exportländer Gewichtszölle entwickelt. Gewichtiges, sperriges Spielzeug war somit schwieriger ins Ausland zu verkaufen. Es war ein großer kulturhistorischer Verdienst der erzgebirgischen Verleger und Hersteller, nach 1900 durch neu hervorgebrachte Spielzeugformen und in erster Linie durch miniaturisierte Varianten diesen Veränderungen zu begegnen. Der Seiffener Spielzeugverleger Heinrich Emil Langer hat wohl als einer der ersten Bahnbrechendes geleistet, als er kleine Fahrzeuge, Figuren und Miniaturpuppenstuben herstellen ließ. Ausgesprochen grandios war seine „Erfindung", hölzernes Kleinspielzeug in einer solchen Dimension herstellen zu lassen, daß es sich in Zündholzschachteln verpacken und verkaufen ließ. Die Vorteile der Spanzündholzschachtel lagen auf der Hand. Als Massenprodukt der Zündholzfabrikation konnte man die Schiebeschachtel zu günstigen Konditionen kaufen und einen flexiblen Großvorrat anlegen. Zudem war die Schachtel

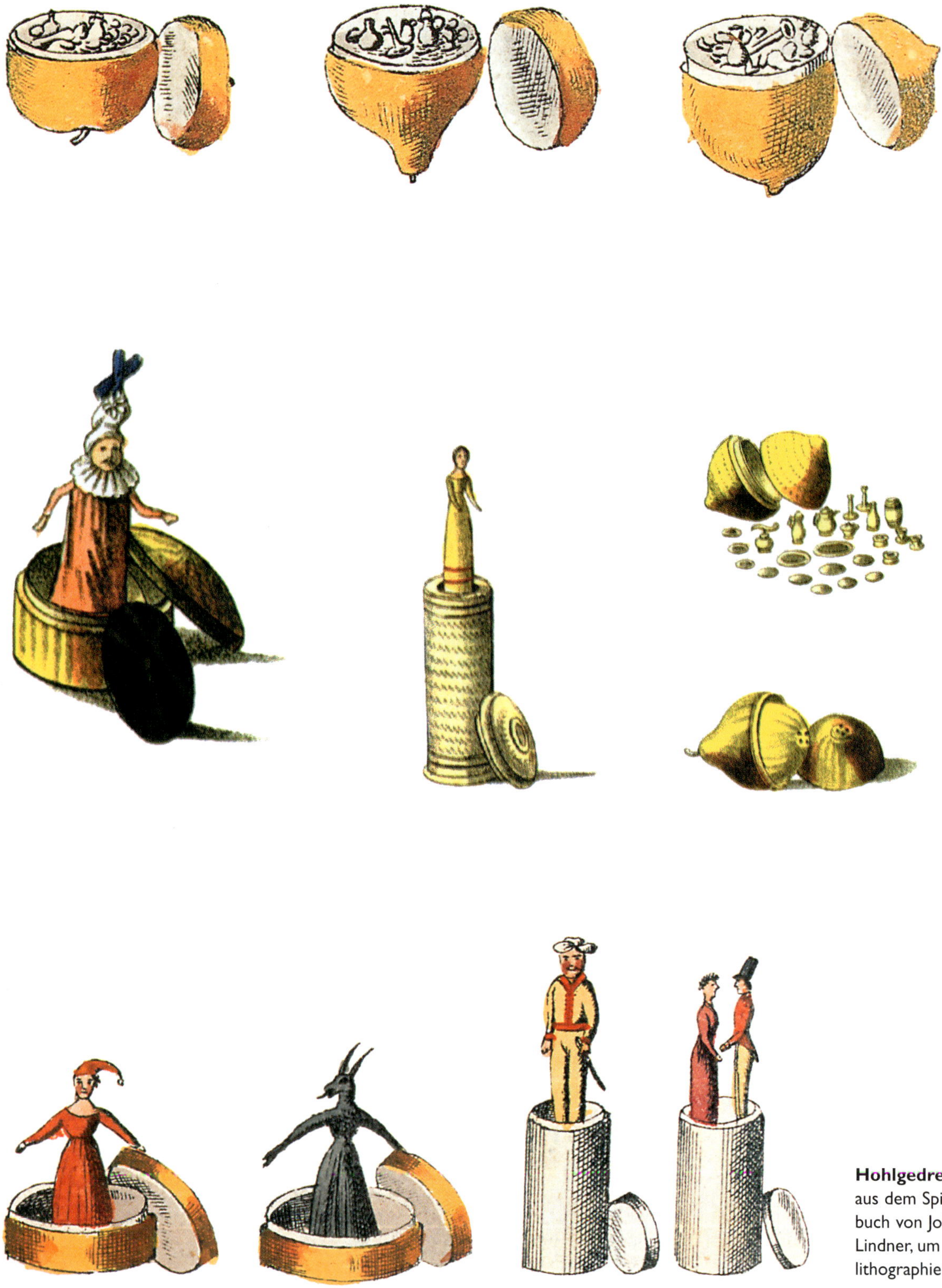

Hohlgedrehte Früchte
aus dem Spielwarenmusterbuch von Johann Simon Lindner, um 1830, Sonneberg, lithographiert, handkoloriert

genormt und platzsparend für größere „Umverpackungen". Der Spielinhalt konnte variiert werden, zur Kennzeichnung mußte man nur die kleinen Etiketten aufkleben. Die Spielidee war zugleich eine „Überraschungsidee" und die Vielfalt der bis heute auf weit über 100 Motive angewachsenen „Zündholzschachtelware" hat noch in den 20er Jahren zum Sammeln angeregt. Heute gelten seltene Schächtelchen samt ihres Inhalts als kostbare Raritäten und werden auf Auktionen hoch gehandelt. Damals aber, im ersten Drittel unseres Jahrhunderts, konnte man diese „Pennytoys" oder Billigspielzeuge selbst in Krisen- und Kriegszeiten noch produzieren und verkaufen. Heinrich Emil Langer konnte 1923 allein 255.860 Schächtelchen mit einem Spielzeuglotto absetzen. Werbewirksam wurde mit Superlativen gehandelt, im Angebot war „die kleinste Eisenbahn der Welt", „die kleinste Küche" oder „die kleinste Schule". Als Exportartikel, besonders für England, fand sich alsbald der Aufdruck „National-Art in the Match-Box" auf den gelblichen Etiketten. Auch der Baukastenfabrikant S. F. Fischer in Oberseiffenbach griff die Idee der gefüllten Zündholzschachtel auf und ließ 1908 den miniaturisierten Baukasten „Der kleine Schwede" als Gebrauchsmuster eintragen. Der originelle Name des kleinen Bausortiments mit seinen vier weißen und drei roten Bausteinchen nimmt auf den schwedischen Ursprung der Zündholzware Bezug.

Für Kinder und Erwachsene gleichermaßen gerieten die kleinen Bau- und Spielsets zu gefragten, auch für die nicht so reich gefüllte Geldbörse erschwinglichen Souveniren. Scheinbar in den 60er Jahren untergegangen, erfreut sich dieser Spielzeugtyp in der „zweckentfremdeten" Verpackung heute wieder großer Beliebtheit und besticht Hersteller wie Käufer durch seine bereits beschriebenen Vorzüge. Die eigentliche Wiederbelebung setzte Anfang der 80er Jahre ein, doch erst die politische und wirtschaftliche Wende hat nach 1990 gewaltige Impulse für Vielfalt und Neuentwicklung der „Erzgebirgischen Volkskunst in der Zündholzschachtel" gegeben.

In der Gegenwart bieten durchsichtige Kunststoffbeutel die Möglichkeit, auf eine Abbildung oder Beschreibung des verpackten Spielzeuges zu verzichten. Textile Netze und metallene Gazebeutel eröffneten diese Variante bereits vor über 100 Jahren. Für die das Erzgebirge kennzeichnende Füll- und Schachtelware waren solche Verpackungen besonders günstig, da Umfang, Vielfalt und Qualität sofort offensichtlich werden konnten. Besonders billige Warengruppen haben ihren Weg vom Hersteller über die Händler hin zum Käufer als Beutelware genommen, zumal von den sichtbaren, kunterbunten Spieldingen auch für das Kinderherz Reize ausgingen.

Kunsthandwerk und Industrie des Erzgebirges haben auch nach 1945 mannigfaltige Versuche unternommen, traditionelle Verpackungen einschließlich ihrer gestalterischen und technologischen Eigenarten zu nutzen. Zuvorderst wurden von den älteren Herstellern ohnehin die Motive und Verpackungsformen der Vorkriegszeit weitergeführt. Selbst der zarte Beutel aus Metallgaze war für Kleinsortimente noch lange in Gebrauch. Mitte der 50er Jahre entsprangen dem Zeichenstift des Seiffener Gestalters Hans Reichelt zahlreiche farbige Etikettenentwürfe für neue ovale Spanschachteln. Für die thematischen Füllungen in traditioneller Form des Miniaturspielzeuges haben später auch zeitgenössische Gedanken eine Rolle gespielt. Es enstanden ein kleiner Flugzeugplatz der „Lufthansa", eine Industrielandschaft mit Werkhallen und Kühltürmen und schließlich auch ein Stadtensemble in Form der damaligen Stalinallee. Als typische Füllware wurden diese Sortimente gern in Klarsichtbeuteln angeboten. Unter dem Aspekt der Belebung traditioneller Formen des Holzspielzeugs ent-standen in einer losen Gemeinschaft von Herstellern, Volkskundlern und Heimatinteressierten in den 70er Jahren Neuentwicklungen, die auch die gestalteten Souvenirschachteln aus Span oder die bedruckten Kartons betrafen. Auch in der Industrie wurden Versuche unternommen, die Spanschachtel für weihnachtliche Miniaturen und Bastelsortimente einzusetzen. All das darf wohl nicht darüber hinwegtäuschen, daß die Verpackungsfrage in der DDR immer auch eine gesellschaftliche Frage war. Da formulierten selbst politische Beschlüsse spezielle Erfordernisse für eine effiziente Verpackung: Einerseits wurde auf die ästhetische Wirkung und die Exportfähigkeit in das westliche Ausland verwiesen, anderseits auf die strenge Reduzierung der Verpackungsvielfalt zugunsten weniger standardisierter Maße gedrängt.

Heute ist im Erzgebirge die Verpackung selbstverständlich ein Element der Produkt- und Betriebsphilosophie. Sie wird als Gestaltungsaufgabe begriffen und hat neue originelle Formen gefunden. Der ökologische Gedanke äußert sich in sparsam eingesetztem und wiederverwertbarem Material ebenso wie in einer angemessenen Relation zwischen der Wertigkeit des Produktes und seiner Hülle. Da ist die Langlebigkeit einer Pyramidenverpackung zu bedenken, die unter Umständen Jahrzehnte ein Aus- und Wiederverpacken des oft sehr kostbaren Weihnachtsschmuckes ermöglichen muß, dort genügt ein einfaches Papiertütchen für einen Holzkreisel.

1 zitiert nach M. Apple, *Erzgebirgisches Spielzeug in Amerika,* Vortrag 1992, maschinenschriftliches Manuskript.

2 Ch. Grauwiller, Übersetzungen des Briefwechsels zwischen Hiemann und Förster & Günther, Archivmaterial o. J., Archiv Erzgebirgisches Spielzeugmuseum Seiffen.

3 Der Nürnberger „Galanteriewarenhändler" Georg Hieronimus Bestelmeier hat mit seinem 1803 herausgegebenen Warenverzeichnis, das über 1.000 Artikel mit Beschreibung und Abbildung enthält, wohl den frühesten Gesamtüberblick über Spiele und Spielzeug jener Zeit gegeben.

4 Hölzerne Spanbäume, daneben Bäume aus Pappe, Papier oder Moos sind bereits in den frühen erzgebirgischen Musterbüchern zu finden. An deren Stelle trat später das relativ haltbare, gut einfärbbare Luffa. Dieses großporige Naturprodukt aus einem seegurkenähnlichen Gewächs hatte als billigster Ersatzstoff um 1900 nahezu alle anderen Formen verdrängt, bis um 1920 die alte Technik des Spanbaumstechens neu belebt wurde.

5 Archivmaterial des Erzgebirgischen Spielzeugmuseums Seiffen.

6 Ch. Grauwiller, vgl. Anm. 2.

7 Hiemann & Sohn, *Systematisches Verzeichnis von hölzernen Kinderspiel-Waaren bei Hiemann & Sohn in Seyffen,* o. J. (um 1850).

8 zitiert nach L. Riedel, *Journal einer Reise nach Seiffen im obern Erzgebirge,* in: *Sächsische Heimatblätter,* Nr. 6, 1986, S. 258 ff.

9 Der Pädagoge der Aufklärung, Friedrich Fröbel (1782–1852), entwickelte ein System von Bauspielzeug (die sogenannten Fröbelgaben), die das Kind im Umgang mit Würfeln, Kugeln und Walzen die Wirkung elementarer Gestaltungsformen erleben lassen.

Zu Lande, zu Wasser und in der Luft

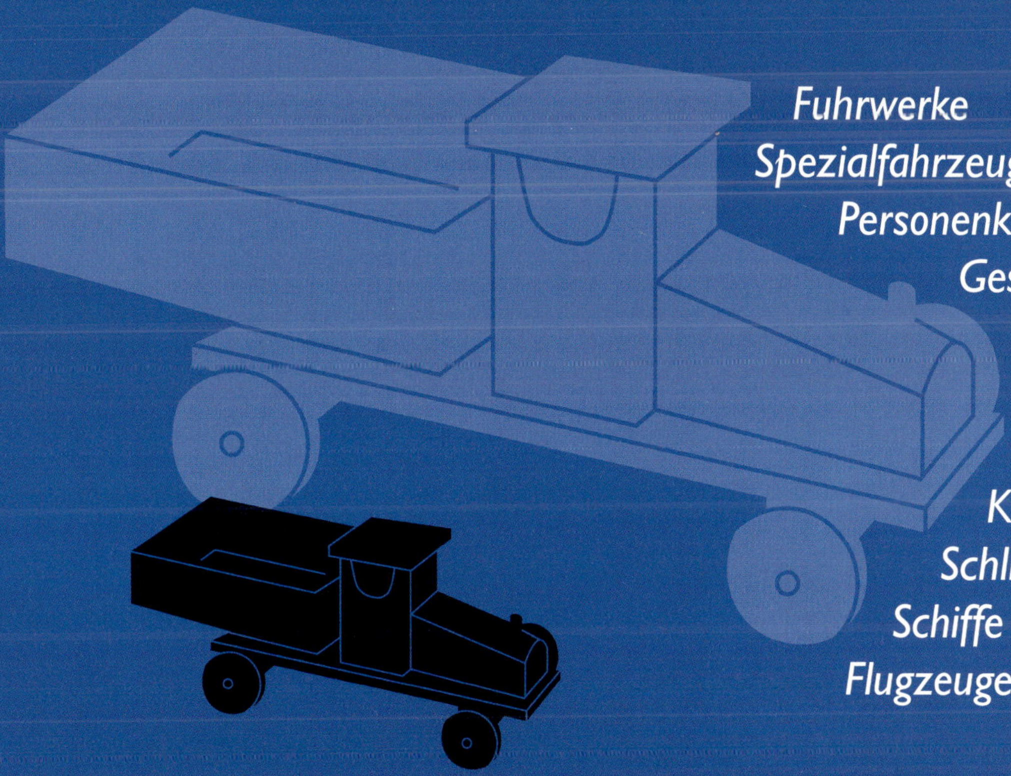

Fuhrwerke
Spezialfahrzeuge
Personenkraftwagen
Gespanne
Eisenbahnen
Straßenbahnen
Lastwagen
Kutschen
Schlitten
Schiffe
Flugzeuge

Gespann mit zwei Pferden
Anfang 20. Jahrhundert,
Gouvernement
Nischni Nowgorod,
Holz, geschnitzt, bemalt,
36 x 66 x 20 cm,
PKS Sergijew Possad

Gespann mit zwei Pferden
1934, Sjomino, Holz, geschnitzt,
bemalt, 18,5 x 35 x 14,3 cm,
PKS Sergijew Possad

Räderbrettpferd mit Kutsche und Kutscher
um 1900, Sonneberg (Firma Georg Friedrich Dorst), Leder, Holz, gesägt, beschnitzt, gestrichen, bemalt,
Kutsche: 31 x 23,2 x 57,5 cm,
Pferd: 26,5 x 9,8 x 31,2 cm,
Höhe des Kutschers: 22,5 cm,
DS Sonneberg

Löschfahrzeug
1929–1935, Wjatka (Berufsschule für betriebliche Bildung des Kulturindustrieverbandes), Holz, getischlert, gedrechselt, bemalt, 15 x 25 x 10 cm,
HMAL Kirow

Scheinwerferwagen
1929–1935, Wjatka (Berufsschule für betriebliche Bildung des Kulturindustrieverbandes), Holz, getischlert, gedrechselt, bemalt, 22,5 x 32 x 10 cm,
HMAL Kirow

Der Scheinwerfer ist auf einer „Nürnberger Schere“ befestigt.

Flußdampfer und Lastkahn
um 1950, Sonneberg (Firma Viktor Steiner), Holz, gesägt, farbig lackiert,
16 x 6,5 x 23 cm,
6 x 8 x 30,5 cm,
DS Sonneberg

Lastkahn
1953–1960, Sonneberg (Fachschule für angewandte Kunst), Holz, farbig lackiert,
8,5 x 8 x 25 cm,
DS Sonneberg

Planwägelchen
nach Vorlage vom Ende des 18. Jahrhunderts, Landkreis Sonneberg, Holz, Stoff, gesägt, beschnitzt, bemalt,
7,3 x 5,7 x 15,5 cm,
DS Sonneberg

Eisenbahn
(„Rheingold-Expreß“)
1933, Steinach (Firma Gg. Chr. Vogel), Holz, Metall, Bakelit, gesägt, lasiert, 10 x 8,7 x 85 cm, DS Sonneberg

Dampflokomotive
1929–35, Wjatka (Berufsschule für betriebliche Bildung des Kulturindustrieverbandes), Holz, getischlert, gedrechselt, bemalt, 13 x 19,5 x 7,3 cm, HMAL Kirow

Eisenbahn
um 1945, Dresden, Holz, gesägt, gefärbt, bemalt, 6,5 x 5,4 x 36,6 cm, DS Sonneberg

Postwagen
Holztransporter
Miniaturautos, 1989, Seiffen (Firma Dregeno), Holz, gesägt, gedrechselt, gestrichen, gestempelt, 3,5 x 3 x 7,8 cm, 3,5 x 3 x 8,5 cm, DS Sonneberg

Polizeimannschaftswagen
von Emil Leichsenring,
um 1935, Seiffen, Holz, Metall,
gesägt, gedrechselt, bedruckt,
bemalt, Länge: 11,5 cm

Abschleppwagen
1950/60, Seiffen, Holz, Metall,
gesägt, gedrechselt, bedruckt,
bemalt, Länge: 11,5 cm

Feuerwehrauto
von Reiner Flath, um 1990,
Seiffen, Holz, Metall, Plexiglas,
Garn, gesägt, gedrechselt,
bedruckt, bemalt, Länge: 11 cm

Lastwagen
um 1940/50, Seiffen,
Holz, Metall, gesägt,
gedrechselt, bemalt,
Länge: 7,5 cm

Postbus
um 1930/40, Seiffen,
Holz, Metall, gesägt,
gedrechselt, bedruckt,
bemalt, Länge: 11 cm

Spritzenwagen
um 1930, Seiffen, Holz,
gesägt, gedrechselt,
bedruckt, bemalt,
Länge: 6 cm

Bus („Windsbraut")
um 1930, Seiffen, Holz, gesägt,
gedrechselt, gefräst, bedruckt,
bemalt, Länge: 12,5 cm

Güterzug
um 1920/30, Seiffen, Holz,
Zinn, Metall, Glimmer, gesägt,
gedrechselt, bemalt, 6teilig,
Länge: 33,5 cm

Berliner S-Bahn
1930/50, Seiffen, Holz, Zinn,
gesägt, gedrechselt, bemalt,
Länge: 26 cm

Straßenbahn („Hecht")
um 1950, Seiffen, Holz, gesägt,
gefräst, gedrechselt, bemalt,
Länge: 11 cm

5 Eisenbahnwaggons
um 1940/50, Seiffen, Holz, Ton,
Metall, gesägt, gedrechselt,
bedruckt, bemalt,
Länge je: 6,5 cm

alle Fahrzeuge dieser Seite:
JM Scharfenstein

Möbelwagen mit Anhänger
Miniatur von F. Weber, um 1950, Seiffen, verschiedene Hölzer, Ton, geschnitten, bemalt, bestempelt, zum Öffnen: Möbelset 9teilig, 3,3 x 12 x 2,9 cm

Kleinbus
Miniatur, um 1930, Seiffen (C. H. Frohs & Söhne), verschiedene Hölzer, Zinn, geschnitten, bemalt, bestempelt, 3,7 x 6,5 x 2,9 cm

Straßenbahn
Miniatur von R. Glöckner, um 1930, Seiffen, verschiedene Hölzer, Zinn, geschnitten, bemalt, bestempelt, 4,5 x 8,5 x 3 cm

Kastenauto mit Fässern
Miniatur, um 1930, Seiffen, verschiedene Hölzer, Blech, geschnitten, bemalt, bestempelt, 2,7 x 7 x 3 cm

alle Fahrzeuge dieser Seite: ES Seiffen

Zum Spielzeugsortiment kleiner Figuren, Häuser oder Gespannfahrzeuge kamen ab 1907 die zinnrädchenbestückten „Automobile“ hinzu. Anfänglich hatten sich nur wenige Hersteller auf Miniaturautos spezialisiert. Schließlich aber waren es mehrere Dutzend, die sich in jeweiliger Eigenart und Qualität der Fertigung dieses speziellen Bereiches verschrieben hatten. Allein der Seiffener Verleger H. E. Langer kaufte 1938 für die Herstellung von Fahrzeugen 240.000 Zinnrädchen und 295.000 Blechrädchen, eine Größenordnung, die für über 100.000 Fertigprodukte ausreichte.

Kohlentransport
Miniatur, um 1930, Seiffen, verschiedene Hölzer, Zinn, geschnitten, bemalt, bestempelt, 2,3 x 6,7 x 2,3 cm

Lastauto, kippbar
Miniatur von A. Harzer, um 1925, Seiffen, verschiedene Hölzer, Ton, geschnitten, bemalt, bestempelt, 3 x 9,1 x 3,7 cm (Zubehör: 5 Milchkannen)

Kasten-LKW
Miniatur von F. Weber, um 1950, Seiffen, verschiedene Hölzer, Ton, geschnitten, bemalt, bestempelt, 3,5 x 6 x 2,4 cm

PKW mit Brautpaar
Miniatur von A. Lichtenberger, um 1930, Seiffen, verschiedene Hölzer, Ton, geschnitten, bemalt, 3,6 x 7,3 x 3,7 cm

Fuhrwerk mit Menschen
um 1910, Seiffen, Holz, Zinn, gesägt, reifengedreht, gedrechselt, gegossen, bemalt, Länge: 11 cm

Kutschgespann
aus der Werkstatt Stephani, um 1970, Seiffen, Holz, Metall, Plastik, Faden, geschnitzt, gesägt, gedrechselt, gestempelt, bemalt, Länge: 11 cm

Fuhrwerk mit Gemüseladung
um 1910, Seiffen, Holz, Zinn, Faden, gesägt, reifengedreht, gegossen, bemalt, Länge: 10 cm

Militärgespann mit Boot
um 1910, Seiffen, Holz, Faden, Zinn, Blech, gesägt, reifengedrechselt, gegossen, bemalt, Länge: 9 cm

Wegweiser
1930er Jahre, Seiffen, Holz, gesägt, bemalt, gestempelt, bemalt, Höhe: 5 cm

Militärgespann mit Kanone
um 1910, Seiffen, Holz, Faden, Zinn, reifengedreht, gesägt, gegossen, bemalt, Länge: 10,5 cm

Postkutschengespann
um 1910, Seiffen, Holz, Zinn, gesägt, reifengedreht, gegossen, bemalt, Länge: 9 cm

Hochzeitsgespann
um 1920/40, Seiffen, Holz, Zinn, gefräst, gesägt, reifengedreht, bemalt, Länge: 11 cm

alle Fuhrwerke dieser Seite: JM Scharfenstein

Roswalni-Schlitten
Ende 19. Jahrhundert,
Zentralrußland, Espenholz,
Flachsgarn, Axtarbeit,
7 x 14 x 29 cm,
SHM Moskau

Dampfer
von S. Sedow, 1965, Semjonow,
Espenholz, Anilinfarben,
Axtarbeit, bemalt,
22,5 x 23 x 7 cm,
SHM Moskau

Lastwagen
von S. Sedow, 1965, Semjonow,
Espenholz, Anilinfarben,
Axtarbeit, bemalt,
9,5 x 22,3 x 7,8 cm,
SHM Moskau

Flugzeug
1962, Prudy, Espenholz,
Anilinfarben, Lack, Axtarbeit,
bemalt, 9 x 20 x 18 cm,
SHM Moskau

Dampfschiff mit zwei Decks
von S. Kokurin, 1987,
Fedossejewo, Holz, getischlert,
bemalt, 24 x 39 x 10 cm,
beweglich mit frei drehbaren
Rädern, HKM Semjonow

Waggon
von S. Kokurin, 1980er Jahre,
Fedossejewo, Holz, getischlert,
bemalt, 16,5 x 20,5 x 12 cm,
beweglich mit frei drehbaren
Rädern, HKM Semjonow

Flugzeug
Zündholzschachtel von W. und F. Schönherr, 1990er Jahre, Seiffen, Holz, Papier, Pappe, Metall, gesägt, gebeizt, bedruckt, 5,3 x 3,7 x 1,6 cm, SD Kassel

Das russische heimgewerbliche Spielzeug in den 20er und 30er Jahren dieses Jahrhunderts

Jekaterina Nalesnikowa

„Jedes Land drückt sich in seinem Spielzeug auf seine eigene Art und Weise, die eine oder andere Epoche charakterisierend aus", schrieb der bemerkenswerte Forscher, Sammler und Spielzeugmeister N. D. Bartram (1873–1931).[1]

In der russischen Geschichte sind die 20er und 30er Jahre unseres Jahrhunderts eine außergewöhnliche und überraschende Zeit, voller revolutionärer Romantik und tragischer Widersprüche. Das Schicksal des Spielzeuggewerbes verläuft in dieser ungewöhnlichen Zeit in den verschiedenen Regionen des Landes trotz vieler Gemeinsamkeiten recht unterschiedlich. Wenn wir von den Zentren des holzgewerblichen Spielzeugs sprechen, haben wir die drei bedeutendsten Regionen der Spielzeugproduktion im Auge, die sich um Moskau (Sergijew Possad, Bogorodskoje, Babenki), Nischni Nowgorod (Gorodez, Semjonow, Fedossejewo, Polchow Maidan) und Wjatka konzentrierten.[2]

Auf dem russischen Markt gab es aufgrund des Krieges seit 1914 kein ausländisches Spielzeug mehr. Man könnte meinen, daß dies hervorragende Voraussetzungen für die Entwicklung des nationalen Spielzeuggewerbes schuf. Indes unterhöhlten die Revolution und der Krieg, die Zeit des Militärkommunismus, als die Handwerksmeister auf der Suche nach besseren Verdiensten ihr Gewerbe niederlegten, sowie mangelnde oder teure Rohstoffe und damit verbunden der Rückgang an Unternehmern und Aufkäufern das russische Spielzeuggewerbe an der Wurzel. Seine Produktion ging zurück, die Qualität sank.

Bei der Wiederbelebung der verschiedenen Zweige des Spielzeuggewerbes spielte die schöpferische Intelligenz des Landes eine herausragende Rolle. So verbindet sich die Geschichte der Moskauer Schule des Spielzeugs mit den Namen A. Ja. Tschuschkin und I. I. Oweschkow und vor allem N. D. Bartram, der 1920 in Moskau das Spielzeugmuseum gründete. Nach seinen Worten sollte das Museum „zu einer Quelle für die weitere Entwicklung des Spielzeughandwerks in Rußland und zum Material für dessen Studium" werden.[3] In dem Museum gab es außer einer beachtlichen Spielzeugsammlung ein Puppentheater und eine Spielzeugwerkstatt für Kinder, am Museum wurden die ersten sowjetischen Spielzeugspezialisten ausgebildet, und hier kam auch zum ersten Mal die Idee der Schaffung eines wissenschaftlichen Forschungsinstitutes für Spielzeug auf. Schließlich wurden hier neue Warenmuster entwickelt, zum Beispiel ein neuer Typ von „Baumaterial für kollektive Spiele, das den Wünschen der Kinder Rechnung trägt."[4]

Der berühmte Kenner der Volkskunst in der Region Nischni Nowgorod, D. W. Prokopjew (1902–1943), untersucht und beschreibt in den 30er Jahren im Zuge seiner Organisation großer Ankäufe für das Museum detailliert alle örtlichen Betriebe des Spielzeuggewerbes. Durch seine Lieferaufträge inspiriert und fördert er die talentierten Handwerksmeister, die Mordaschows aus Fedossejewo, I. A. Masin aus Kurzewo, die Jagnjonkows aus Lyskowo u. a. Es ist allerdings unmöglich, sich das Wjatka der 20er und 30er Jahre ohne die andere Größe des Spielzeughandwerks, A. I. Denschin (1893–1948), vorzustellen. Die Tätigkeit des unermüdlichen Forschers, Sammlers, Leiters der Spielzeugabteilung der kunstgewerblichen Werkstätten in Wjatka und künstlerischen Konstrukteurs am dortigen Spielzeuginstitut wurde zu einem einzigartigen Katalysator für das eindrucksvolle Wachstum des örtlichen Spielzeuggewerbes in den 20er und 30er Jahren.

Erzeugnisse der Lehrwerkstatt des Wjatkaer Landkreises für die Ausstellung in Kasan 1909

Ein weiterer wichtiger Faktor, der zur Wiederbelebung der verschiedenen Zweige des Spielzeuggewerbes dieser Zeit beitrug, war die Ausrichtung der Staatspolitik auf die Schaffung eines leistungsstarken gewerblichen Genossenschaftswesens. Kooperation war keine besondere Neuerung im Alltagsleben der russischen und besonders der Moskauer Spielzeugmacher. Jedoch nahmen die kooperativen Formen der 20er und 30er Jahre Massencharakter an. Die kurz zuvor gebildeten Spielzeuggenossenschaften schlossen sich zu größeren zusammen: zur Sagorsker Genossenschaft RKKA (Revolutionskomitee der Roten Armee), zur Genossenschaft „Wjatskaja Igruschka" (Wjatkaer Spielzeug) und zur Kalinin-Genossenschaft in Semjonow.

In der Werkstatt der FSU-Schule, Anfang der 30er Jahre

Auf dieser Grundlage wurden in den 30er Jahren in Rußland die ersten Spielzeugfabriken gegründet und mit der Herstellung von Massenprodukten nach Standardmustern begonnen.

Bei den großen Genossenschaften wurden darüber hinaus Berufsschulen für die betriebliche Bildung (FSU) organisiert. Außerdem richtete man in den Hauptzentren des Gewerbes unter aktiver Beteiligung der immer noch selben Enthusiasten des Spielzeughandwerks wieder Lehrwerkstätten für Spielzeugmacher ein. Die Organisatoren derartiger Einrichtungen griffen auf die Erfahrung der Lehr- und Demonstrationswerkstätten des Semstwos[5] zu Anfang des 20. Jahrhunderts zurück. Letztere besaßen zu ihrer Zeit präzise ausgearbeitete Lehrpläne und verbesserte Produktionstechnologien.

Das reiche Sortiment der Spielzeuge wurde in den Kunstgewerbemuseen bei den Semstwos vorgestellt und verkauft.

Die Lehr- und Demonstrationswerkstätten und die FSU-Schulen der 20er und 30er Jahre förderten die Weiterentwicklung der Technik der Heimarbeiter und die Verbreitung verbesserter Produktionsmethoden unter ihnen. Zentrale staatliche Ankaufsorgane wie die Kaufhäuser des Mostorg und des Wneschtorg, das Kunstgewerbemuseum des WSNCH u. a. organisierten Bestellungen für diese Werkstätten. Dabei wurden nicht nur Warenmuster verschickt, sondern auch professionell ausgearbeitete Risse und Zeichnungen der lieferbaren Artikel. Seit Mitte der 30er Jahre begann das WNEII (Wissenschaftlich-Experimentelles Spielzeuginstitut der Sowjetunion) in Sagorsk, eine bedeutende Rolle bei der Ausarbeitung neuer Warenmuster und bei der künstlerischen und technischen Beratung der Genossenschaften und Fabriken zu spielen. Großer Nachfrage erfreute sich bei den in Heimarbeit tätigen Spielzeugmachern in den 30er Jahren die periodisch erscheinende Fachzeitschrift „Sowjetskaja Igruschka" (Sowjetisches Spielzeug).

Jede der lokalen Schulen des Holzspielzeugs, sei es die Moskauer, die Nischni Nowgoroder oder die Wjatkaer, hat ihren „Dialekt", ihre stilistischen Besonderheiten. Wenden wir uns den interessantesten und charakteristischsten von ihnen zu, so erhalten wir eine Vorstellung von der wunderbaren Vielfalt des russischen Spielzeugs, von der Komplexität und Vielgestaltigkeit seiner Entwicklungswege.

Das Spielzeug der Moskauer Umgebung

Nach einer tiefen Krise zu Anfang der 20er Jahre lebte die Spielzeugproduktion in der Moskauer Umgebung wieder auf: Es bildeten sich Genossenschaften und die Schulen der FSU mit einem recht hohen Unterrichtsniveau (zum Beispiel unterrichteten an der Bogorodskojer Schule die professionelle Künstlerin M.W. Lomakina und der Bildhauer A.W. Petrow).

Das geschnitzte und getischlerte Spielzeug aus Bogorodskoje und Sergijew Possad gliederte sich in den 20er Jahren in zwei Arten: das „graue", seiner Herkunft nach alte und das jüngere, „saubere" Spielzeug.[6] Die alten Muster – Pferde mit und ohne Reiter, vor Droschken gespannt, vor eine Kutsche oder einen Schlitten, ein pflügender Muschik,[7] Karussells usw. – gehörten mehr und mehr zur Vergangenheit. Immer größere Popularität gewannen die „sauberen" Waren: Tiere, Schmieden mit Gewichten, Hampelmänner, Figurenscheren etc. In dieser Zeit begann man Spielzeug zu produzieren, das aus Brettchen verschiedener Dicke ausgesägt wurde. Die Thematik der „sauberen" Ware war in der Hauptsache durch den Einfluß der Sergijew Possader Spielzeugmacherwerkstatt des Semstwos bestimmt, die ihre Warenmuster schon zu Anfang des Jahrhunderts entwickelt hatte.

Das Leben forderte mit Macht eine Erneuerung der Themen, und auch das Spielzeug aus der Moskauer Umgebung mußte sich verändern, erneuern und sich der neuen Lebensform der 20er und 30er Jahre anpassen. In den 20er Jahren wurde in der Genossenschaft des RKKA eine neue Variante der Matrjoschka entwickelt – mit dicken Hüften, einem runden Gesicht, einer leuchtenden Farbskala in der Bemalung, einem schnellen Federstrich des Gesichts und mit schlichten Verzierungen. Seine Fortsetzung und Weiterentwicklung erfährt auch das erzählende Spielzeug (Menagerien in Kästen, Viehhöfe, zusammenklappbare Häuschen mit ihren Bewohnern, Gerätschaften usw.), gedrechselte Spielzeuge für Bewegungsspiele und didaktisches Spielzeug (Babenki).

Beibehalten wird das traditionelle Thema der Märchentiere im skulpturalen Spielzeug. Eine Neuerung war die „kinematographische" Methode, bei der das Märchen in einer Serie von Figuren oder Szenen, die verschiedene Momente der Erzählung darstellten, umgesetzt wurde (beispielsweise die Arbeiten Balajews zu dem Märchen „Kolobok“[8] und zum Walt Disney-Film „Die drei kleinen Schweinchen“).

Eine Suche nach neuen künstlerischen Mustern findet im „realen“ plastischen Spielzeug statt. Als erstes tauchen Rotarmisten auf, dann Pioniere und ein Milizionär, ein Arbeiter mit Hammer, die Darstellung von Kolchosbauern und kleinen Schulkindern. Nicht immer war das neue Spielzeug künstlerisch konsequent. Es sind auch kuriose Fälle einer Einbringung zeitgenössischer Thematik in Erzeugnisse nach alten Mustern bekannt. Von einem solchen Fall erzählte beispielsweise N. D. Bartram, als die Sergijewer Heimarbeiter dreitausend „Väterchen Frost“[9] umarbeiteten in „Muschiks mit Axt“, indem sie dazu den Bart abschnitten und ihm anstelle des traditionellen Weihnachtsbaumes eine Axt in die Hand gaben.[10]

Eine ganze Serie skulpturaler Spielzeuge, die sich mit einem Hebel leicht in Bewegung versetzen ließen, schuf in den 20er Jahren A. Ja. Tschuschkin. Sie stellten verschiedene Arten der bäuerlichen Arbeit dar: das Dreschen, Holzhacken, Beschlagen der Räder usw. Bekannt war Tschuschkin ebenfalls für seine Ideen zur Mechanisierung der Spielzeugproduktion. Viele neue Formen im Holzspielzeug lieferte die von ihm geleitete Werkstatt am Spielzeugmuseum.

Die besten Arbeiten der Bogorodskojer Schnitzer aus den 30er Jahren, die von M. A. Pronin, I. Stulow, N. Jeroschkin und anderen bemerkenswerten Meistern, wahren die wesentlichen Züge dieses alten Gewerbes: die Genrehaftigkeit, die äußerst prägnante Silhouette der Figuren und der gesamten Komposition, in der Regel eine „Belebung“ des Spielzeugs mittels beweglicher Details, mit deren Hilfe sich die inhaltliche und bildliche Konzeption des Autors erschließt. Neu waren die Bewegungsmuster und die Gestaltungen der Menschen, die

Holzpuppen aus der Reihe „Völker der UdSSR“, Erzeugnisse der FSU-Schule, 1929–35

Besonderheiten ihrer Kleidung, die Gesichtsausdrücke, die Körperhaltungen und Posen der Figuren. In den Vordergrund trat eine entschlossene, lebensbejahende Grundposition, das mitreißende Pathos der ersten Fünfjahrespläne, die Romantisierung der Helden des Bürgerkriegs. Solches Spielzeug besaß die Bedeutung eines sowjetischen, volkstümlichen Luboks.[11]

Das Nischni Nowgoroder Spielzeug

Die frappierende stilistische Vielfalt des Nischni Nowgoroder Spielzeugs hatte ihren Nährboden in den reichen Traditionen des holzbearbeitenden Gewerbes des Gouvernements: Die Schiffs- und Hausschnitzerei, die Malerei aus Chochloma, die Löffelmacherei, die Schnitzerei und Malerei aus Gorodez.

Am dramatischsten gestaltete sich das Schicksal der „Axthauerei“ aus Gorodez – des ältesten Gewerbes des Axtspielzeugs, das die Region der Dörfer um Gorodez verband. Ein beliebtes Thema war hier das Pferd, das vor einen einfachen Wagen gespannt war, allein, paarweise oder im Dreiergespann. Die Gorodezer Gespanne wurden mit der Axt herausgeschlagen, jedoch bedeutet „Axthauerei“ nicht zugleich „grobe Arbeit“. Die Meister selber nannten ihr Spielzeug „gegossen“. Die klaren Umrisse der forsch herausgeschlagenen Pferde, die leuchtenden Farben, die grelle Pinselbemalung der Schlittenkutschen sind spezifische Besonderheiten dieses originellen, fröhlichen Spielzeugs. Aber so künstlerisch hervorragend und plastisch ausdrucksstark das primitive Bild des Nischni Nowgoroder Gespanns auch war, so besaß es in den 20er Jahren in der Wirklichkeit doch keine realen Vorbilder mehr. Das Leben des an der Wolga gelegenen Gorodez mit seinem großen Mehlhandel, der rastlosen Betriebsamkeit auf der breiten Landstraße nach Wladimir, der Buntheit des vorbeiziehenden Volkes, den Traberhengsten aus Orjol und den Post-Troikas wurde zu einem unwiederbringlichen Stück Vergangenheit.

Das Leben diktierte neue Themen, doch die Heimarbeiter wahrten beharrlich die Traditionen ihrer Kunst und hielten an nur ihrer Thematik, ihrem Stil fest. Hinzu

Gedrechseltes Spielzeug (Samoware, Teegeschirr und Puppen) aus den 1930er Jahren, Erzeugnisse des Wissenschaftlich-Experimentelles Spielzeuginstituts der Sowjetunion (WNEII), Filiale Wjatka

kamen ökonomische Probleme und eine herbe Kritik am Gorodezer Spielzeug durch Presse und offizielle pädagogische Wissenschaft, die seine „Phantastik", die „falsche ideologische Ausrichtung" und den „kaufmännischen" Stil bemängelten. Und so sah das traurige Ergebnis aus: Im Jahre 1933 gab es nach den Unterlagen der Gorodezer Industriekasse zur gegenseitigen Versicherung unter den versicherten Heimarbeitern des Kreises Gorodez keinen einzigen Spielzeugmacher mehr.[12] Trotzdem aber verschwand das Gewerbe nicht völlig, man fuhr fort, Spielzeug herzustellen, nicht mehr für den Verkauf, sondern für sich selber, „des Vergnügens wegen".

Mitte der 30er Jahre unternimmt der bekannte Meister I. I. Oweschkow einen nicht ganz erfolglosen Versuch zur Wiederbelebung des alten Gewerbes. Und im nahegelegenen Kurzewo erhielt man die Produktion noch eines Sortiments des Gorodezer Spielzeugs aufrecht – Puppenmöbel. Besonders geschätzt wurden kleine Stühlchen mit erlesener Bemalung. Dank solch talentierter Handwerker wie I. A. Masin belebte und erneuerte sich hier in Kurzewo in den 20er und 30er Jahren allmählich die traditionelle Kunst der Gorodezer Malerei. Außer dem charakteristischen Motiv der Wasserlilie treten genrehafte Kompositionen zeitgenössischer Thematik auf: die Rote Armee oder Kolchosbauern.

Es ist interessant, daß die Pferdegespanne aus Lyskowo (Kreis Tschkalowsk), die der „Gorodezer Axthauerei" sehr nahe stehen, ein glücklicheres Schicksal hatten. Schon in den 30er Jahren richtete sich das Interesse der russischen Spielzeugforscher auf die Ähnlichkeit der Pferdchen aus Lyskowo mit jenen, die Schliemann bei den Ausgrabungen Trojas zutage gefördert hatte,[13] und mit dem ägyptischen, altorientalischen Stil (die Darstellung von Tierrümpfen in unvollendeter Form).[14] In der Tat ist die Schlichtheit der Form der Lyskower Pferde bis zum Symbol hin reduziert. Die Silhouette des Pferdes wird unterstrichen durch das altertümliche Ornament der Kreidekreise, -bögen, -streifen und -punkte auf einem himbeerfarbenen, violetten und gelben Untergrund. In dieser Archaik der Lyskower Pferde gab es keine historische Konkretheit, hier traten Elemente der traditionellen Volkskultur zum Vorschein, die ihren Widerhall im Unbewußten fanden. Möglicherweise konnten die Lyskower Spielzeugmacher deshalb ihre Pferdegespanne mit Erfolg auch in sowjetischer Zeit weiter herstellen.

Die am weitesten entwickelte Region des Spielzeughandwerks im Gebiet Nischni Nowgorod war die Region um Semjonow. Hier gab es mehrere Techniktypen (mit der Axt geschlagenes, getischlertes, geschnitztes und gedrechseltes Spielzeug) und mehrere Stilvarianten. Außerordentlich vielfältig ist das Spielzeug aus Fedossejewo: Dampfer, Eisenbahnwaggons, Boote, Balalaikas, Puppenmöbel, sogar Nähmaschinen. All das zusammengebaut und -gehämmert aus Brettchen, Stäbchen und Spänen: konstruktives Spielzeug des Baukastenstils. Die Formen der Einzelteile sind quadratisch oder rechteckig. Alle Artikel badete man regelrecht in kanariengelber Anilinfarbe, dann wurden sie mit Girlanden und Kränzen aus rosa Blümchen mit grünen Blättchen bemalt. Das Kolorit des Spielzeugs aus Fedossejewo erinnert an das der russischen Kirche: die Vergoldung der Ikonostase und die Girlanden aus Kränzen, die Lämpchen und Kerzen.

Landwirtschaftliches Spielzeug (Sämaschine und Kornschwinge) aus der Wjatkaer Filiale der FSU-Schule, 30er Jahre

Auf die Spielzeugmacher aus Fedossejewo gab es nicht wenige Angriffe wegen des „märchenhaften" Stils ihrer Produkte. Eine Strömung der sowjetischen Pädagogik der 20er und 30er Jahre predigte beispielsweise die „Schädlichkeit" von Märchen. Man schlug den Heimarbeitern vor, die Spielzeuge mit grauer Emaille zu überziehen („aus Hygienegründen") oder sie mit Holzbeize zu streichen („der Authentizität zuliebe") und zwang ihnen langweilige Muster auf, jedoch verstanden es die Meister, ihr Recht auf einen eigenen Stil zu verteidigen.[15] Sie dachten sich viel Neues in den gewohnten Formen und Ornamenten aus. Seit Mitte der 30er Jahre finden sich in der Bemalung des Semjonower Spielzeugs Vogelbeeren, Erdbeeren, Stachelbeeren, Weintrauben und „Grasmuster". Auch neue Spielzeuge tauchen auf: Traktor, Flugzeug, Szenen aus der Kolchosenarbeit und des fröhlichen Festtagstreibens, gestaltet in Fabrikspielzeugen einfachster Konstruktion.

Die lokalen, regionalen und gesamtsowjetischen Spielzeugausstellungen in den 30er Jahren machten die talentierten Meister publik und stimulierten sie, indem sie ihr kreatives Potential bereicherten. Im Ganzen gesehen entwickelte sich das Spielzeug der Handwerker aus dem Wolgagebiet hin zu einer immer größeren Dekorativität der Form. Diese Besonderheit zeigte sich am deutlichsten in der Geschichte der interessanten Produktion des Dorfes Polchow Maidan, Kreis Wosnessensk, im Nischni Nowgoroder Bezirk. Das dortige Gewerbe setzte in den 20er Jahren ein, als die alteingesessenen Drechsler dieses Dorfes die neue Produktion der dort sogenannten „Tararuschki" aufnahmen. Mit viel Erfolg bildete sich hier eine neue lokale und originelle Schule des Holzspielzeugs.

Es fällt nicht schwer, das gedrechselte und polierte Spielzeug aus Polchow Maidan zu erkennen: Kinderrasseln, Vogelpfeifen, Luftpistolen (Schreckschußpistolen mit einem Korken) und Eier. Sie alle wurden unbedingt mit einem Muster verziert. Anfangs, in den 20er und 30er Jahren unseres Jahrhunderts, wurden die verschnörkelten Ornamente zumeist „im Weißen" eingebrannt, d. h. auf dem unbemalten Spielzeug. Später ging man mehr zu einer charakteristischen Bemalung über – ein leuchtendes, stilisiertes Pflanzenornament oder eine Landschaftsansicht mit Sonnenaufgang: ein Fluß, ein Ufer, eine Mühle oder ein Haus mit Bäumen, ein hellblau und rosa gefärbter Himmel. Ungewöhnlich ist hier auch die Matrjoschka mit abgeflachtem Kopf, schwarzen Locken um das Gesicht, einer prachtvollen riesigen Blume und einer schwarzen Kontur, welche die halbdurchsichtigen Pinselstriche der Anilinfarben umreißt. Seit 1939 machten sich die örtlichen Handwerksmeister die Technologie der Chochloma-Lackierung zu eigen.

Die reich dekorierten Erzeugnisse der Maidaner Heimarbeiter dienten als Schmuck des bescheidenen Alltagslebens dieser Zeit. Viele von ihnen (Stopfpilze, Spardosen, Spielzeugschachteln, Salzfäßchen und Schmuckschatullen) hatten zudem eine nützliche Funktion. Nach gedrechseltem und poliertem Spielzeug, das in Kindergärten und -krippen obligatorisch war, bestand eine große Nachfrage. Zusammen mit der Vielfalt des Sortiments und der hervorragenden Qualität der Erzeugnisse erlangten die Spielzeuge aus Polchow Maidan große Popularität.

Spielzeug aus Wjatka

Es gibt eine unsichtbare Verbindung zwischen dem Spielzeuggewerbe in der Moskauer Umgebung und dem im weit vom Zentrum entfernt gelegenen Wjatka. Zu Anfang des Jahrhunderts wurde dort eine Werkstatt des Semstwos für Spielzeugmacher eröffnet – eine exakte Kopie der Lehr- und Demonstrationswerkstatt in Sergijew Possad. Die Werkstatt in Wjatka war von der Possader sogar in der Auswahl des Lehrpersonals abhängig, ganz zu schweigen von dem hierher gebrachten Moskauer Sortiment und den verbesserten Technologien. All das ermöglichte dem Spielzeug aus Wjatka, binnen kurzem auf dem russischen Markt einen festen Platz zu belegen.

Nach 1914 allerdings kam die Spielzeugproduktion in Wjatka wie auch im übrigen Rußland zum Erliegen. Zurückgreifend auf die Erfahrung und die Traditionen der Semstwo-Werkstatt organisiert A. I. Denschin dann 1922 in den Wjatkaer kunstgewerblichen Werkstätten eine Spielzeugabteilung. Und mit einer Untersuchung der alten Warenmuster nahm im Jahre 1927 die erste und in der Folgezeit bedeutendste Genossenschaft, „Wjatskaja Igruschka (Wjatkaer Spielzeug), ihre Arbeit auf. Bestand die Genossenschaft zum Zeitpunkt ihrer Entstehung noch aus sieben Personen, so zählte sie bis 1934 insgesamt 794 Mitglieder, besaß eine Werkstatt mit Stromversorgung, spezialisierte Werksabteilungen und eine FSU-Schule, die qualifizierte Kader der Spielzeugmacher heranbildete. Insgesamt wurden in Wjatka und seinen Vororten in den 30er Jahren bis zu zwölf Genossenschaften der Spielzeugmacher gezählt. Außerdem gab es auch staatliche Unternehmen, wie etwa das „Drewkombinat" (Holzkombinat), die Spielzeuge in ihrem Sortiment führten.

Zur Herstellung von Holzspielzeugen verwendete man das Holz der Linde, der Birke, besonderer Sorten der Erle und Espe, seltener Wacholderholz. Die Wjatkaer Ware der 20er und 30er Jahre, die guten Absatz auf den Märkten der anderen Gouvernements fand, überraschte durch niedrige Preise und große Vielfalt – von den einfachsten Kinderrasseln, Stopfpilzen, Krocket- und Kegelspielen über zusammenklappbare Häuschen und Puppenmöbel bis hin zu künstlerisch bemalten, aus Furnierholz ausgesägten Spielzeugillustrationen ganzer Kindermärchen. Das mechanische Spielzeug zeichnete sich durch seine Einfachheit und Originalität in der Lösung der technischen Aufgaben aus: Tiere mit Gewichten, Windmühlen, ein Specht auf einem Brettchen usw. Das gedrechselte Spielzeug besitzt eine feine Bearbeitung, und auch ungeachtet des Mangels an qualitativ hochwertigen Farben (in dieser Zeit das dringlichste Problem im Spielzeuggewerbe) gelang es den Heimarbeitern aus Wjatka, in ihren besten Erzeugnissen ein hohes künstlerisches Niveau zu erreichen: Proportionalität der Formen und eine feine Farbabstufung bei den Pyramiden mit abschraubbarer Spitze und in Fäßchenform;

kleine Samoware, teilweise auseinandernehmbar, Tee- und Kaffeeservice mit einer naiven Wiesenblumenbemalung usw.

Es gab auch ein spezifisch Wjatkaer Sortiment – das musikalische Spielzeug: Ziehharmonikas, Schalmeien, Xylophone, Gusli[16] und Puppenklaviere, auf denen man Melodien spielen konnte. Im Jahre 1936 wurde in Kirow (Wjatka) eine Fabrik für musikalisches Spielzeug eröffnet. An der Erweiterung des Sortimentes arbeiteten die Werkstätten am Kunstgewerblichen Technikum in Wjatka und professionelle Handwerksmeister in der FSU-Schule des Kulturindustrieverbandes. Das wahre kreative Potential aber lag bei den Heimarbeitern. So entstanden Anfang der 30er Jahre eine Vielzahl neuer Spielzeuge.

Der Meister P. I. Usolzew erfand vor allem bewegliche Spielzeuge: eine Schildkröte, ein Krokodil, einen Jungen mit einer Schubkarre und einen Windmotor mit Dynamo. Vom Meister Chaljawin stammen 20 Arten von Tierstimmen imitierenden Pfeifen (eines Schweins, einer Ente, eines Kranichs u. v. a.), und vom Meister A. P. Sawalin eine Art Mundharmonika, ein schreiender Kuckuck und ein bellender Hund. Das technische Spielzeug (Schiffs-, Eisenbahn und Automobilverkehr, Kriegs- und Bautechnik) zeichnete sich durch einen hohen Grad an Realismus und Detailtreue der nachgebildeten Objekte aus. Eine Neuerung waren die „polytechnischen Kästen" (der Genossenschaft „Wjatskaja Igruschka"): ein Baukastensatz mit Teilen verschiedener Transportmittel, die zusammengesetzt und durch hölzerne Schräubchen verbunden werden konnten.

Zu Anfang der 30er Jahre entstanden neue Anforderungen an das sowjetische Spielzeug: „Spielzeug muß konstruktiv sein, da es eine konstruktiv-industrielle Epoche widerspiegelt, es muß auf das Niveau des Erreichten gelangen, sogar Vorreiter der Technik und des Lebens im allgemeinen sein und dabei das Kind hinter sich herführen ... es fördert den Erfindergeist."[17] Damit stand

Musikspielzeug aus Wjatka, 1930er Jahre

man in Wjatka vor der Aufgabe, eine Revolutionierung der Spielzeugproduktion in dreierlei Hinsicht durchzuführen: künstlerisch, konstruktiv und ideologisch. Das Vorhandensein des Technikums in Wjatka und der FSU-Schule mit Spielzeugabteilungen sowie das im Jahre 1932 eröffnete Wjatkaer Spielzeuginstitut, eine Filiale des WNEII, ermöglichten die Lösung der gestellten Aufgabe. Von der Wjatkaer Filiale des WNEII (in voller Eigenfinanzierung durch Werkstätten betrieben) wurden sieben Serien von Spielzeugen in verschiedenen Zyklen herausgebracht. Die Warenmuster vieler von ihnen fanden Verwendung in der Produktion der örtlichen Genossenschaften.

Besondere Aufmerksamkeit verdient eine Serie von Spielzeugen, die „vertraut machen mit der Produktion, ihren Anlagen und ihrer Technik." Dies sind die in der Kirower Sammlung gezeigte Sämaschine, eine Kornschwinge (zur Getreidereinigung), eine Buttermaschine u. a. Zu der Serie von Spielzeugen, die „vertraut machen mit den Prinzipien der Rationalisierung", muß man aller Wahrscheinlichkeit nach auch die Förmchen (Pesotschniki) neuen Stils rechnen – jeder der Förmchensätze wird zu einer vollständigen Figur kombiniert: einer Schlange, einem Nudelholz, einem Türmchen. Von dem Institut wurden auch „Verkehrsbaukästen" herausgebracht und Baukästen, die reich an überraschenden Kombinationen waren: ein Luftschiff, ein Schiff und ein Schwein, ein Kaninchen und eine Mandoline usw.

Insgesamt entwickelte das Wjatkaer Institut im Verlauf des Jahres 1932 rund 100 Spielzeugmodelle.[18] Leider bleibt bis heute die Frage letztendlich ungeklärt, warum Ende 1933 eine Umorganisation des Institutes stattfand und wie das Schicksal seines talentierten Leiters, des Erfinders, Künstlers und Konstrukteurs D. N. Tichmenjow aussah.

Wir haben schon die regionalen Spielzeugausstellungen in den 30er Jahren erwähnt. Zwischen den benachbarten Spielzeugmachern in Nischni Nowgorod und in Wjatka gab es eine eigentümliche Form von Konkurrenz. Die „Schiedsrichter" in diesen „Zweikämpfen" waren Kinder, die mit den Ausstellungsmustern spielen durften. Eine Gruppe von Pädagogen, Ärzten und Handwerksmeistern verfolgte die Kinder, ihre Äußerungen und Spiele. In der Presse und Fachliteratur dieser Jahre wurden diese „Kinderkonferenzen" ausführlich analysiert.[19] Das Spielzeug aus Wjatka, bei dem alles „wie in echt" war, erwies sich als bevorzugt in der Wahl der Kinder. Augenscheinlich war es die Jugend des Wjatkaer Gewerbes selber (es existierte erst seit ungefähr 40 Jahren), die es ermöglichte, sich so leicht und organisch prinzipiell neue Formen und Thematiken des Spielzeugs anzueignen.

So finden sich in den 20er und 30er Jahren unseres Jahrhunderts neben der Wiederbelebung, Beibehaltung und einer gewissen Auffrischung des traditionellen Spielzeugsortiments im plastischen Spielzeug der Moskauer Umgebung neue Inhalte, in Nischni Nowgorod erhöht sich die Dekorativität der Form, und in Wjatka entsteht vor allem technisches und konstruktives Spielzeug.

Aus dem Russischen übersetzt von Heidi Janson

1 N. D. Bartram, *Ausgewählte Aufsätze. Erinnerungen an den Künstler,* Moskau: Der sowjetische Künstler, 1979, S. 50. Sämtliche der hier angegebenen Quellen sind in russischer Originalsprache.
2 W. I. Boruzki, *Spielzeug, künstlerische Erzeugnisse,* Moskau: Konsumgenossenschaftsverband, 1926, S. 6.
3 G. L. Dain, *Russisches Spielzeug,* Moskau: Das sowjetische Rußland, 1987, S. 110.
4 N. D. Bartram, wie Anm. 1, S. 55.
5 „Semstwo" (wörtl.: Landstände) ist die Bezeichnung für ein lokales russisches Selbstverwaltungsorgan in den Jahren zwischen 1864 bis 1917, das sich aus gewählten Vertretern des Adels, der Städte und der Bauern zusammensetzte.
6 W. I. Boruzki, wie Anm. 2, S. 18.
7 „Muschik" ist das russische, leicht abwertende Wort für einen Bauern, einen einfachen Mann niedrigen Standes.
8 Das Märchen „Kolobok" entspricht in etwa unserer Geschichte vom dicken, fetten Pfannekuchen.
9 „Väterchen Frost" ist das russische Pendant zum europäischen Weihnachtsmann.
10 N. Zeretelli, *Das russische Bauernspielzeug,* Moskau: Academia, 1933, S. 210
11 „Lubok" (wörtl.: Stück Baumrinde) bezeichnet russische Einblattdrucke, die vor allem im 18. und 19. Jahrhundert verbreitet waren. Bei diesen ursprünglich rein volkstümlichen Bilderbögen handelte es sich meist um Holzschnitte von einfachen Formen, leuchtender Farbigkeit und religiösen, belehrenden oder politisch-agitierenden Inhalten.
12 M. Jakubowskaja, *Das Spielzeug in der Region Gorki,* Gorki: Regionalverlag Gorki, 1934, S. 7.
13 D. W. Prokopjew, *Das künstlerische Gewerbe des Bezirks Gorki,* Gorki 1939, S. 192
14 N. Zeretelli, wie Anm. 10, S. 15 f.
15 D. W. Prokopjew, wie Anm. 13, S. 114.
16 „Gusli" ist ein russisches Volksmusikinstrument in der Art einer Brettzither von unterschiedlicher Größe und Form mit früher 5 bis 7, später 18 bis 32 Saiten.
17 G. M. Bogoljubow, *Kurzer Jahresbericht der Wjatkaer Filiale des WNEII,* Wjatka 1932, S. 15.
18 G. M. Bogoljubow, wie Anm. 18, S. 8.
19 N. Zeretelli, wie Anm. 10, S. 63.

Advent, Advent, ein Lichtlein brennt ...

Nußknacker
Räuchermännchen
Lichterengel
Lichterbergmänner
Zündholzschachtelware

Weihnachtsmannwerkstatt
Engel und Bergmann
Schwibbogen
Weihnachtsmann mit Schlitten
Weihnachtsmarkt
Krippe
Zündholzschachteln von
G. Neuber, 1990er Jahre,
Seiffen, Holz, Papier, Pappe,
gesägt, gedrechselt, bemalt,
beklebt, je 5,3 x 3,6 x 1,5 cm,
SD Kassel

Fliegenpilz
Räuchermännchen, um 1940/50, Gahlenz, Holz, Metall, Draht, gedrechselt, gesägt, gebohrt, bemalt, Höhe: 15 cm

Schneemann
Räuchermännchen, um 1950/60, Seiffen, Holz, gedrechselt, gesägt, bemalt, Höhe: 14 cm

Mohr
Räuchermännchen von Chr. Ulbricht (?), um 1930/40, Seiffen, Holz, Metall, gedrechselt, gesägt, bemalt, Höhe: 12 cm

Reisender im Zwirn
Räuchermännchen, um 1970, mittleres Erzgebirge, Holz, Metall, Garn, gedrechselt, gesägt, gebohrt, bemalt, Höhe: 19 cm, in erzgebirgischer Tradition restauriert (Wiederverwendung von Zwirn)

Fliegenpilz
Räuchermännchen von Chr. Ulbricht, um 1930/40, Seiffen, Holz, Metall, gedrechselt, gesägt, bemalt, Höhe: 18 cm

Chinese
Räuchermännchen, um 1940/50, Gahlenz (Firma Gahlenz), Holz, Metall, gedrechselt, gebohrt, bemalt, Höhe: 15,5 cm

Waldarbeiter
Räuchermännchen von K. Füchtner, um 1925/30, Seiffen, Holz, gedrechselt, gesägt, geschnitzt, bemalt, Höhe: 17 cm, das Unterteil stammt aus den Jahren um 1940/50

Wichtel
Räuchermännchen von A. Füchtner, um 1950, Seiffen, Holz, Metall, Fell, gedrechselt, gesägt, gebohrt, bemalt, Höhe: 16 cm

Lichterträger Bergmann
Räuchermännchen von A. Füchtner, um 1930/50, Seiffen, Holz, Teig, gedrechselt, geform, bemalt, Höhe: 22 cm

Zimmermann
Räuchermännchen von A. Füchtner, um 1950, Seiffen, Holz, gedrechselt, gebohrt, bemalt, Höhe: 17,5 cm

Slowakischer Rastelbinder
Räuchermännchen von V. Füchtner, um 1990, Seiffen, Holz, Metall, gedrechselt, gesägt, bemalt, Höhe: 23 cm

alle Figuren dieser Seite: JM Scharfenstein

Waldarbeiter
Räuchermännchen,
um 1960, mittleres Erzgebirge, Holz, geschnitzt, bemalt, Höhe: 18,5 cm, in der Art der Grünhainicher Schnitzschule

Zwerg
Räuchermännchen, um 1920/30, mittleres oder Westerzgebirge, Holz, geschnitzt, ausgestochen, bemalt, Höhe: 25 cm

Nachtwächter
Räuchermännchen, um 1940/50, mittleres Erzgebirge, Holz, geschnitzt, gebohrt, bemalt, Höhe: 22 cm

Wilddieb
Räuchermännchen, 1980er Jahre, Empfertshausen, Holz, Metall, geschnitzt, gedrechselt, gebohrt, lasiert, Höhe: 12 cm

Der Form nach stellt dieser Gastwirt einen Urtyp des erzgebirgischen Räuchermännchens dar, wenn auch mit etwas zu dicken Teigarmen. Der Grundkörper wurde vermutlich von Füchtner gefertigt, vielleicht aber auch von einem Kind der Familie modelliert und bemalt.

Dieses Räuchermännchen nimmt teilweise Abschied von der Grundform der geraden, starren Spielzeugdocke aus dem vorigen Jahrhundert. Der neuen Linie in der Holzkunst der 20er und 30er Jahre entsprechend folgten etliche Firmen dem Trend, die altvertraute Dockenform zu brechen und in Bewegung zu setzen. Diese Tendenz setzte sich mit der Zeit in den Städten Sachsens und später auch darüber hinaus durch.

Gastwirt
Räuchermännchen, um 1920, Seiffen, Holz, Teigmasse, Metall, gedrechselt, gesägt, geformt, bemalt, Höhe: 11,5 cm

Opa im Schlafrock
Räuchermännchen, um 1930/40, Gebiet Grünhainichen, Holz, Metall, gedrechselt, gesägt, gebohrt, bemalt, Höhe: 18,5 cm

alle Figuren dieser Seite:
JM Scharfenstein

Mohrenkönig
Räuchermännchen von Chr. Ulbricht (?), um 1950/60, Seiffen, Holz, Plastik, gedrechselt, gesägt, bemalt, Höhe: 13,5 cm, JM Scharfenstein

Lichtertürke
Räuchermännchen nach Entwurf von Brockhage, um 1960, Seiffen (Kunstwerkstätten Olbernhau), Holz, Metall, Plastik, gedrechselt, gesägt, lasiert, Höhe: 18 cm, JM Scharfenstein

Mohr
Räuchermännchen von Chr. Ulbricht (?), um 1930/40, Seiffen, Holz, gedrechselt, gesägt, bemalt, Höhe: 12 cm, JM Scharfenstein

Großmogul
Räuchermännchen von B. Weigert, um 1960/70, Olbernhau, Holz, Metall, gedrechselt, gesägt, gebohrt, bemalt, Höhe: 28,5 cm, JM Scharfenstein

Lichtertürke
aus der Werkstatt Füchtner, um 1900, Seiffen, Holz, Teigmasse, Kordel, gedrechselt, gesägt, geformt, bemalt, Höhe: 18 cm, JM Scharfenstein

König
Nußknacker von
W. Füchtner, um 1950,
Seiffen, Holz, Metall,
Teigmasse, Fell,
gedrechselt, geformt,
gesägt, geschnitzt,
bemalt, Höhe: 34,5 cm,
JM Scharfenstein

König
Nußknacker von
W. Füchtner, um 1950,
Seiffen, Holz, Metall,
Teigmasse, Fell,
gedrechselt, geformt,
gesägt, geschnitzt,
bemalt, Höhe: 40 cm,
JM Scharfenstein

Soldat
Nußknacker von
V. Füchtner, 1990er
Jahre, Seiffen, Holz,
Metall, Fell, gedrechselt,
gesägt, geschnitzt,
bemalt, Höhe: 40 cm,
JM Scharfenstein

Dieser Nußknacker ist eine frühe und seltsame Mischung aus typischem Füchtner-Körper und Richard Langer-Bemalung. Langers Bemalung zeichnete sich durch eine lockere Pinselführung aus, die insgesamt gröber wirkt, sowie durch die kräftigere Gestaltung der Augenbrauen, Pupillen und Bärte. Es ist anzunehmen, daß Richard Langer von Füchtner einige unbemalte Körper bekam oder sie nachdrechselte und diese nach seinen eigenen Ideen als Bergmann umgestaltete. Auch die runden Langer-Nasen tauschte er aus.

Bergmann
Nußknacker von R. Langer,
um 1940/50, Seiffen,
Holz, Teigmasse, Metall, Fell,
gedrechselt, gesägt, geformt,
bemalt, Höhe: 37 cm,
JM Scharfenstein

Der Nußknacker

Ich hab schon manche Nuß gepackt,
Krick-krack – und mitten durch geknackt.
Der Spielzeugmacher, der mich schuf,
gab mir das Knacken zum Beruf.
Ich knacke große – ich knacke kleine,
und was nicht aufgeht, das sind Steine.
Ich knacke hart – ich knacke weich,
nur immer her, mir ist das gleich.
Doch sag ich eins euch ins Gesicht:
Verknacken – ha! – laß ich mich nicht!

Kurt Arnold Findeisen: „Goldenes Weihnachtsbuch",
Leipzig 1940

Jäger
Nußknacker von J. Gläser, um 1950, Zöblitz, Holz, Metall, Fell, gedrechselt, gesägt, bemalt, Höhe: 34,5 cm

König
Nußknacker, um 1930/40, mittleres Erzgebirge, Holz, Fell, Metall, gedrechselt, gesägt, geschnitzt, bemalt, Höhe: 23 cm

Soldat
Nußknacker, um 1960, Gebiet Seiffen, Holz, Flachs, Filz, Metall, Plastik, gedrechselt, gesägt, geschnitzt, bemalt, Höhe: 36 cm

Nachtwächter
Nußknacker von J. Gläser, um 1930/40, Zöblitz, Holz, Metall, Fell, gedrechselt, gesägt, bemalt, Höhe: 29 cm

alle Nußknacker dieser Seite: JM Scharfenstein

Zwerg Nase
Nußknacker, 1970er Jahre, Westerzgebirge, Holz, Metall, Fell, Leder, gesägt, geschnitzt, bemalt, Höhe: 32 cm, Nase dient als Hebel

Buntspecht
Nußknacker von Chr. Ulbricht, Original: 1935, Seiffen, Holz, Metall, gedrechselt, bemalt, Höhe: 14 cm, Schnabel dient als Hebel

Bauer
Nußknacker, um 1960/70, mittleres Erzgebirge, Holz, Metall, gesägt, geschnitzt, lasiert, Höhe: 30 cm

Zwerg
Nußknacker, um 1940/60, Erzgebirge, Holz, Metall, gesägt, gefräst, bemalt, Höhe: 23,5 cm

Polizist
Nußknacker von R. Langer, 1940er Jahre, Seiffen, Holz, Fell, Metall, gedrechselt, geschnitzt, gesägt, bemalt, Höhe: 33 cm, JM Scharfenstein

Polizist
Nußknacker nach R. Langer, um 1950/60, Seiffen (Seiffener Schauwerkstatt), Holz, Fell, Metall, Gips, gedrechselt, gesägt, bemalt, Höhe: 34,5 cm, JM Scharfenstein

Polizist
Nußknacker von R. Langer, um 1950, Seiffen, Holz, Fell, Metall, Leimfarbe, Schellack, gedrechselt, geschnitzt, gesägt, bemalt, Höhe: 32 cm, JM Scharfenstein

Nußknacker
Anfang 20. Jahrhundert,
Sergijew Possad, Lindenholz,
geschnitzt, bemalt,
30 x 10 x 9,5 cm,
SHM Moskau

Nußknacker
Anfang 20. Jahrhundert,
Sergijew Possad, Lindenholz,
geschnitzt, 25 x 9 x 9 cm,
SHM Moskau

Nußknacker
Anfang 19. Jahrhundert,
Sergijew Possad, Holz,
gedrechselt, bemalt,
25,5 x 6 x 8 cm,
PKS Sergijew Possad

Lichterengel
von K. Füchtner, 1964,
Seiffen, Fichtenholz,
gedrechselt, beschnitzt,
bemalt,
30 x 11 x 8,5 cm,
ES Seiffen

Lichterbergmann
von K. Füchtner, 1964,
Seiffen, Fichtenholz,
gedrechselt, beschnitzt,
bemalt,
27 x 12 x 9 cm,
ES Seiffen

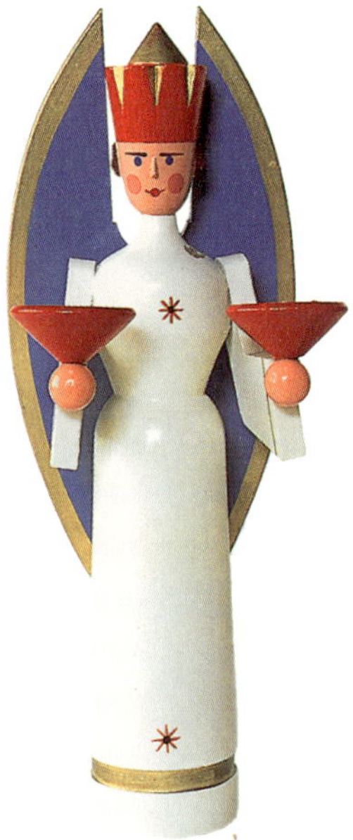

Lichterengel
um 1980, Seiffen
(Seiffener Volkskunst),
verschiedene Hölzer,
gedrechselt, beschnitzt,
bemalt,
24 x 9,5 x 8,5 cm,
ES Seiffen

Lichterbergmann
um 1980, Seiffen
(Seiffener Volkskunst),
verschiedene Hölzer,
gedrechselt, beschnitzt,
bemalt,
22,5 x 9,5 x 7,5 cm,
ES Seiffen

4 einarmige Lichterengel und -bergmänner
um 1900/10, Seiffen,
Holz, Teigmasse, gedrechselt,
geschnitzt, geformt, bemalt,
Höhe: 18 cm, 18 cm,
29 cm, 22 cm,
JM Scharfenstein

Jochengel
Jochbergmann
Fensterleuchter von H. (?) Timmel, um 1960, Kühnhaide, Holz, Teigmasse, gedrechselt, geformt, gesägt, bemalt, Höhe: 37 cm, 38 cm, JM Scharfenstein

Der vom bergmännischen Stolleneingang (Mundloch) abgeleitete Schwibbogen diente vermutlich als Vorbild dieser Jochleuchterfiguren. Um die Lichterpracht am Fenster zu vergrößern, wurden sie teilweise mit leicht geschwungenem Bogen, aber auch mit einem deutlichen Ochsenjoch versehen. Ochsengespanne waren im übrigen im Obererzgebirge gang und gäbe, so daß die Jochformen auch als Anspielung auf die bäuerliche Tradition gesehen werden können.

Lichterengel
von Timmel, um 1870/80, Kühnheide, Holz, Teigmasse, gedrechselt, geformt, bemalt, Höhe: 40 cm

Lichterengel
von Timmel, um 1910, Kühnheide, Holz, Teigmasse, gedrechselt, geformt, bemalt, Höhe: 25 cm

Lichterengel
von Füchtner, um 1900, Seiffen, Holz, Teigmasse, gedrechselt, geformt, bemalt, Höhe: 28 cm

Lichterengel
von R. Langer, um 1930, Seiffen, Holz, Teigmasse, gedrechselt, geformt, bemalt, Höhe: 36,5 cm

alle Figuren dieser Seite: JM Scharfenstein

Als Pendant zum „königlichen“ Engel war dieser Lichterbergmann ebenfalls mit Teigarmen und -füßen versehen und gehörte damit zu einer nicht exportfähigen älteren Generation von Lichterträgern. Den Gesichtsausdruck dieses Bergmanns gestaltete die Familie Füchtner entsprechend seiner schweren Arbeit in einem Bergwerk.

Jochengel
Fensterleuchter, übermalt von Timmel, um 1900, Marienberg, Holz, Teigmasse, gedrechselt, geformt, Höhe: 33 cm

Lichterengel
1. Hälfte 18. Jahrhundert, Erzgebirge, Holz, Teigmasse, gedrechselt, geformt, bemalt, Höhe: 30 cm, außer den Armen sind hier auch die Haare aus Teigmasse

Jochengel
Fensterleuchter, um 1925, Seiffen oder Grünhainichen, Holz, gedrechselt, gesägt, geschnitzt, bemalt, Höhe: 45 cm

Lichterengel
um 1920/30, Gebiet Waldkirchen, Holz, gedrechselt, bemalt, Höhe: 31 cm

Beinengel
um 1870, Gebiet Marienberg, Holz, Teigmasse, gedrechselt, geformt, Höhe: 33 cm

alle Figuren dieser Seite: JM Scharfenstein

Lichterbergmann
von W. (?) Füchtner, um 1880, Seiffen, Holz, Teigmasse, gedrechselt, geschnitzt, geformt, bemalt, Höhe: 31 cm

Lichterbergmann
um 1930, mittleres Erzgebirge, Holz, Pappe, gedrechselt, geschnitzt, bemalt, Höhe: 35 cm

Lichterbergmann
um 1930, Seiffen, Holz, Teigmasse, gedrechselt, bemalt, Höhe: 24 cm

Lichtertürke
von O. Louis, um 1900, Arnsfeld (Annaberg), Holz, Teigmasse, gedrechselt, geformt, bemalt, Höhe: 34 cm

Räucher- und Lichtertürke
von Timmel, um 1870, Marienberg, Holz, Teigmasse, gedrechselt, geschnitzt, geformt, bemalt, Höhe: 31 cm

Lichterbergmann
um 1850/60, mittleres Erzgebirge, Holz, Teigmasse, gedrechselt, geschnitzt, geformt, bemalt, Höhe: 27 cm

Lichterbergmann
von Schalling, um 1925, Seiffen, Holz, Papier, gedrechselt, bemalt, Höhe: 41 cm

alle Figuren dieser Seite: JM Scharfenstein

3 Frauen
gleichzeitig Kerzenständer, Vase und Lampe, von Budkin, 1929–35, Wjatka (Berufsschule für betriebliche Bildung des Kulturindustrieverbandes), Holz, gedrechselt, gesägt, bemalt, lackiert, je 10 x Ø 10 cm, HMAL Kirow

Für die Bemalung wurden Motive des Dymkower Tonspielzeugs aus Wjatka verwendet.

Mit der Weiterentwicklung der traditionellen Lichterträgerfiguren versuchte man in den 20er und 30er Jahren in Sachsen, die erzgebirgische Holzkunst auf eine breitere wirtschaftliche Basis zu stellen. Anknüpfend an die erfolgreichen Jahre der Spielzeugmacher um 1830 bemühte sich die Dresdner Kunstschule neben der Erhaltung der Spielzeugtradition auch um eine kunstgewerbliche Richtung in der Volkskunst und entwickelte so eine deutliche eigene Handschrift.

Lichterharlekin
um 1930, Dresden (Dresdner Kunstwerkstätten), Holz, gedrechselt, bemalt, Höhe: 45,5 cm, JM Scharfenstein

Gewöhnlich wurde die Kreidebemalung aus Pflegegründen mit einer Lackschicht übermalt. Dieser besonders schöne Lichterengel ist hier in seiner Urfassung zu sehen, befreit von dieser entstellenden Lackübermalung. Mit seiner runden Krone gehört er zu den im wörtlichen Sinne „gekrönten" Volkskunstfiguren. Aufgrund seiner unter dem Gewand hervorschauenden Beine wurde er auch als „Bää-Engel" (hochdeutsch: Beinengel) bezeichnet.

Lichterengel
von Füchtner, um 1900, Seiffen,
Holz, Teigmasse, gedrechselt,
geformt, geschnitzt, bemalt,
Höhe: 36 cm,
JM Scharfenstein

Nicht nur zur Weihnachtszeit …
Ein Sammler erinnert sich

Johannes Martin

In Deutschland hat das Erzgebirge im Laufe dieses Jahrhunderts nicht zufällig den zusätzlichen Beinamen „Weihnachtsland" zum vorher schon bekannten „Spielzeugland" bekommen. Etliche in anderen Gegenden Deutschlands oder Europas erfundene, typische Spielzeuge integrierten sich hervorragend in die alte, anheimelnde, bergmännisch geprägte Weihnachtstradition (es gab schon um 1820 weihnachtliche Pyramiden) und entwickelten sich hier durch vereinfachte Herstellung zum erzgebirgischen Exportschlager in alle Welt.

Wie das Weihnachtsland seinen Namen bekam

Bereits um 1800 wurden Spielzeug-Archen nach Amerika versandt, und zumindest in Deutschland haben sich die Begriffe „Weihnachtsland" oder „Werkstatt des Weihnachtsmannes" für diese Gegend eingebürgert. So gehört zum Beispiel der Nußknacker zu den traditionellen Exportschlagern. Überall, wohin auch immer Deutsche in Notzeiten auswanderten, erinnerten sie sich an Weihnachten in Deutschland und an die einmalig im Jahr erfüllten Spielzeugwünsche. So auch manche ihrer Nachkommen, die Deutschland nicht mehr kannten, aber die Sehnsucht ihrer Eltern und Großeltern nach dem Weihnachtsfest. Manchmal ist das letzte Zeichen ihrer deutschen Abstammung nur noch ihr Familienname und ein erzgebirgischer Nußknacker von ihren Großeltern, wie im Falle der großen amerikanischen Nußknackersammlerin Arlene Wagner.[1]

Während innerhalb Deutschlands alle Weihnachtsartikel und Holzspielsachen gefragt sind, gehen denn auch hauptsächlich Nußknacker nach Amerika, wo es eigene Nußknackersammlervereine gibt. Für erzgebirgische Spielsachen und entsprechende Handelsbeziehungen gibt es schon sehr frühe Belege in der Literatur und in Archiven. So wird von Engelhardt schon 1835 über erzgebirgische Spielzeughändler bzw. -hersteller berichtet, die bis zu den Deutschen an der Wolga mit ihrem Spielzeug zogen. Haupthandelsplätze waren am Anfang des 19. Jahrhunderts schon Chemnitz, die Leipziger Messe, die Nürnberger Messe und die Umschlaghäfen Hamburg und Bremen für Werkstatt des Weihnachtsmannes kennenlernen, so wie den überdimensionalen, beleuchteten „Weihnachtsberg" Erzgebirge, den man so nennt, weil es dort um 1900 üblich war, zu Weihnachten biblische Krippenlandschaften oder winterliche Landschaften in Miniatur zu basteln.

Die Erlebnisburg Schloß Scharfenstein im Erzgebirge

Übersee. Besonders der weihnachtliche Striezelmarkt in der sächsisch-königlichen Residenzstadt Dresden war für den Absatz wichtig. In Dresden entstanden mehrere große Volkskunstsammlungen, die 1945 mit der Zerstörung der Stadt ihr Ende fanden. So verwandelte sich das noch im 19. Jahrhundert „sächsisches Sibirien" genannte Erzgebirge zum deutschen Weihnachtsland. Denn die ehemals gefürchtete und heute gesuchte Kälte mit Eis und Schnee ist in Verbindung mit der ganzheitlichen Weihnachtstradition des Erzgebirges ein wesentlicher Faktor für den sanften Individualtourismus. Jung und alt möchte schließlich einmal die

Die Sammlung Johannes Martin

Als man endlich wieder, nun aber im geteilten Deutschland, friedliche Weihnachten feiern konnte, lag das Weihnachtsland paradoxerweise in jenem Teil Deutschlands, in dem das christliche Weihnachtsfest zwar überall gefeiert wurde, aber eine zunehmend untergeordnete Rolle spielen sollte. Da der Tannenbaum und das Geschenkfest erhalten blieben, also auch das Zubehör, entwickelte sich in der späteren DDR ein ausgesprochener Run auf alles erzgebirgische Spiel- und Weihnachtszeug. Es hatte sich nämlich durch das Hin- und Herschicken von Paketen

Illustration aus Franz Pocci: Bilderbuch – Märchenbuch, Berlin, um 1910

nach Westdeutschland und in die DDR ein Wunsch nach heimatlichen Andenken im Westen herauskristallisiert. Jeder Sachse oder Thüringer, Sachsen-Anhaltiner oder Mecklenburger kannte von früher oder aus der Gegenwart erzgebirgische Weihnachtsfiguren. Je weiter weg er in der Nachkriegszeit geraten war, um so mehr stieg die Sehnsucht danach.

Die Holzfiguren wurden auch offiziell über den DDR-Außenhandel in den Westen verkauft. Privat versuchte jeder DDR-Bürger als Weihnachtsgeschenk in den Westen ebenfalls Nußknacker, Räuchermänner, Bergmann und Engel zu ergattern, da sie im Verkauf sehr knapp gehalten wurden. Dieser Umstand wiederum förderte die Sammelleidenschaft speziell für Nußknacker, im Osten wie im Westen. Wer im Erzgebirge bis dahin noch nicht angesteckt war, begann spätestens nun, auch im Sommer aufzupassen, um sich mit dieser begehrten Ware für Weihnachten einzudecken. Im Erzgebirge selbst wurden öfter Figuren der sogenannten zweiten Wahl verkauft, aber auch sammlerische Raritäten, die anderweitig nie in den Westen gelangt wären. Viele Westverwandte freuten sich über solche Art Weihnachtsgrüße. Wer aber diese Handarbeit, die in der DDR sogar subventioniert wurde und dadurch weitgehend Handarbeit bleiben konnte, nicht zu schätzen wußte, versuchte, die Weihnachtsutensilien auf sommerlichen Flohmärkten wieder zu Geld zu machen, was naturgemäß in dieser Jahreszeit und bei großem Warenangebot schwer gelang und kaum Geld einbrachte. So wurden viele Nußknacker von Westverwandten für ein paar Mark verschleudert, was mir das Sammeln sehr erleichterte.

Auf diese Weise konnte ich hier mal einen „Rauchverzehrer“ (gemeint war natürlich das Räuchermännchen) für zwei Mark kaufen, da mal eine „Kerzenmühle“ (Pyramide), dort mal einen echten „Riesengebirgsnußknacker, original aus Thüringen!“ (gemeint waren Erzgebirge und Sachsen). Auch Dresden als Spielzeugstadt konnte ich erwerben: Ein großer Hamburger Spielzeugsammler hatte die Häuser von 1850 nicht erkannt, da Dresden für ihn „wie eine Stadt in Sibirien“ war (also sehr weit weg). Fast alle meine für mich wie Himmelsgeschenke anmutenden Sammlungsobjekte sind heute in der Burg Scharfenstein bei Zschopau im Erzgebirge zu bewundern.

Meine Suche auf den Schuttplätzen des Erzgebirges in derselben Zeit war ebenso ergiebig, jedoch fand ich hier oft ältere Objekte, die ich als gelernter Holzskulpturenrestaurator wieder in Ordnung brachte und in meinem Zimmer bei einem Großcousin aufbewahrte. Ich hatte immer mit einem gesamteuropäischen Zusammenschluß gerechnet, doch die auch für mich plötzliche Wiedervereinigung Deutschlands nötigte mich zu Museumsausstellungen für die erzgebirgische Volkskunst, da ich nun meine beiden Sammlungen zusammenführen konnte. Die Sammlung war so umfangreich geworden, daß ich nacheinander fünf große Ausstellungen in Hamburger Museen damit bestücken konnte. Danach bot mir Sachsen die Möglichkeit, meine Sammlung in der Burg Scharfenstein für ein erzgebirgisches Volkskunstmuseum kostenlos zur Verfügung zu stellen.

Der Nußknacker in Literatur und Kunsthandwerk

Die geheimnisvolle Faszination (positiv wie negativ) am figürlichen Nußknacker, die Kinder und Erwachsene gleichermaßen packt und damit spielen und knacken läßt, liegt unter anderem darin begründet, daß der berühmte Nußknacker in seiner heutigen erzgebirgischen Form gleichzeitig mehrere Assoziationen weckt.

Dem Jungen erscheint der Nußknacker in seiner gravitätischen, oft grimmigen, aber schön und prächtig herausgeputzten Obrigkeitskleidung, der als König über das Spielzeug herrscht, wie die Autorität unter den Spielzeugfiguren; sprechend kann er den Mund bewegen und, wenn er will, alles mit einer Hebelbewegung zerbeißen. Denn das Kind alleine schafft es kaum mit einem Werkzeug. Respekt vor einem solchen beißenden Bart! Es ist gewissermaßen das hölzerne Gegenstück für den Jungen zum zarten Mädchenspielzeug, der Porzellanpuppe.

Man könnte das Weihnachtsland auch gleichzeitig als Nußknackerland bezeichnen. Denn wenn auch die Obrigkeiten, fremde und reiche Kaufleute der Volks- und hohen Schnitzkunst für gedrechselte und geschnitzte Nußknacker Jahrhunderte lang als Spottobjekte herhalten mußten, so handelte es sich bei den Nichterzgebirglern offensichtlich mehr um ausgeschmückte Werkzeuge (entsprechend den königlichen Scherztrinkgefäßen) für die Erwachsenenhand. Bestenfalls kannten adlige Kinder solche Spielfigurenwerkzeuge unter dem Tannenbaum, der ebenfalls schon im 18. Jahrhundert im Adel verbreitet war, denn sie sollten früh an das Verwalten gewöhnt werden und bekamen zielgerichtete Lernmittel als Spielzeug geschenkt.

Erst mit der Erkenntnis des frühen Bürgertums in der 1. Hälfte des 19. Jahrhunderts, daß Kinder eine eigenständige Kindheit, eine eigene Kinderwelt und Phantasie besitzen und zur Entfaltung ihrer Seele kindgerechtes Spielzeug benötigen, sowie durch die schnelle Ausbreitung des Tannenbaumes mit seinem dazugehörigen Gabentisch wuchs auch der Bedarf an kindgerechterem Spielzeug. Besonders üppig wurde der Christbaum und der Gabentisch zur Gründerzeit, was deutlich in Kinderbüchern, zeitgenössischen Stichen und Weihnachtsliedern zum Ausdruck kommt.

Beim Erwachsenen verbindet sich deshalb der erzgebirgische Nußknacker mit sehr viel mehr als nur mit buntem Spielzeug. Er ist ein Glied in der Weihnachtserinnerungskette, auch wenn er nicht unter dem eigenen Tannenbaum lag. Es ist häufig ein Teil der eigenen Kindheit schlechthin, den man in diesen bunten Figuren wiederfindet: die gutmütige Autorität des Großvaters, die vielleicht strengere des Vaters oder die Gemeinheit des großen Bruders, der einem die schwere Aufgabe, Nüsse zu knacken, abnahm, aber auch die meisten Nüsse aß. Der Weihnachtsteller mit Nüssen und Bratäpfeln aus der Ofenröhre, die Nußknackerbilder auf dem Weihnachtsteller, ein unerreichbarer Nußknacker im Schaufenster oder bewundert beim Klassenkameraden. Man erkennt das lustige Kaspergesicht oder die sprechende Marionette wieder. Mich erinnert der Feuerwehrmann von Füchtner an ein Kinderkarussell der Jahrhundertwende, aus dessen Feuerwehrwagen ich nie aussteigen mochte, als ich noch nicht zur Schule ging. Ich wartete zweimal im Jahr während des Aufbaus dieses Karussells bis zum Ende, um meine Feuerwehr zu sehen und die große Karussellorgel, deren Figuren den Takt zur Walzermusik schlugen. „Füchtners Feuerwehrmann" stand auf dem roten Wagen vorne, und man konnte eine große Messingglocke läuten, wenn die Fahrt losging. Der lederne Feuerwehrhelm war so blank geputzt, wie es meinen Schuhen nie ergehen wird. Manche erkennen im Nußknacker die erzgebirgische Tradition und Präzision wieder, die auch den Spielzeugfiguren und Wendt & Kühn-Engeln eigen sind, die im Halbmond am Tannenbaum hingen und damals noch 1,20 Mark kosteten. Man sieht das Transparent vor dem Tannenbaum und den Weihnachtsstollen von der Brotfabrik.

Illustration aus Heinrich Hoffmann: Der Nußknackerkönig und der arme Reinhold, um 1870

Den Grundstein für diese Endlos-Erinnerungskette hat (unbewußt natürlich) um 1851 der in Kinderpsychologie hochbegabte Anstaltsarzt Dr. Heinrich Hoffmann gelegt. Er war der Autor des heute umstrittenen „Struwwelpeter"-Buches, damals immerhin das erste Kurzgeschichten-Bilderbuch für Kinder. In seinem zweiten Bilderbuch, „König Nußknacker und der arme Reinhold", vereinte er erstmalig ohne erhobenen Zeigefinger alle positiven Attribute des Nußknackers in einer Reimgeschichte, die diese hölzerne Spielzeugfigur für viele noch heute in sich trägt, mit Ausnahme des Nüsseknackens! Der Nußknackerkönig höchstpersönlich führt, in der Größe eines Erwachsenen, den vaterlosen und kranken Reinhold in dessen Fiebertraum mitten durch die ebenfalls vergrößerte Spielzeugstadt, die diesem nur als Miniaturspielzeug vom Weihnachtsmarkt bekannt, aber unerreichbar war.

Der König, mächtig, schön und groß
Mit Zepter, Kron' und roter Hos'
Ein stolzer Fürst, voll Majestät
Potztausend, welche Rarität!
Nun öffnet er den weiten Mund,
tut also seinen Willen kund:
König Nußknacker heiß' ich.
Harte Nüsse beiß' ich.
Süße Kerne schluck' ich fleißig,
Doch die Schalen, ei, die schmeiß' ich –
Lieber andern hin, weil ich ein König bin.

Der König läßt sein Hofgesinde kommen, die Soldaten aufmarschieren und wegblasen, Brezeln aus Kanonen schießen. Er läßt Klapperstörche mit Wickelkindern herbeifliegen und zeigt den schön geschmückten Tannenbaum. Dann reitet der König auf dem Schaukelpferd wieder davon – ins Erzgebirge? Am nächsten Tag ist Heiligabend. Reinhold ist gesund und findet alle im Traum gesehenen Spielsachen am geschmückten Weihnachtsbaum vor. Stammte all dies vom Traumengel, der ihn begleitet hatte? Von seiner Mutter? Oder hatte der Nußknacker die Rolle des Nikolaus' oder Weihnachtsmannes vorweggenommen? Oder sollten es alle drei zusammen bewirkt haben? Nur Heinrich Hoffmann wüßte es ...!

Ein schöneres Kinderbilderbuch über den Nußknacker und seine Vermittlerrolle zwischen Kinderphantasiewelt und Erwachsenenrealität ist mir aus späterer Zeit nach 1861 nicht mehr bekannt. Dr. Heinrich Hoffmann hatte aus der aktuellen Notlage auf dem „Kinderbuchmarkt" um 1850 zunächst nur für seinen eigenen Sohn, später für seine kleinen Patienten (die sich vor dem Arzt ängstigten) und andere Kinder zwei markante Meilensteine geschaffen, die aus seinem vielseitigen Talent und aus seinem breiten Wissen über kranke und benachteiligte Kinder entsprangen. Seine nachfolgenden Bilderbücher sind heute jedoch kaum noch bekannt.

E.T.A. Hoffmann dagegen, der romantische Schriftsteller, knüpfte literarisch mit seinem „Nußknacker und Mausekönig"-Märchen an das späte Kindesalter, ja, fast schon an das Erwachsenenalter an. Er nutzte die Mehrfachfunktion des Nußknackerspielzeugs und machte es salonfähig. Hier tritt der Nußknacker eher als nette Kasper-, Marionetten- oder Sprechfigur auf, die sich in phantastischer Umgebung ganz untypisch (für einen Nußknacker) den Konventionen der oberen Schicht unterwirft. Denn eigentlich repräsentiert er in Thüringen und im Erzgebirge selbst die Obrigkeit, um symbolisch die härtesten Nüsse zu knacken.

Man spürt, daß E.T.A. Hoffmann seine Nußknackerfigur wie das gesamte Märchen aus rückblickender Erwachsenenperspektive heraus romantisiert und literarisch zur Kunst verarbeitet hat. So war denn auch die

König
Nußknacker von Chr. Ulbricht (Nußknackerhaus), um 1970, Seiffen, Holz, Metall, Teigmasse, Fell, gedrechselt, geformt, gesägt, geschnitzt, bemalt, Höhe: 36 cm, nach dem Märchen „König Nußknacker und der arme Reinhold" von Heinrich Hoffmann, JM Scharfenstein

König
Nußknacker von Füchtner, um 1950, Seiffen, Holz, Metall, Teigmasse, Fell, gedrechselt, geformt, gesägt, geschnitzt, bemalt, Höhe: 34,5 cm, JM Scharfenstein

musikalische Verwendung des Themas Nußknacker und dessen Berühmt-Werden durch Peter Tschaikowsky zwar keine logische Zwangsläufigkeit, aber auch nicht mehr verwunderlich. Trotz der heutigen Vielfalt an Spielzeug ist bisher außer dem Nußknacker und der Automatenpuppe „Olympia" in E.T.A. Hoffmanns Erzählungen kaum ein weiteres Spielzeug zum Mittelpunkt ernster Kunst gemacht worden.

Die Puppe „Olympia" übt eine ähnliche Mittlerrolle zwischen Kindheit und Erwachsenendasein aus wie der Nußknacker. In ihrer Mehrfachfunktion steht sie für die schöne Porzellanpuppe mit ihren weiblichen Attributen, die auch das Mädchen schon anstrebt. Die raffinierte, aber künstliche Uhrwerktechnik besonders im Kontext der Geschichte steht für Reichtum, Kälte und sogar für die Macht über das Leben, ein häufiges Bestreben der Erwachsenenwelt; ein Ersatz für die fehlende Liebe in der Kindheit, die Puppe, der auf Befehl Leben eingehaucht werden kann? Wir kennen das Phänomen des unerfüllten Kindheitstraumes im Siedlungshauskeller: die komplette Modelleisenbahnanlage auf mehreren Ebenen, mit der meistens der Vater spielt. Die Lokomotive in der Kindheit war der Wunschtraum oder manchmal der Anfang. So setzt mancher Familienvater seinen eigenen unerfüllten Kindheitstraum beim Kauf eines Spielzeugs für sein Kind durch, denn heute kann er es ja bezahlen. Spielzeugsammler haben in der Regel ähnliche Hintergründe.

Bis in unser Jahrhundert hat sich im wesentlichen Heinrich Hoffmanns „König Nußknacker" äußerlich auch in anderen Bilderbüchern erhalten, allerdings jedesmal in seiner Rolle verändert. Er purzelt aus vielen Spielzeugschachteln, reiht sich dabei aber in das Spielzeug ein. Er gibt Rätsel auf und löst sie. Im Buch „Hochzeit im Winkel" von Else Wenz-Vietor taucht er als böser Störenfried auf, mit einem preußischen Lange-Kerle-Helm, bringt das friedliche Erzgebirgsspielzeug völlig durcheinander und wird, Gott sei Dank, von zwei Katzen gefressen. In Else Wenz-Vietors „Spielzeugkiste" erscheint der Hoffmannsche Nußknackerkönig sogar wieder im Original.

Als hölzerne Nußknackerfigur ist der Hoffmann-König von Max Schanz in der Seiffener Fachschule aufgegriffen worden, später von Walter Tränkner in Neuwernsdorf. Auch das Seiffener Nußknackerhaus läßt ihn heute weiterleben. Der durch die vereinfachte Form ermöglichte Exporterfolg von Füchtner und der gleichzeitig alljährlich wachsende Weihnachtsbedarf seit Ende des vorigen und in diesem Jahrhundert brachte auch andere Erzgebirgler auf die Idee, ähnliche Nußknacker herzustellen. Der Zweite Weltkrieg aber brachte erhebliche Einbrüche in die Holzbranche, Not, Elend, Krankheit und Tod kamen auch in die erzgebirgischen Familien.

Zur Entstehung der Räuchermänner

Räucherkerzen wurden im Erzgebirge schon jahrhundertelang zum Weihnachtsfest angezündet, als Geschenk der Heiligen Drei Könige für den Neugeborenen. Auch Hohlfiguren drechselte man schon Generationen lang aus Holz (Bergmänner mit Flaschenversteck, hohle Gefäße, Hohlformen für die Glasindustrie, Reifen für Tiere usw.). Was lag nun näher, als den schon 1803 in Thüringen angebotenen Papiermaché-Räuchermann neuartig aus Holz zu drechseln (ähnlich den Wasserpfeifen haltenden Lichtertürken, die schon um 1840 im mittleren Erzgebirge die Fenster erleuchteten), da auch Wilhelm Busch durch seine seit 1859 populär werdenden Raucherkarikaturen die Genußquellen Pfeife, Zigarre und Schnupftabak zu volkstümlicher Literaturreife gebracht hatte.

Der Mann aus dem Volke, wie man es aus etwa 30 Episoden Wilhelm Buschs kennt, sah es schon zur Mitte des vorigen Jahrhunderts als Volkssport an, auch Pfeifen mit Tabak und anderem Material zu stopfen. So boten sich den Erzgebirglern die Dorftypen an, als da waren: Müller, Schornsteinfeger, Bäcker, Wirt, Bauer, Schlachter, Waldarbeiter, slowakischer Rastelbinder,[2] Dorfpolizist, Lehrer und der Türke. Die Türken im orientalischen Gewand, mit Turban und langer Wasserpfeife, als „Verwandte" der Heiligen Drei Könige, waren bei den Europäern um 1850 durch christlich-armenische Kaffeehändler sowie Kaffeehausbetreiber und Gewürzhändler bekannt und beliebt (damals unverfänglicher Beiname: Kümmeltürke). Sie brachten auch die beliebten orientalischen Backzutaten zum Weihnachtsgebäck für den Gaumen der Erwachsenen ähnlich dem Heiligen Nikolaus aus Patara (in Lykien) die Süßigkeiten für die Kinder. Der Weihrauchduft gab dem Räuchermann noch eine weihnachtlich christliche Note. So sind denn auch die ältesten Lichtertürken im mittleren Erzgebirge in Geyer an der alten Handelsstraße von Leipzig nach Prag und Wien zu finden. Die Lichtertürken bekamen von Timmel in Marienberg und Füchtner in Seiffen noch eine Pfeife und die Räuchervorrichtung dazu.

Die ersten erzgebirgischen Volkstypen stellte Luis Hansteins Großonkel um 1850 aus Holz mit sogenannten Teiggesichtern und Teigarmen her, die sein Vater Gotthelf Hanstein fortführte und von Luis Hanstein selbst später übernommen wurde. Füchtner in Seiffen vergrößerte die Palette, indem er die Herstellung vereinfachte und um 1925 Holzarme benutzte. Dadurch erleichterte er den Export innerhalb Deutschlands. In den zwanziger Jahren entstanden in vielen Firmen mehrere ähnliche Räuchermänner, aber auch neue Modelle wie Räucherhäuser, Räucherpilze, Zwerge, Opa am Ofen, die Kloßefrau und vielerlei Berufe wie der Bergmann, den es als Lichterträger-Räuchermann gibt. Mit der Gründung von Schnitzervereinen um 1920 tauchten nun auch viele geschnitzte Räuchermänner bis hin zum Westerzgebirge auf, die aber außerhalb fast unbekannt blieben. Enorm ist die häufige

Auswahl von gedrechselten Räuchermännern, nicht zuletzt, weil Kinder oft den kleinen Wunsch eher erfüllt bekommen als den nach einem Nußknacker oder einer Pyramide. Hier können Kinder erstmalig „selbständig rauchen", wenn auch mit Hilfe des ausgehöhlten Bauches im Männchen, dem sie ihre selbst gewählte Duftnote in Form der kleinen Räucherkegel einsetzen können.

Mein erstes Räuchermännchen bekam ich 1949 mit sechs Jahren, den kleinen buckligen Weihnachtsmann aus Gahlenz, der das letzte Stück des Weges durch den vier Meter hohen Schnee des Erzgebirgskammes gerade noch geschafft hatte. Seine Weihnachtsgeschenke hat er allerdings für immer als Geheimnis in seinem Rucksack behalten, denn in Notzeiten war der Rucksack fester zugeschnürt. Vielleicht ist etwas von seinem Inhalt heute in der Holzspielzeugausstellung zu sehen?

Waldarbeiter
Räuchermännchen von R. Langer, um 1930, Seiffen, Holz, Teig, gedrechselt, geformt, gesägt, bemalt, Höhe: 12 cm, JM Scharfenstein

1 Arlene Wagner führt seit 1988 ein eigenes Nußknackermuseum in den USA.
2 Slowakische Hausierer und Hausgeräteverkäufer banden zerbrochene Tontöpfe mit Draht wieder zusammen, nachdem sie diese mit Brotteig neu verklebt hatten.

„Neue Baukunst“
Baukasten mit drei Bauvorlagen von S. F. Fischer, 1959, Seiffen, Buchenholz, geschnitten, 3,7 x 26,8 x 20,3 cm, ES Seiffen

Baukasten 204/115
von W. Reuter, 1950, Blumenau, Buche, Ahorn, gesägt, gefräst, Fenster in Handarbeit hergestellt, 8 x 44 x 29 cm, HH Olbernhau

Dieser Hausbaukasten von Willy Reuter (für Kinder ab 6 Jahre) fällt vor allem durch seine Gestaltung im Stil des Bauhauses auf, wie er unverkennbar z. B. in den handgearbeiteten Fenstern hervortritt. Die Bestandteile lassen die Konstruktion mehrerer Gebäudevarianten zu.

Baukasten
von W. Reuter, 1960, Blumenau, Fichte, Buche, Birke, gesägt, gefräst, Fenster in Handarbeit bedruckt, 5 x 21 x 14,5 cm, HH Olbernhau

Blockhaus-Baukasten
1950, Blumenau (Firma E. Reuter), Fichte, gesägt, gefräst, gebeizt, 6 x 30,5 x 21 cm, HH Olbernhau

„Münchner Kindl-Baukasten“
um 1920, Pasing (Münchner Kindl-Baukasten-Fabrik), Holz, Pappe, Papier, gesägt, gedrechselt, gedruckt, bemalt, lackiert, 30,7 x 43 x 6,5 cm, SM Nürnberg

Autobaukasten
von W. Reuter, 1952, Blumenau, Buche, gesägt, gefräst, gebeizt, lackiert, 3,5 x 23,5 x 17 cm, HH Olbernhau

„Anker-Universal-baukasten“
Baukasten, um 1930, Rudolstadt (Firma Richter), Holz, 24,2 x 35,3 x 2,5 cm, DS Sonneberg

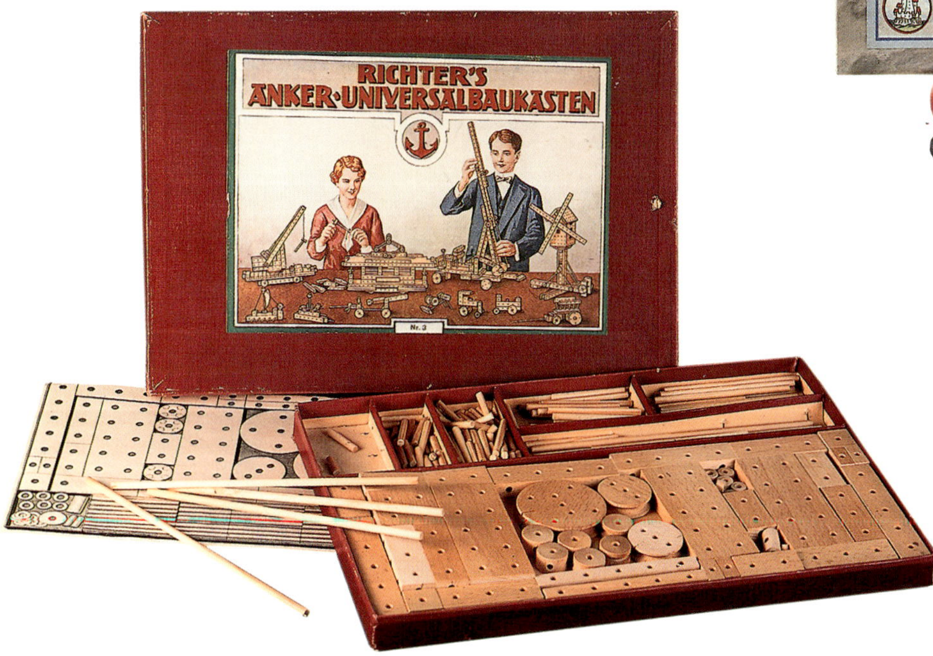

Mit seinen 18 verschiedenen Möglichkeiten der Fahrzeugkonstruktion, darunter auch eine Dampflokomotive und ein Flugzeug, fördert dieser Autobaukasten vor allem das handwerkliche Geschick und die Kreativität der Kinder. Die zusammengebauten Fahrzeuge können auch für das weitere Spiel benutzt werden.

„Fahrbarer Autobaukasten"
Bilderkubus, um 1925, Nürnberg (Firma von J. A. Kithil KG), Holz, Papier, Pappe, Blech, Eisen, gesägt, gedruckt, gestanzt, lackiert, 23,4 x 48 x 2,4 cm, SM Nürnberg

Dieser Bilderkubus, bestehend aus beidseitig bedruckten Holzplatten zum Stecken und vier Blechrädern, stellt eine originelle „fahrbare" Variante dar.

Nürnberg war neben Thüringen ein Zentrum der Kubusspielindustrie, da die Bilder zum Bekleben der Würfel und als Vorlagenblätter in den zahlreichen lithographischen Kunstanstalten der Stadt gedruckt werden konnten. Die rohen Holzwürfel wurden meist aus den Sägewerken des thüringischen oder bayerischen Waldes bezogen. Führend auf diesem speziellen Spielwarensektor war die Firma J. A. Kithil, die sogar fahrbare Kuben anbot.

Holzstoß
Sammelspiel (Nr. 3 von 16) von G. Kaden, 1997, Neuhausen, farbige Rundstäbe, Plastik, gesägt, gefärbt, 7 x 7 x 5 cm, GK Neuhausen

Pyramidenkubus
um 1920, Deutschland, Holz, Papier, gesägt, bedruckt, 10 x 9 x 9 cm, Höhe aufgebaut: 80 cm, SM Nürnberg

Die neun hohlen Kuben verjüngen sich nach oben hin und tragen an den Seiten Kinder- und Tiermotive, während auf den Oberseiten das kleine Einmaleins und das Alphabet zu sehen sind.

„Mechanik-Akrobatik"
Baukasten von W. Reuter, 1955, Blumenau, Holz, Papier, Pappe, gesägt, trommelpoliert, gebeizt, bedruckt, 18,5 x 13,5 x 3,2 cm, SD Kassel

Würfelmosaik
1980er Jahre, DDR (Firma Vero), Holz, Papier, Hartfaserplatte, gesägt, bedruckt, 14,5 x 14,5 x 3,5 cm, SD Kassel

„Die Wunderhölzchen"
1930er Jahre, Ludwigsburg (Firma Hausser), Holz, Papier, Pappe, gesägt, trommelpoliert, gebeizt, 17,5 x 12,5 x 2,5 cm, SD Kassel

Das schon in der Vorkriegszeit verbreitete bunte Holzsteckbausystem aus dicken Teilen mit gefugten Rändern und hineinpassenden dünnen Stäbchen und Plättchen wird hier von Willy Reuter auf interessante Weise weiterentwickelt: Gestalt und Dynamik der Figuren sollen Zirkusatmosphäre vermitteln.

Dieses Kubusmosaik, schon im vorigen Jahrhunder als „Dessein-spiel" beliebt, besteht aus 36 gleichartigen Würfeln, mit vier einfarbigen und zwei diagonal geteilten Seiten, mit denen man eine fast unbegrenzte Zahl von „artigsten Sachen zusammensetzen" kann (Bestelmeier-Magazin von 1803).

Dieses bescheidene Stäbchenspiel, eine feiner ausgearbeitete Version der populären Streichholzrätsel, stammt aus den 30er Jahren, als Hausser seinen Betrieb von Ludwigsburg in Württemberg nach Neustadt bei Coburg verlegte. Als eines der einfachsten Produkte des bekannten Elastolin-Herstellers ermöglicht es doch durch seine beiliegenden Aufgaben viele intelligente Lösungen.

Bilderkubus
um 1875, Deutschland, Holz, Papier, gesägt, gedruckt, koloriert, gefirnißt, 27,5 x 24 x 4,5 cm, SM Nürnberg

Bilderkubus
um 1840, Deutschland, Holz, Papier, gesägt, gedruckt, koloriert, 14 x 18,2 x 5,4 cm, SM Nürnberg

„Im Auto über Land“
Bilderkubus um 1930, Nürnberg (Firma Jacob Wolf Spear & Söhne), Holz, Papier, Metall, gesägt, gedruckt, 25 x 29,5 x 5,4 cm, SM Nürnberg

„Fünfzehn“
1930er Jahre, Chalturin, (Handwerkergenossenschaft „MJD“), Holz, Lack, getischlert, geschnitzt, Schachtel: 10,3 x 10,3 x 1,8 cm, Spielmarke: 2,1 x 2,1 x 1 cm, HMAL Kirow

Fröbel-Würfelbaukasten Nr. 2
1930er Jahre, Wjatka (Genossenschaft „Objedinenije“), Holz, getischlert, gedrechselt, farbig lasiert, Schachtel: 18,5 x 16 x 3,8 cm, HMAL Kirow

Geduldsspiel
1930er Jahre, B. Kosjakowo, Holz, getischlert, 7,6 x 7,6 x 7,6 cm, HMAL Kirow

Nonnenspiel oder Solitär
um 1840, Deutschland, Holz, Papier, gesägt, gedrechselt, gedruckt, 2,2 x 11,7 x 11,7 cm, SM Nürnberg

In den Werkstätten der Nürnberger Drechsler entstand im 19. und 20. Jahrhundert das Handwerkszeug für kleine und große Magier: Kugeln, Becher, Flaschen, Stäbe, Kästchen und Eier. Auf die Produktion solch traditioneller Zauberartikel versteht sich heute nur noch die Werkstatt G. Vierlinger. Zauberkästen modernerer Prägung wurden teilweise bis in die 1980er Jahre von den Nürnberger Unternehmen C. Quehl und J. W. Spear & Söhne sowie der Fürther Firma L. Kleefeld & Co. produziert.

Spears Zauberkasten „Hokus Pokus"
um 1930, Nürnberg (Firma Jacob Wolf Spear & Söhne),
Holz, Pappe, Papier, Metall, Textil, gedrechselt, gesägt, bemalt, gestanzt, gedruckt,
26 x 40 x 5 cm,
SM Nürnberg

„Hoki-Poki! Die hungrigen Schweinchen"
um 1920, Nürnberg (Jacob Wolf Spear & Söhne),
Holz, Pappe, Papier, gesägt, geschnitzt, bemalt, gebeizt, lackiert, gedruckt,
26,5 x 26,5 x 7 cm,
SM Nürnberg

Durch einen Federmechanismus mit Schnurbetätigung können die Schweinchen um die Wette die Rampe zum Futtertrog hochklettern.

Tischkegelspiel
um 1930, Deutschland, Holz, gedrechselt, bemalt, 11,5 x 26 x 3,4 cm, SM Nürnberg

Kegelspiel
um 1940, Erzgebirge, Fichtenholz, gedrechselt, bemalt, 11teilig, Höhe: 17 cm, ES Seiffen

Tischkegelspiel
um 1930, Deutschland, Holz, gedrechselt, Brandmalerei, 11 x 23 x 3,2 cm, SM Nürnberg

6 kleine Pyramiden
1930er Jahre, Wjatka (1945 aus der Wjatkaer Filiale des Wissenschaftlich-Experimentellen Spielzeuginstituts der Sowjetunion), Holz, lackiert, zum Teil bemalt, Höhe 13–33,5 cm, Spitzen zum Teil abschraubbar, HMAL Kirow

Kegelspiel
um 1925, Deutschland, Holz, Textil, gedrechselt, gesägt, lackiert, 78,5 x Ø 37,4 cm, SM Nürnberg

Die Kegel sind bei diesem Spiel mit Schnüren an einem Tisch befestigt und werden durch einen pendelnden Ball umgeworfen.

Meine Arbeit für Kinder: Betrachtungen eines Lehrers für Holzgestaltung

Gerd Kaden

Spielzeug für das Kind als Ziel, der Weg, der eigene Weg dorthin der Prozeß. Die Tradition im Kopf, im Umfeld. Einfluß, Störfaktor, Herausforderung? Wo ist der Platz für Neues, wie entsteht Neues? Gibt es überhaupt dafür eine Chance in dieser Welt? Warum Holz zum Spielen in dieser Zeit? Fragen, die befördern und behindern zugleich. Spielzeug als formale Sache? Spielzeug als Unterhaltungsfaktor? Spielzeug als geistige Dimension? Die ständige Suche beginnt immer aufs neue.

Vor einiger Zeit wurde ich gebeten, an der Hochschule für Kunst und Design in Halle einen Vortrag zum Thema „Meine Arbeit für Kinder“ zu halten. Der Studiengang Spielmitteldesign hatte dazu eingeladen, für mich eine interessante Herausforderung, zu den eigenen Dingen vor einer Gruppe speziell orientierter Studenten sprechen zu können. Eigentlich nichts Ungewöhnliches, wenn mir dabei nicht aufgefallen wäre, daß meine eigene Art, Spielzeug zu entwerfen, meist nur indirekt für Kinder entsteht. Eine mir bis dahin nicht so offensichtliche Erkenntnis. Wie unterscheidet sich nun dieses von dem direkten Konzept, für Kinder zu gestalten?

Spielzeuggestaltung zur handwerklichen Ausbildung

In meiner beruflichen Auseinandersetzung befasse ich mich seit langer Zeit mit Holzspielzeug in den verschiedensten Formen und mit einem stark gestalterischen Ansatz. Selbst mit der Irritation aufgewachsen, den Beruf des Spielzeugmachers vornehmlich an weihnachtlichen Sortimenten trainiert zu haben, hatte ich 1990 in Seiffen die Chance, eine neue Richtung in der Berufsausbildung einzuschlagen. Eine überbetrieblich organisierte Ausbildungsmaßnahme für den Beruf des Holzspielzeugmachers war Anlaß für das Entstehen eines ganzen Sortimentes an neuen Holzspielzeugen mit besonderer gestalterischer Akzentuierung. Nicht das Spiel des Kindes hatte Priorität bei der Gestaltung, sondern der technologisch handwerkliche Prozeß der Herstellung. Für die Auszubildenden ohne Ausbildungsfirma wurden Produkte benötigt, die eine exakte Vermittlung handwerklicher Fertigkeiten in diesem speziellen Beruf sicherten. Ein komplexes Thema mit umgekehrten Prämissen. Gestaltung, Handwerk und Zeitabläufe mußten koordiniert werden. Die Gestaltungsleistung mußte zu den handwerklichen Techniken passen und auch aus pädagogischen Gründen Holzspielzeug unserer Zeit hervorbringen.

Der Auszubildende sollte aber bei dem von mir entworfenen Holzspielzeug bei jedem handwerklichen Vorgang stets wissen, wie dieser die Form und Funktion beeinflußt. Nicht nachvollziehbare Tätigkeiten wurden ausgeschlossen. Der Lehrling sollte mit einer Art programmierter Kreativität den schöpferischen Prozeß direkt und indirekt nachvollziehbar erleben, durch Umgang mit gestalteten Dingen seinen Geschmack positiv beeinflussen und eher unbewußt Gestaltungsprinzipien in sich aufnehmen.

Mit der eigenen Lehrerfahrung und den intensiven Kenntnissen des Berufes gelang es, ein didaktisch umfassendes Sortiment zu erstellen, eine „Lehrproduktion Holzspielzeug“ in Gestalt einer Spielzeugserie von der einfachen Drechselübung bis zur komplizierten Formenstudie. Das Übungsprinzip verlief immer vom Einfachen zum Komplizierten in einer Mischung zwischen erzgebirgischer Tradition und Innovation.

Einfache Formübungen führten zu Baukästen, Drechselübungen zu Figuren, Leisten zusammengesteckt zu raumbildenden Strukturen etc., und wie schon bemerkt gehörte immer der kreative Freiraum mit zum Konzept. Der Holzspielzeugmacher übt in gewisser Weise einen schöpferischen Beruf aus. Die Lehrdidaktik beinhaltet den handwerklich technischen sowie gestalterisch kreativen Erfolg. Die erste Generation junger Spielzeugmacher ist nun schon mit diesem Lehrprogramm ausgebildet worden, und einzelne Begabungen kristallisieren sich deutlich heraus. Gestalterisch werden sie in die Lage versetzt, ein künstlerisches Studium zu beginnen.

Signet, Symbol und Spielzeug, Verwandelbarkeit des Einfachen – farbige Dreiecksformen am Band verleimt (Gerd Kaden)

Der kreative Prozeß zu neuen Gestaltlösungen

Eine weitere gestalterische Herausforderung ist meine Arbeit mit Studenten des Fachbereiches Angewandte Kunst in Schneeberg. Ein von gestalterischer Klarheit geprägtes Lehrkonzept zum Begreifen von Form und Formzusammenhängen ist die Grundlage der Ausbildung im Studiengang Holzgestaltung, Holz in seiner spezifischen Vielfalt das Material und Mittelpunkt aller Auseinandersetzung. Der Weg wird bei diesem Prozeß zum besonderen Erlebnisfeld, das offen bleibende Ziel macht die Suche spannend und zuletzt in Bezug auf das Gefundene auch schlüssig.

Als geraden und verschlungenen Weg zu neuen Formen könnte man das immer interessante Experimentieren bezeichnen, welches zu Neuem führt. Elementare Aufgaben bringen durch den Einfluß des Individuellen stets eine Fülle innovativer Lösungen hervor. Über das Formexperiment und mittels verschiedener Techniken entsteht ein Fundus an Möglichkeiten. Durch das Teilen von Flächen, Körpern und Räumen sowie deren Neuordnung ergeben sich gewandelte Formzusammenhänge und Figuren als Spektrum des Neuen. In dieser Phase ist das Produkt an sich noch nicht Gegenstand der Untersuchung.

Innovative Formansätze werden ebenso mit Skizzen zeichnerisch begleitet wie mit der eigenen Umsetzung in der Werkstatt auf Machbarkeit geprüft: der gestalterische Prozeß als Werkstattarbeit, Design immer auf dem Prüfstand zwischen Idee und Produkt. Der Form- und Erfahrungsfundus des einzelnen Studenten schafft dabei den breiten Spielraum für die Entstehung des Neuen. Je nach Neigung entwickelt der eine aus solchen Studien Möbel und der andere Spielmittel. Der Endverbraucher und somit beim Holzspielzeug das Kind als Zielgruppe ist in der schöpferischen Phase sekundär. Der Vorteil dieses scheinbaren Umwegs ist das Finden einer eigenen Handschrift und neuer Formen. Dinge werden nicht nur formal neu eingehüllt oder dem Markt angepaßt, sondern auf der Höhe der Zeit in diesen als Schöpfung eingebracht.

Holzspielzeug zwischen Materialästhetik und technischen Prozessen

Holzspielzeug und dessen Gestaltung sind nicht zu trennen von den besonderen Eigenschaften des Materials und der zur Bearbeitung nötigen Techniken, deren Erkundung eine große Rolle spielt. Holz als nachwachsender Rohstoff mit seinen hervorragenden haptischen Momenten, der wunderbare Geruch und Geschmack, die Spuren der Bearbeitung, selbst das Gewicht und die Optik sind zu beachten. Der Klang des Holzes – eine markante Eigenschaft, die immer wieder neue Forschung herausfordert. Dem Holz nicht nur Geräusche entlocken, sondern es mit der Stimmgabel begleiten.

Die Sensibilisierung für diese Spezialerfahrungen sind dabei von ebenso hoher Bedeutung wie das Beherrschen der Technik mit allen ihren Zusammenhängen und auf dem Stand ihrer neuesten Möglichkeiten. Hier macht sich der Vorzug des freien Raumes für Experiment und Forschung am Objekt deutlich bemerkbar. Die CNC-Fräsetechnik, die Präzision der Laser- oder Wasserstrahlschneidetechnik,

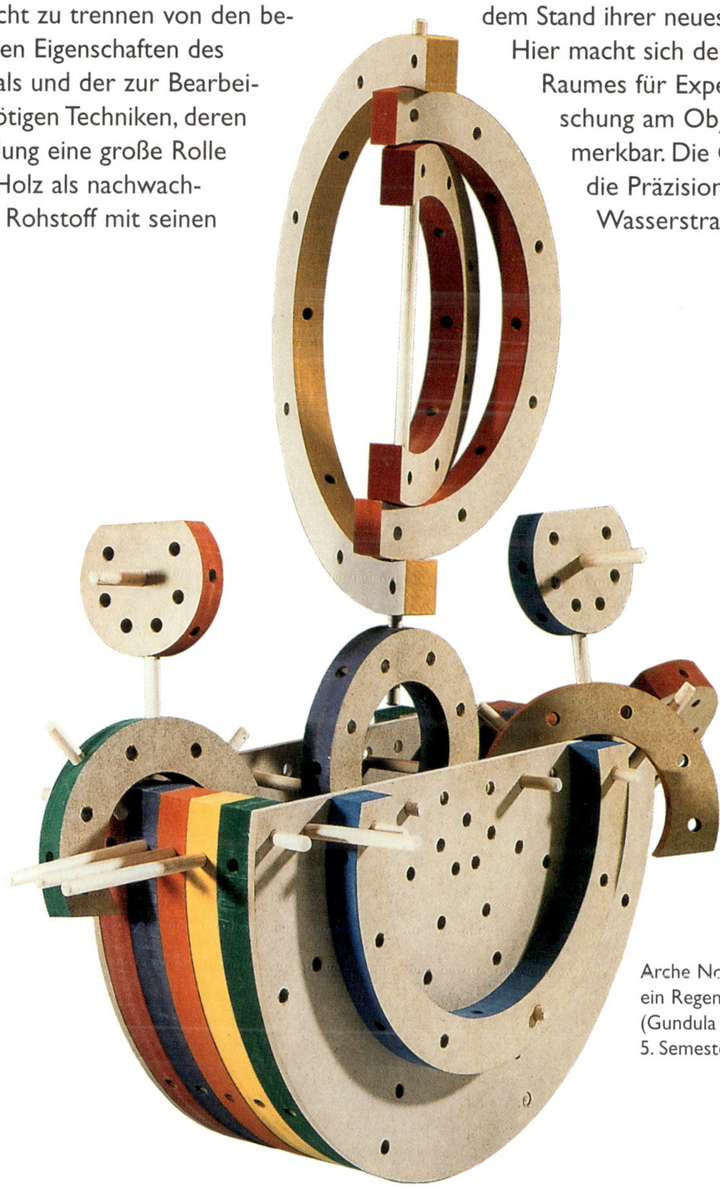

Arche Noah: gefräste Ringe, ein Regenbogenspiel (Gundula Isernhagen, 5. Semester)

Zirkustiere: Spielzeug für die
Serie aus CNC-gefrästen
Siebdruckflächen
(Bianka Mauersberger,
Diplomarbeit, Detail)

alles neue Technologien, die in die Lehre einfließen, um traditionelle Aspekte mit dem seriellen Anspruch von Produktion in Einklang zu bringen. Der intersektionelle Bezug und die Möglichkeit dazu sind beachtlich. Holzgestalter des Fachbereiches Angewandte Kunst Schneeberg und Maschinenbauer aus dem Zwickauer Fachbereich arbeiten an der Hochschule immer öfter zusammen; eine interessante Konstellation zwischen Kunst und Technik im weitesten Sinne. Das entworfene Spielzeug als Produkt ist dabei nicht das letzte Glied im Studienprozeß: Auch die weitere Produktionsplanung wurde ins Auge gefaßt und für eine Spielzeugserie eine komplette Fabrik geplant. Das ganzheitliche Begreifen von Systemzusammenhängen der Gestaltung wird dabei deutlich und vermittelt sich kausal.

Spielzeug als globales Thema

Dinge gestalten, die gebraucht werden, für die Bedarf vorhanden ist, die im Alltag sozial nötig sind und dem, der sie benutzt, genauso Freude machen wie dem, der sie herstellt – da ist Spielzeug das eigentliche Thema. Vor diesem Hintergrund entwickelte sich ein länderübergreifendes Spielzeugprojekt zwischen der Angewandten Kunst in Schneeberg, der Gray's School of Art in Aberdeen, Schottland, und einer Studentengruppe aus Joensuu, Finnland. Drei Gruppen junger Designer arbeiteten an drei verschiedenen Orten in Europa am gleichen Thema: „Gesucht wird elementares Spielzeug für die Serienproduktion. Die neuen Produkte sollen Spielidee, Form, Technologie und Material optimal beinhalten. Einbezogen wird von Schneeberg die Nutzung eines für den Versand gedachten Verpackungssystems (Pack-Set) als bindende Vorgabe. Das Verpackungssystem simuliert Industriebedingungen, die der Designer akzeptiert. Gleichzeitig entsteht ein CI-Effekt (Corporate identity), der einen gemeinsamen Nenner schafft, dieses Thema in der Dimension begrenzt und dadurch eine besondere Herausforderung ist."

Die gestalterische Auseinandersetzung mit Spielzeug erfuhr eine neue Dimension. Via Internet und anderer moderner Medien wurden Entfernungen und Grenzen überwunden. Skizzen, Entwürfe, Fotos und andere Daten konnten problemlos ausgetauscht und von Ferne diskutiert werden. Nach dem auf drei Wochen begrenzten Projekt war eine reiche Auswahl an Spielideen entwickelt worden, und mit einer zeitgleichen Präsentation der Ergebnisse an drei Orten in Europa wurde das Projekt abgeschlossen. Die Schneeberger Studenten rundeten dabei mit der anschließenden Erarbeitung des serienreifen Musterbaues ihren Beitrag ab.

Arche Noah:
traditionelle Formen mit dem
Laser ausgebrannt
(Tobias Breyer, 5. Semester)

Aus der eigenen Werkstatt

Die eigene schöpferische Arbeit im Kontext von Kunst und Design, von Unikat und Serie, das bedeutet immer wieder, das Experiment mit Farben, Formen und Techniken zu suchen. Mein Anliegen ist es, dem Holz auf der Spur zu bleiben und sich den Herausforderungen der Zeit zu stellen. Innerhalb der Holzgestaltung als relativ umfangreichem Gebiet erweist sich im eigenen Schaffen das Spielzeug immer wieder als zentrales Thema: Ideenfindung für Form, Funktion und Technologie mit dem Ziel der pädagogischen Nutzbarkeit für das Kind und dem altersunabhängigen Spiel als Leidenschaft für alle. Als gelerntem Spielzeugmacher hat sich mein Arbeitsfeld als Holzgestalter zwar enorm erweitert, Dreh- und Angelpunkt bleibt dabei aber die Gestaltung für das Spiel der Kinder. Spielzeuge, Spielmittel, Spielgeräte, Spielobjekte, Spielräume, Spielzimmer, Spielbereiche, Spielplätze – vielleicht finden sich noch mehr Begriffe, die dieses Spektrum der Arbeit beschreiben. Das individuelle Spiel, das Spielen in der Gruppe, Spielen als kreativer, konzentrierter Prozeß oder als schnelles Erlebnis mit faszinierender Aktion sind die Momente und Situationen, die es zu bewältigen gilt. Vorhandene Spielideen können genauso Auslöser sein wie das Finden eigener Lösungen.

Das Holz selbst steht im Mittelpunkt der Spielzeugentwicklung: Geruch, Klang, Optik, das Spüren des gewachsenen Materials genauso wie das Erleben der Materialästhetik durch den Gebrauch; es als uralten Werkstoff erfahren und doch wissen, daß es stets in die jeweilige Zeit als zeitgemäßer Werkstoff gehört. Holz mit der Möglichkeit der industriellen Serienproduktion für den Massenbedarf und Holz als Material für das individuelle Einzelstück. Für mich als Gestalter hat das Spielzeug immer die besondere

Faszination einer fast unerschöpflichen Möglichkeit zum Ausleben von Kreativität. Die Welt des Spiels präsentiert sich als komplexes Arbeitsfeld für Gestaltung.

Dabei sollte Spielzeug nicht als reine Widerspiegelung der Welt dienen, sondern als innovative Provokation, stets auf der Höhe der Zeit und dem Zeitgeist eher voraus. Spielzeug nicht als Hülle der Zeit, sondern als neues Ergebnis in Funktion, Form und Gestalt. Spielzeug aus Holz, basierend auf der gewachsenen Tradition, beeinflußt von der Situation auf dem Markt, aber unumstritten als Bestandteil neuer Suche nach formalen gestalterischen Akzenten im Kontext der Zeit.

Eine Bandbreite der Möglichkeiten eröffnet sich für den kreativen Gestalter: Formenspielereien, die Welt der Konstruktion, die Faszination der Farben, die mechanischen Wunderwerke, die physikalischen Phänomene, also die komplette Verschmelzung der Vorgänge in der Welt und das Sicht- und Erlebbarmachen für die Kinder und bei gutem Spielzeug auch für den Erwachsenen. Symbole der Architektur werden erlebbar, musisches Gefühl gefördert, Bewegung und Statik im Spiel erkannt. Einfache Vorgänge wie drehen und wenden, klammern, sortieren, legen, stapeln, kippen, rollen, durchdringen, spiegeln, balancieren u. v. m. gilt es zu übersetzen.

Holz kann man riechen, es hat wunderbare haptische Reize, man kann es im doppelten Sinn begreifen. Ein Material, welches begleitet, es wird benutzt, es nutzt sich ab, es vergeht, es altert mit, es kann bei guter Gestaltung auch durch Abnutzung schöner werden – ein nicht unwesentliches Kriterium. Holz klingt, hat seinen eigenen Klang, man kann an ihm horchen, klopfen, es hören, die Schwingungen und Vibrationen spüren und selbst auslösen.

Zu all diesen ästhetischen Reizen tritt das Spektrum der verschiedenen Techniken und Technologien hinzu. Die bildhauerisch herausgearbeitete Landschaft, die Form Rücksicht nehmend auf den Wuchs des Holzes, das Objekt bestimmt bzw. beeinflußt von der Natur. Die Drechseltechnik als eine der ältesten Holzbearbeitungsmöglichkeiten eröffnet ebenfalls immer wieder neue ästhetische Momente, die in der Faszination der Rotationssymmetrie begründet sind. Reihung und Addition von Elementarformen in verschiedenen Dimensionen ergeben altersunabhängige Spielplastiken. Der besondere Materialreiz des Holzes unterstützt die optischen Reize. Das scheinbar Dekorative einer solchen kleinen Plastik wird durch bespielbare Veränderbarkeit kompensiert. Ein Grenzfall im positiven Sinne entsteht beispielsweise beim Fräsen von Linien und Kurven. Als Detail unscheinbar einfach, eröffnen sie in der Summe der gleichen Formen durch besondere Anordnung oft ein Spiel der Sinne. Frässpuren im Holz werden zu Wegen, Linien fügen sich zu graphischen Formen und machen Assoziationen genauso möglich wie das plastische Umkippen optischer Flächen.

In meiner gesamten Schaffenszeit als Holzgestalter spielt die rollende Kugel eine zentrale Rolle. Mit ihrer universellen Form begeistert sie stets aufs neue und erlaubt durch ihr Wesen den ständigen Einsatz im Spiel, ja, im Spielprogramm. Die Kugelbahn beinhaltet beispielhaft in den verschiedensten Ausführungen und Dimensionen die Formensprache des Eigenen: der Viertelkreis, die Grade, die Teilung des Kubus und die erstaunliche Veränderung beim Drehen und Wenden des Einfachen in der dritten Dimension. Exemplarisch der doppelt gefräste Viertelkreisbogen, der Bauen mit einem einzigen Element in einer Ebene genauso ermöglicht wie ein dreidimensionales Kugellabyrinth.

Der Spielraum zwischen Unikat und Serie wird sehr geprägt von der gestalterischen Handschrift des Seriellen. Neben markanten Formen bilden sich ganze Maßsysteme heraus und erfahren eine Wiederholbarkeit in den meisten Arbeiten. Gleiche Formelemente tauchen an anderer Stelle mit anderer Funktion auf und stehen auch für Rationalität der Werkstattarbeit.

Bewegliche Gelenkverbindung
(Martin Hermann, 4. Semester)

Spielzeugzeit – ein Resümee

Das Spielzeug als menschheitsbegleitendes Phänomen stellt jede Epoche, jede Zeit vor die Aufgabe, für die neue Generation, für die Generationenfolge Ideen zu entwickeln: das Spiel als Abbild und Training der Realität, das Umfeld als beeinflussender Faktor. Wie entwickelt sich Spiel, was bewirkt Veränderung? Braucht es Neuheiten? Äfft Spielzeug nur das Leben nach? Ist Spielzeug ein reiner Wirtschaftsfaktor?

Wir sind in der Verantwortung für das zukünftige Spielzeug. Besonders das Erzgebirge mit der langen Tradition der Holzspielzeugherstellung steht für Weltoffenheit durch regionale Besonderheiten, für die Konzentration von Herstellung und gestalterischer Kompetenz in einer Kulturlandschaft im Herzen Europas. War es über Jahrzehnte in der Abgeschiedenheit eines geschlossenen Systems bewahrt, so wird es heute vom Tourismus neu entdeckt – erwacht und im Aufbruch begriffen. Darin liegen Gefahr und Chance zugleich. Im besonderen die Spielzeuggestaltung kann sich hier als Weg erweisen, der in die Zukunft führt, wenn sie mit den handwerklichen und technologischen Prozessen im Einklang steht. Der Gestalter als ein Wegweiser ins nächste Jahrhundert – das klingt zwar pathetisch, ist aber die einzige Möglichkeit, den eklektizistischen Tendenzen im Produktionsfieber für den Tourismusbedarf entgegenzuwirken.

Die Proportionen zwischen der Weihnachtsproduktion und der Spielzeugherstellung müssen wieder hergestellt werden. Holzspielzeug für die Kinder der Welt, davon lebte das Erzgebirge zwar sehr bescheiden, aber schon über lange Zeit. Darin liegt auch die Zukunft und somit ein Neubeginn aus der Tradition.

Kugelrennstrecke, ein Balancierspiel und Baukasten, der die Möglichkeit des Bauens dreidimensionaler Labyrinthe bietet (Gerd Kaden)

Große Kugelbahn: Durch das variierende Aufstellen der Viertelkreiselemente in Verbindung mit den Halbkreisteilen und Geraden wird der Kugellauf in die dritte Dimension geführt (Gerd Kaden)

Haus und Hof

Zündholzschachtelware
Das Dorf in der Schachtel
Bauernhöfe
Miniaturen
Burgen
Grillenhäuschen
Dörfliche Szenen
Kirchen

Die Dmitrow-Kathedrale und Häuser in Sergijew Possad
von A. N. Warganow, 1988/89, Sergijew Possad, Lindenholz, Metall, geschnitzt, 16 x 9,7 x 7 cm, 9,3 x 7,2 x 5,8 cm, 4,9 x 3 x 5,2 cm, 5 x 4,2 x 4 cm, 6,6 x 3,4 x 6 cm, 5,5 x 4,8 x 5 cm, 6,6 x 5,2 x 2,8 cm, SHM Moskau

Stalinallee Berlin
Beutelfüllung, 1959, Seiffen, verschiedene Hölzer, gedrechselt, geschnitten, gestempelt, 27teilig: Ø 15 cm, ES Seiffen

Der Moskauer Kreml
Fragment eines Ensembles aus der Werkstatt Pikunow, 1880er Jahre, Sergijew Possad, Holz, geschnitzt, getischlert, bemalt, Höhe: 4,1–30,5 cm, PKS Sergijew Possad

Die Tradition der Herstellung von architektonischem Spielzeug entstand in Sergijew Possad allem Anschein nach nicht früher als gegen Mitte des vergangenen Jahrhunderts. Sie ist verbunden mit dem bis heute bewahrten Volksbrauch, zur Erinnerung an einen Besuch der Troize-Sergiewa Lawra (Dreifaltigkeitskloster) ein Modell der Kirche oder des Glockenturms für die heimische Wohnung zu kaufen. Die Meister dieser Architekturspielzeuge, die sich Tischler oder Modellbauer nannten, sind zwar namentlich überliefert, jedoch ist es fast unmöglich, diese den erhaltenen Arbeiten eindeutig zuzuordnen. Anläßlich der Allrussischen Ausstellung 1882 in Moskau hatte der Meister Pikunow die Idee, den Moskauer Kreml im Spielzeugformat zu schaffen. Es heißt, daß er an dessen Herstellung ganze drei Jahre arbeitete und insgesamt nur drei Exemplare dieses eigentümlichen Bausatzes entstanden.

Stadttor
um 1900/10, Osterzgebirge, Holz, Zwirn, gesägt, bemalt, 14,5 x 19 x 8,5 cm, JM Scharfenstein

Dieses Stadttor gehört zu der schönen Serie von „Bindfadenhäusern", die sich vor allem durch ihre Detailtreue auszeichnen und selbst die für Märklin-Eisenbahnen gebräuchlichen „Pflugbeil"-Häuser aus Seiffen noch übertreffen. Bindfadenhäuser wurden meist aus Abfallholz aus der Zigarrenkistenproduktion hergestellt und erhielten ihren Namen durch die Fensterkreuze aus Bindfaden.

Grillenhäusel
1990er Jahre (nach W. Rasp, 1. Hälfte 20. Jahrhundert), Berchtesgaden (Berchtesgadener Handwerkskunst), Nadelholz, gesägt, bemalt, 10,8 x 5 x 4,7 cm

Kinder benutzten Grillenhäuschen zum Einsperren einer gefangenen Grille, um dann ihrem Zirpen zu lauschen. Seitlich und hinten sind Luftlöcher gebohrt.

2 Muckenhäuschen
18. Jahrhundert, Steinach, Holz, gesägt, beschnitzt, bemalt, 7,6 x 3,3 x 3,3 cm, 7,8 x 3,2 x 3,2 cm, DS Sonneberg

In solche Häuschen sperrte man Fliegen, da man offensichtlich Vergnügen daran fand, wenn sie darin summten.

2 Häuser
Spielzeugentwürfe, 1930er Jahre, Semjonow (M. I. Kalinin-Genossenschaft), Holz, getischlert, bemalt, 25 x 34,5 x 16,5 cm, 31 x 35,5 x 20 cm, HKM Semjonow

Teufelskreis
Karussell, 1935, Semjonow (M. I. Kalinin-Genossenschaft), Holz, getischlert, bemalt, 33 x 26 x 14,5 cm, HKM Semjonow

Seiffener Miniaturen
1925–50, verschiedene Hölzer, Zinn, Luffa, gesägt, gedrechselt, bemalt, bestempelt, gefärbt, Höhe: 2,3–13 cm, ES Seiffen

Das Kasperletheater stammt von O. Müller, der Eisverkäuferkarren von G. und O. Frohs.

Seiffener Miniaturen
1920–30, verschiedene Hölzer, Zinn, Luffa, gesägt, gedrechselt, bemalt, bestempelt, gefärbt, Höhe: 4–13 cm, ES Seiffen

Die Dampfspritze und der Karren mit Feuerwehrleiter stammen von G. und O. Frohs, die Feuerwehr mit Drehleiter aus der Produktion von C. H. Frohs & Söhne.

Seiffener Miniaturen
1925–50, verschiedene Hölzer, Zinn, Luffa, gesägt, gedrechselt, bemalt, bestempelt, gefärbt, Höhe: 2,3–13 cm, ES Seiffen

Das Gasthaus entwarf A. Gläßler, die Musikanten stammen von M. Ramm.

Soldatenbiwak
Gazebeutelfüllung, um 1930, Seiffen, Fichtenholz, Luffa, reifengedreht, gedrechselt, beschnitzt, bemalt, 18teilig, Höhe: bis 15 cm, ES Seiffen

Dorf mit Bahnhof
Gazebeutelfüllung, um 1930, Seiffen, Fichtenholz, gedrechselt, beschnitzt, bemalt, 21teilig, Höhe: bis 15 cm, ES Seiffen

Miniaturgartenmöbel
Gazebeutelfüllung, um 1930, Seiffen, Fichtenholz, geschnitten, bemalt, 6teilig, Höhe: bis 10 cm, ES Seiffen

Schäferei
Kartonfüllung, um 1920, Seiffen, Fichtenholz, Papierwolle, Luffa, reifengedreht, gedrechselt, beschnitzt, bemalt, 14teilig, geheftet: 4 x 31 x 17 cm, ES Seiffen

Weihnachtskrippe
Waldleute
Glashütte
Zündholzschachteln von E. Reichelt, 1982, Seiffen, verschiedene Hölzer, gedrechselt, beschnitzt, bemalt, je 3,6 x 5,2 x 1,4 cm, ES Seiffen

Der Seiffener Erich Reichelt (geb. 1921) hat 1980 die überlieferte „Zündholzschachtelware" wieder aufgegriffen. Jährlich verließen zwischen 4.000 und 5.000 Stück die Reicheltsche „Küchenwerkstatt", in der Malerei und Montage der winzigen Teile erfolgten. Die Figuren, Bäumchen und das andere Zubehör kommen vor dem gedruckten Hintergrundbild als plastische Kulisse ausdrucksstark zur Wirkung. Die lokale Historie sowie die einstige Glashütte und die erzgebirgische Landschaft sind beliebte Themen.

„Spielzeugschacht'l"
Zündholzschachtel von G. Neuber, 1990er Jahre, Seiffen, Holz, Papier, Pappe, gesägt, gedrechselt, bemalt, beklebt, 3,6 x 5,2 x 1,4 cm, SD Kassel

„Altdeutsche Bauernstube"
Zündholzschachtel von H. E. Langer, um 1930, Seiffen, verschiedene Hölzer, gedrechselt, beschnitzt, bemalt, 1,8 x 5,7 x 3,6 cm, ES Seiffen

„Drechslerstube"
Zündholzschachtel von H. E. Langer, um 1920, Seiffen, verschiedene Hölzer, gedrechselt, beschnitzt, bemalt, 1,8 x 5,7 x 3,6 cm, ES Seiffen

„Der kleine Schwede"
Zündholzschachtel von S. F. Fischer, um 1935, Seiffen, Buchenholz, geschnitten, gestempelt, gebeizt, 7teilig: 1,8 x 5,5 x 3,6 cm, ES Seiffen

Stadt
Kartonfüllung, um 1900,
Seiffen, Fichtenholz, Papierwolle, geschnitten,
gestempelt, 15teilig,
geheftet: 4 x 36 x 29 cm,
ES Seiffen

Ministadt
Sammelspiel (Nr. 2 von 16)
von G. Kaden, 1997, Neuhausen,
Nadelholz, Plastik, gesägt,
geschliffen, 7 x 7 x 5 cm,
GK Neuhausen

Dieses Sammelspiel kann auch bemalt oder beklebt werden.

Miniburg
Sammelspiel (Nr. 1 von 16)
von G. Kaden, 1997, Neuhausen,
Nadelholz, Plastik, gedrechselt,
gespalten, bemalt, 5 x Ø 8 cm,
GK Neuhausen

Seiffener Dorf
Spanschachtelfüllung, um 1955, Seiffen, Fichtenholz, gedrechselt, beschnitzt, bemalt, 12teilig, Schachtel: 5,5 x 10,5 x 7,5 cm, ES Seiffen

Das kleine Spielsortiment mit den spitzgiebeligen Häuschen und der achteckigen Seiffener Kirche wurde Anfang der 1950er Jahre entwickelt. In der Einfachheit der Wasserfarbenbemalung und durch die aufgestempelten Türen und Fensterchen hat diese Schachtelfüllung die Tradition des althergebrachten, kindgerechten Aufstellspielzeugs fortgeführt. Die spätbarocke Bergkirche des Spielzeugdorfes ist durch ihre hölzernen Nachbildungen in aller Welt bekannt geworden.

Sägewerk
Spanschachtelfüllung, um 1955, Seiffen, Fichtenholz, gedrechselt, beschnitzt, bemalt, 9teilig, Schachtel: 6,5 x 15 x 10,5 cm, ES Seiffen

Dorf in der Schachtel
Spanschachtelfüllung, um 1900/30, Seiffen, Holz, gedrechselt, gesägt, gestempelt, bemalt, 19teilig, Schachtel: 7,8 x Ø 11,2 cm, JM Scharfenstein

Die heutige Spielzeugproduktion im Bezirk Nischni Nowgorod

Michail Boikatschow, Natalja Panfilowa

Zum Ende des 20. Jahrhunderts ist in Rußland ein ständig wachsendes Interesse an der Volkskultur zu spüren, an den Traditionen, den Bräuchen und an ihrer Kunst. Es ist dies die Hinwendung zu den eigenen Ursprüngen, die Bewußtwerdung über den eigenen Platz in der Welt, ein Weg, der es ermöglicht, Antworten auf die aktuellen ökologischen Fragen zu finden. Der Bezirk Nischni Nowgorod mit seiner entwickelten Struktur des traditionellen volkstümlichen Kunstgewerbes nimmt in diesem Prozeß einen besonderen Platz ein. Behutsam geht man hier mit dem geistigen Erbe des volkstümlichen Holzspielzeugs um. Nicht alle Spielzeugarten haben sich über die Zeit hinweg erhalten; so sind uns die Purecher Spielzeuge lediglich aus Museumssammlungen und wissenschaftlichen Forschungsarbeiten bekannt. Die Spielzeuge aus Fedossejewo und Lyskowo betrachten wir als seltenes Souvenir, das man bei einem alten Meister auf einem folkloristischen Fest erwerben oder auf einer Ausstellung entdecken kann. Und doch sind auch solche Zentren des Spielzeugs wie die Städte Semjonow und Gorodez oder das Dorf Polchow Maidan dabei, die sich rege entwickeln und mit ihren neuen Produkten überraschen. Bei all seiner Vielfalt erkennt man das Spielzeug aus dem Bezirk Nischni Nowgorod an seinen leuchtenden Farben, den aparten Blumenmustern und an der festlichen Lebensauffassung; es erfüllt mit Optimismus und Energie.

Heute stellt sich das dringende Problem der Unterstützung und des Erhalts des Fedossejewoer Axtspielzeugs. In dem großen Dorf Fedossejewo, das unweit der Stadt Semjonow gelegen ist, beschäftigten sich im 19. Jahrhundert fast alle Einwohner mit der Herstellung von Spielzeug. Vor allem die Kinder liebten diese primitiven sogenannten Fedossejewoer „Baljasy". Sie sind fest aus glatten Brettchen zusammengenagelt, von leuchtend gelber Farbe, mit einer schlichten Verzierung aus feinen Zweigchen mit scharlachroten Blumen und grünen Blättern. Geschickt beherrschen die Spielzeugmacher die Axt und das Messer. Das Spielzeug fällt nicht schlechter aus als gehobeltes. Nicht einmal ein Hammer ist vonnöten, die Nägel schlagen sie mit dem Heft des Messers ein. Die Figuren des Spielzeugs entstammen realen Eindrücken, es ist in beständiger Entwicklung und antwortet

Der Semjonower Spielzeugmachermeister Luka Wassiljewitsch Kotikow (Mitte) mit Schülern, 1930er Jahre

schnell auf alle Veränderungen des Lebens. Was fertigen die pfiffigen Meister nicht alles an, Gespanne aus einem, zwei oder drei Pferden, Reiter auf Pferden, Mühlen, Dampfer, Karussells, Flugzeuge, Lastwagen, Straßenbahnen, kleine Möbel. Das Spielzeug ist funktional, und es macht Spaß, damit zu spielen: Die Mühle läßt ihre Flügel kreisen, das Karussell dreht sich, die Sägearbeiter und Schmiede werden mit Hilfe einer einfachen Vorrichtung in Bewegung versetzt, der Clown schlägt Purzelbäume um einen Faden, der zwischen zwei Latten gespannt ist, die Autos öffnen ihre Türen.

In den 50er Jahren unseres Jahrhunderts konnte man das Spielzeug aus Fedossejewo nicht nur in Nischni Nowgorod sehen und kaufen, sondern auch auf den Märkten in Moskau und anderen Städten. Jetzt aber genügen die Finger einer Hand, um die verbliebenen Spielzeugmacher aufzuzählen. Man stellt die Spielzeuge unter häuslichen Bedingungen her, gewöhnlich in einer kleinen Werkstatt neben dem Haus. Die Frauen gehen bei der Bemalung und bei Hilfsverrichtungen zur Hand. Wie sollte man sich nicht an die alten Meister wie Sotei Kokurin erinnern, der selbst mit 80 Jahren noch nicht weniger als 30 unterschiedliche Arten von Spielzeugen anfertigte. Mit zwölf Jahren hatte er begonnen, sich mit dem Handwerk zu befassen und wuchs dann zu einem bekannten Meister heran. Seine Spielzeuge werden in vielen Museen aufbewahrt. Dann ist da Jefim Mordaschow, den man auch heute noch auf Volksfesten und Jahrmärkten in Nischni Nowgorod antreffen kann. Er reist aus seinem Dorf mit einem Korb voller Spielzeug an, verkauft es an alle, die es haben wollen, und führt an Ort und Stelle vor, wie es hergestellt wird. Um die 50 Spielzeugformen hat er im Kopf. In früheren Zeiten verstanden es die Meister sogar, bis zu 70 Arten von Spielzeugen anzufertigen.

Wieviel Herzensgüte und Menschlichkeit, Ehrlichkeit und Unmittelbarkeit liegt in diesen Dingen. Durch das Spielzeug gab der Meister die Wärme seiner Hände und seiner Seele an die Kinder weiter. Er liebte es, sein Handwerk den Kindern beizubringen. In der Stadt Semjonow wird in der Kinderkunstschule schon seit einigen Jahren ein Programm zur Unterrichtung von Kindern im Fedossejewer Spielzeug durchgeführt. Den praktischen Unterricht erteilt ein volkstümlicher Meister, und die Fabrik „Semjonowskaja Rospis" (Semjonower Malerei) ist der

Schule mit Materialien behilflich. Die jungen Leute beteiligen sich mit ihrem Spielzeug an russischen und internationalen Ausstellungen kindlichen Kunstschaffens.

Die letzten Kenntnisse über die Spielzeugmacher in Lyskowo stammen aus den 30er Jahren unseres Jahrhunderts. Mit Bedauern mußte man annehmen, daß ein weiteres Zentrum des volkstümlichen Spielzeugs aufgehört hatte zu existieren. Doch es kam zu einer angenehmen Überraschung: Im Jahre 1986 gelang es dem Kunsthistoriker G. L. Dain während einer Forschungsreise nach Lyskowo, den alteingesessenen Spielzeugmacher Michail Jagnjonkow ausfindig zu machen. Es stellte sich heraus, daß dieser sich nicht nur gut an das ortstypische Spielzeug erinnerte, sondern er es auch selbst für die kleinen Kinder in Lyskowo anfertigte.

Seit Mitte des 19. Jahrhunderts ist die Familie der Spielzeugmacher Jagnjonkow aus dem Dorf Lyskowo bekannt. Sie stellten mit Hilfe von Axt und Messer Spielzeug aus Espen- und Kiefernholz her und verbanden getischlerte und geschnitzte Details mit gedrechselten. Den Themen und dem Herstellungsverfahren nach ist es dem Spielzeug aus Purech im Gouvernement Nischni Nowgorod verwandt. Durch eine ungewöhnliche Archaik sind die Lyskowoer Pferde gekennzeichnet, flache, symbolhafte Figuren mit schlichten, klaren Umrissen, in denen nur das Charakteristische zum Ausdruck gebracht ist. Sie haben ihren Ursprung in den kultischen Pferdedarstellungen, wo sie die altslawische Sonnengottheit verkörperten. Die Traditionen der alten Figur treten auch in der himbeerfarbenen, gelben und violetten Bemalung der Pferde und im Auftragen von schwarzen und weißen Kreisen, Bögen, Streifen und Punkten zutage. Im Laufe der Zeit entstanden verschiedene Typen: Neben Pferden auf vier kleinen Rädern gab es Rollpferde mit zwei miteinander verbundenen Köpfen, auf zwei kleinen Rädern und mit einer runden Öffnung in der Mitte des Spielzeugs. In diese Öffnung steckte man einen langen Stock, an dem das Kind eine solche „Katalka" vor sich herschieben konnte.

Die Jagnjonkows hatten genau wie die heutigen Meister ihre Geheimnisse. Eines davon ist die Kunst, die Räder an der Achse des Pferdes so zu befestigen, daß sie sich nicht lösen konnten. Man tat dies, solange das Holz noch feucht war. Nach dem Trocknen

Die Fedossejewoer Spielzeugmacher Sotei Rodionowitsch Kokurin und seine Frau Fedosja Michailowna, 1985

hingen die Rädchen dann fest hinter einem überstehenden Teil am Ende der Achse. Zur Bemalung des Spielzeugs verwendete man die einfachsten Werkzeuge, einen kleinen Pinsel aus Lindenrinde und einen selbstgemachten hölzernen Zirkel mit einem kleinen Nagel am Ende.

Auf die Bitte von Museumsangestellten hin fertigte Michail Jagnjonkow einen Satz von Spielzeugen an, die charakteristisch für dieses Gewerbe sind: Pferde mit Wagen, kleine Karren, Puppenmöbel, Sägearbeiter auf Leisten, eine Puppe in Gestalt einer Gutsherrin und kleine Tierfiguren wie Häschen, Katzen, Hunde u. a. So kam es, daß das professionelle Interesse des Forschers zur Entdeckung eines Meisters eines, wie es schien, zum Erliegen gekommenen Gewerbes führte.

Die Spielzeugherstellung in Polchow Maidan ist ein lebendiges, sich entwickelndes Gewerbe. Die heimgewerbliche Produktion wird hier in direkter Nachbarschaft zur fabrikmäßigen betrieben. Polchow Maidan ist ein großes Dorf im Süden des Nischni Nowgoroder Bezirks, mit langen Straßen, die sich fast über einen Kilometer hinziehen, mit stattlichen Häusern, mehr als 600 an der Zahl. Fast in jeder Familie beschäftigt man sich hier mit der Herstellung und dem Verkauf bemalter Holzspielzeuge. Das Spielzeug aus Polchow Maidan oder, wie man es dort nennt, die „Tararuschka", tauchte vor nicht allzu langer Zeit auf, erst gegen Ende der 20er Jahre unseres Jahrhunderts. Seit den 60er Jahren begannen die Einwohner der Siedlung Krutez unweit von Polchow Maidan, ein ähnliches Spielzeug herzustellen, das auf Drehbänken aus Linden- oder Espenholz gedrechselt und vor der Bemalung dreimal in flüssig gekochter Kartoffelstärke gewendet wird. Die Farbe läßt sich auf solchem Grund gut auftragen, sie dringt nicht ein und verliert nicht ihre Leuchtkraft. Anschließend trägt man mit einer Metallfeder und Tusche die Kontur des späteren Musters auf und malt es mit Anilinfarben in rosa, rot, grün, gelb und blau aus. Anstelle der exakten Vorzeichnung ist man jetzt immer mehr dazu übergangen, sich einer freien Pinselzeichnung zu bedienen. Nach der Bemalung werden die Spielzeuge mit hellem Lack überzogen.

Indem sie sich der Technik des Lasierens, des schichtweisen Auftragens klarer Farben bedienen, und durch die Kombination kontrastierender Farben erzielen die Künstler eine besondere Leuchtkraft und Tonfülle der Bemalung. Die beliebtesten Motive der Ornamente sind Rosen, Mohnblumen, Kamillenblüten, Tulpen, Heckenrosen und andere Blumen, ergänzt von Erdbeerranken und Äpfeln. Auch gibt es eine Bemalung mit dörflichen Landschaften und stillen Flüßchen, kleinen Häuschen, einer Kirche und einer Mühle an einem Ufer, und auf jeden

Fall gehört ein roter Sonnenaufgang dazu. Die Krutezer Meister erweiterten die Thematik, indem sie die Türme des Moskauer Kremls darstellten, kosmische Raketen, Kirchen, eine Friedenstaube und andere Sujets. Das Sortiment der „Tararuschki" ist vielfältig. Eine Gruppe sind die Kinderspielzeuge: Matrjoschkas, Vogelpfeifen, Pferdchen, Spielzeuggeschirr, Äpfelchen, Pilze, Balalaikas. Eine andere Gruppe von Erzeugnissen hat ihren Ursprung im traditionellen russischen

Die Spielzeugabteilung der Semjonower Schule für künstlerische Holzbearbeitung, 1930er Jahre

Geschirr: Salzstreuer, Kwaßkrüge (zylindrische Gefäße), Zuckerdosen und Schmuckschatullen. In großer Menge werden Ostereier gedrechselt und bemalt.

Die heimgewerblich tätigen Meister arbeiten mit der ganzen Familie: Die Männer drechseln die Spielzeuge in den Werkstätten neben dem Haus, und die Frauen bemalen sie. An der Arbeit der Erwachsenen beteiligen sich auch die Kinder, die von klein auf bei ihren Eltern die Grundlagen des Drechslerhandwerks und der Malerei erlernen. Zwei- bis dreimal im Jahr, wenn sich genug Ware angesammelt hat, reisen die Meister über das ganze Land und verkaufen die Spielzeuge auf den Märkten. Sie wissen bestens Bescheid, was gefragt ist und reagieren schnell.

Schon in den 20er Jahren unseres Jahrhunderts wurde in dieser Region eine Heimarbeitergenossenschaft organisiert, auf deren Grundlage in der Folge die Produktionsgemeinschaft „Polchowsko-Maidanskaja Rospis" (Polchow Maidaner Malerei) mit ihrem Hauptsitz in der Ortschaft Wosnessensk entstand. Die Fabrikerzeugnisse tragen größtenteils Souvenircharakter. Unter den Spielzeugsouvenirs nimmt die Polchow Maidaner Matrjoschka einen wichtigen Platz ein, die sich in Form und Bemalung von der Semjonower unterscheidet. Interessant ist die Arbeit der Künstler in Richtung auf die dekorative gedrechselte Skulptur zu Themen russischer Märchen und des dörflichen Lebens wie „Am Brunnen", „Mascha und der Bär", „Russische Troika". Die markante Originalität der Polchow Maidaner Erzeugnisse, das festliche Kolorit und die Ursprünglichkeit der Bemalung machten sie bei russischen Käufern und Touristen aus dem Ausland sehr populär.

Ein anderes Zentrum des gedrechselten Spielzeugs im Gebiet Nischni Nowgorod waren von alters her die Ortschaften, die südöstlich der Stadt Semjonow längs der bewaldeten Ufer des Flusses Kerschenez liegen. Hier drechselte man aus Holz Spielzeugsamoware, in deren Inneres man eine Garnitur von Tassen mit Untertassen legte, Pyramiden, Eimerchen, Äpfel, Birnen, Pilze, Katalkas und andere Spielzeuge. Anfang des 20. Jahrhunderts tauchte in dem Dorf Merinowo die erste Nischni Nowgoroder Matrjoschka auf, die der Meister Arsenti Maiorow drechselte und bemalte. In der Figur der Matrjoschka spiegelten sich die volkstümlichen Vorstellungen von Schönheit, Gesundheit und Mütterlichkeit der russischen Frau wider. Dieses Spielzeug fand sofort bei Kindern wie Erwachsenen Gefallen.

Heute werden die Traditionen des gedrechselten Spielzeugs von den Handwerkern und Künstlern der Fabrik „Semjonowskaja Rospis" (Semjonower Malerei) in Semjonow fortgeführt. Von der Semjonower Matrjoschka spricht man als von einem russischen Souvenir, das die volkstümliche Kunst Rußlands personifiziert. In ihr ist alles vereint: prägnante Schlichtheit der Form, Leuchtkraft der Bemalung und Originalität der Ausstattung. Der Herstellungsprozeß dieses auf den ersten Blick einfachen Spielzeugs ist kompliziert, bis zu 15 Arbeitsgänge durchläuft der Holzrohling, bevor er zu einer schmucken Schönheit wird. Matrjoschkas werden aus dem Holz von Linde, Birke und Esche hergestellt. Man trocknet die Bäume einige Jahre an der frischen Luft, damit das Holz „tönend und singend" wird. Die getrockneten Stämme werden zersägt und zu Rohlingen für den Drechsler verarbeitet. In der Drechselabteilung ziehen die Meister, wie sie es nennen, „das Weiße" heraus, die reine, ungefärbte Form. Die hellen Figuren der Matrjoschkas werden abgeschliffen, dreimal mit Kartoffelstärke grundiert und getrocknet. Dann beginnt man mit der Bemalung. Ein Künstler zeichnet mit schwarzer Tusche die Augen, Haare und Arme und umreißt die Konturen der einzelnen Kostümdetails: das Umhängetuch, den Rock, die Jacke und die Schürze. Die Bemalung selber wird mit Anilinfarben ausgeführt. Man schminkt der Matrjoschka die Wangen rot, malt ihr leuchtend rote Lippen und verziert das Tuch auf dem Kopf mit Blumen – das Wichtigste aber ist der Blumenstrauß auf der Schürze. Genau an dieser Blumenbemalung ist die Semjonower Matrjoschka zu erkennen. Jeder Künstler hat seinen individuellen Stil und malt seine Lieblingsblumen: Rosen, Tulpen, Mohnblumen, Flieder oder Glockenblumen. Der letzte Arbeitsgang ist dann die Lackierung.

Der Polchow Maidaner Spielzeugmachermeister Pawel Jemeljanowitsch Sentjurjow, 1973

In der Fabrik werden ein- bis 18teilige Matrjoschkas hergestellt, und in Einzelstücken werden 50 und sogar 70 Puppen ineinander geschachtelt. Im Museum für die Geschichte der künstlerischen Gewerbe des Nischni Nowgoroder Bezirks in Nischni Nowgorod ist eine Matrjoschka ausgestellt, die 40 Puppen enthält, von denen die größte 42 cm hoch ist und die kleinste 1,5 cm. Die Dicke ihrer Wände entspricht fast der einer Eierschale. Im Jahre 1970 wurde zum Geburtstag W. I. Lenins die größte 72teilige Matrjoschka angefertigt, die einen Durchmesser von 50 cm und eine Höhe von 100 cm hat. Im Norden des Bezirks Nischni Nowgorod wurde eigens für sie eine gigantische Linde ausfindig gemacht, aus der drei der erfahrensten Drechsler die benötigten Puppen drechselten, und sieben der besten Künstlerinnen bemalten sie.

Verschiedene Varianten von Matrjoschkas entwickelten die Künstler des kreativen Versuchslabors der Fabrik. Bekannt sind sogar singende Matrjoschkas, in deren Innerem ein Musikmechanismus eingebaut ist, der die zwei Lieder „Schwarze Augen“ und „Kalinka“ spielt. Im Jahre 1982 wurde im Auftrag des Raumfahrtzentrums das kosmische Andenkenpärchen aus Matrjoschkagehäusen „Russischer Bursche“ und „Russische Schöne“ angefertigt. Diese Matrjoschkas flogen mit der Besatzung der Station „Saljut 7“ durch den Kosmos und wurden dem französischen Astronauten Jean-Louis Kretin zum Geschenk gemacht.

In der Fabrik wird auch getischlertes Spielzeug produziert: Autos, Motorboote, Dampflokomotiven, Spielzeuge nach Motiven der Märchen A. S. Puschkins, Pyramiden, Katalkas u. a. Die Entwicklung dieser Art Spielzeug ist mit dem Namen des talentierten Meisters Luka Kotikow verbunden. Besonders fruchtbar waren für ihn die 30er und 40er Jahre unseres Jahrhunderts, in denen er eine Vielzahl von Spielzeugen erfand und anfertigte. Er war ständig mit ihrer Herstellung beschäftigt, bei der Arbeit in der Genossenschaft, bei der Unterrichtung von Kindern in seinem Handwerk an der Semjonower Schule für künstlerische Holzbearbeitung (heute: Semjonower Lyzeum) und in der Freizeit. Sogar beim Haus des Meisters waren am Zaun und auf dem Dach an Stangen Spielzeuge befestigt, die sich bewegten. Das Spielzeug Kotikows besteht aus dünnen, getischlerten Brettchen, verbunden mit Schnitzereien und leuchtend bemalt. Oft sind auch einfache, jedoch scharfsinnige Bewegungs- und Geräuschmechanismen integriert. Die Museen verwahren Spielzeuge von ihm nach Motiven der russischen Volksmärchen „Repka“,[1] „Fuchs und Wolf“, zu den Sujets der Fabeln von I. Krylow „Der Fuchs und die Weintrauben“, „Der Elefant und der Mops“, „Das Quartett“, Katalkas mit Musik, Karussells, die Motivkompositionen „Hase und Bär“, „Mädchen mit Katze“ und viele andere. Die Liebe des Vaters zum Spielzeug vererbte sich auf seine Kinder, die ebenfalls hervorragende Meister wurden.

Das Gorodezer Spielzeug wurde im 19. Jahrhundert von den Handwerksmeistern des Dorfes hergestellt, die sich durch ihre bemalten Spinnräder einen Namen gemacht hatten. Gut bekannt sind die Spielzeuge von Ignati Masin, die er in den 20er und 30er Jahren unseres Jahrhunderts auf der Grundlage der traditionellen Gorodezer Puppe schuf. Sie wurden mit Hilfe von Axt und Messer aus einem in zwei Hälften gespaltenen Holzscheit auf der Vorderseite flach und von hinten erhaben herausgeschnitzt. In den

Der Gorodezer Spielzeugmachermeister Timofei Fjodorowitsch Krasnojarow, 1986

Figuren der Spielzeuge Masins spiegelte sich das vergangene und das zeitgenössische Leben des Wolgagebietes: junge Mädchen mit Katzen, verliebte Pärchen, Wasserträger, Kindermädchen mit Kleinkindern, Kinder, Schüler, Pioniere, Skiläufer und Rotarmisten.

In den 60er und 70er Jahren wurden die Traditionen des Gorodezer Spielzeugs von Timofei Krasnojarow fortgeführt. In seinen Spielzeugen lag mehr Dekorativität, an jedem Teil arbeitete er wie an einem Unikat, einer Sonderanfertigung. Außer halbräumlichen Figuren von Gutsherrinnen und Kavalieren, vor einen Wagen gespannten Pferden, kleinen Enten und Fischen mit aufklappbarem Rücken, die an einem Stab befestigt waren, stellte er mechanische Spielzeuge her. Auf einen kleinen Kasten als Untergestell, in dem sich ein sehr einfacher Holzmechanismus verbarg, montierte er geschnitzte Figuren von Sägearbeitern oder die eines Hirtenjungen mit einer kleinen Schalmei und einem tanzenden Mädchen. Mit Hilfe einer Kurbel wurde das Spielzeug in Bewegung versetzt, und eine einfache Melodie ertönte. Die Spielzeuge färbte man zunächst rot, orange oder schwarz und trug anschließend auf den Hintergrund Muster in Form von Punkten, feinen Strichen und Blümchen auf.

Heute arbeiten an der Schaffung eines modernen Gorodezer Spielzeugs die Künstler der Fabrik „Gorodezkaja Rospis" (Gorodezer Malerei). In den letzten Jahren wurde von den jungen Künstlerinnen Je. Starowerowa, W. Derewjanko und N. Priwalowskaja die Spielzeugserie „Einwohner der Stadt Gorodez" entwickelt.

Das Auf und Ab in der Entwicklung des volkstümlichen Spielzeugs ist charakteristisch. Eine besonders große Rolle in der Bewahrung des Gewerbes spielt der Meister, der Empfänger und Träger der Traditionen. Viele alteingesessene Spielzeugmacher – Timofei Krasnojarow, Sotei Kokurin, Michail Jagnjonkow, Pawel Sentjurjow u. a. – sind erst vor kurzer Zeit aus dem Leben geschieden. Wie wird sich das Schicksal des Spielzeugs gestalten, dessen Erblinie sie von den Vätern und Großvätern her seit dem vergangenen Jahrhundert spannten? Wie wichtig ist es doch, es in verläßliche Hände zu übergeben. Es ist tröstlich zu sehen, daß in den Kindergärten und in den Schulen die Kinder ihren Heimatkundeunterricht mit dem Kennenlernen der volkstümlichen Kunst beginnen. Man lehrt sie, einfache Spielzeuge aus verschiedenen Naturmaterialien anzufertigen, darunter auch aus Holz. Die traditionellen Kenntnisse finden in den Kunstschulen und Jugendhäusern Anwendung, wohin die Kinder nach dem Unterricht kommen und sich mit volkstümlichen Handwerken beschäftigen. Man besinnt sich in der Region wieder auf die vergessenen Lumpen-, Stroh- und Bastpuppen und das volkstümliche Tonspielzeug. Die begabtesten Kinder beginnen mit einer Ausbildung in den Abteilungen für Malerei und Holzschnitzerei des Semjonower Lyzeums. Dies sind die zukünftigen Fachkräfte der kunstgewerblichen Betriebe. In den 90er Jahren hat die fabrikmäßige Spielzeugproduktion in Verbindung mit der allgemeinen ökonomischen Situation im Lande mit einigen Schwierigkeiten zu kämpfen, doch zeigen sich in letzter Zeit leichte Tendenzen einer Verbesserung der Lage. Das Unternehmertum erlebt einen neuen Aufschwung, das Produktionsvolumen wächst, und die gestörten Kontakte auf dem Binnen- und Außenmarkt kommen wieder in Gang. Es findet ein Generationenwechsel statt, und in die Unternehmen kommen junge Künstler, welche die Traditionen des volkstümlichen Spielzeugs neu durchdenken und neue Warenmuster entwickeln, die den heutigen Anforderungen der Gesellschaft Rechnung tragen.

Aus dem Russischen übersetzt von Heidi Janson

3 Pferde
Ende 19. Jahrhundert,
Gouvernement Wologda
und Nischni Nowgorod,
Lindenholz, Tempera, geschnitzt
und bemalt, 17 x 28 x 7,7 cm,
10 x 14 x 4 cm,
12,5 x 16,5 x 5 cm
SHM Moskau

1 Die russische Geschichte „Repka“ entspricht in etwa der unsrigen vom „Rübenziehen“ oder „der dicken Rübe“.

Unter freiem Himmel

Schaukelpferde
Sandkastenspielzeug
Bälle
Ringwurfspiele
Steckenpferde
Fahrzeuge
Krocketspiele

Schaukelpferd
um 1900, Sayda, Fichtenholz, gesägt, beschnitzt, bemalt, 95 x 45 x 60 cm, GK Neuhausen

Pferdchen-Katalka
von I. Jagnjonkow, Anfang 20. Jahrhundert, Lyskowo, Holz, geschnitzt, bemalt, 12 x 3 x 13 cm, SHA Nischni Nowgorod

Steckenpferd
nach Vorlage um 1820, vermutlich Landkreis Sonneberg, Holz, beschnitzt, gedrechselt, bemalt, 27,6 x 69,3 cm, Stab herausnehmbar, DS Sonneberg

Kopf eines Steckenpferdes
1935, Sonneberg (Firma Viktor Steiner), Holz, bemalt, 18 x 31,5 cm, DS Sonneberg

Sandspielformen
Gazebeutelfüllung, um 1930,
Seiffen, Fichtenholz,
gedrechselt, bemalt,
5teilig: je Ø ca. 10 cm,
ES Seiffen

Sandformen
um 1880, Erzgebirge, Holz,
gedrechselt, gebeizt, gerändelt,
Höhe der großen Sandform:
10 cm, SM Nürnberg

„Croquet“
um 1925, Nürnberg
(Bing-Spiele & Verlag GmbH),
Holz, Pappe, Metall, gedrechselt,
bemalt, gestanzt, gebogen,
lackiert, 10,2 x 32 x 4 cm,
SM Nürnberg

Elektrokarren mit Fahrer
von A. Geiler, 1925–36,
Hartha, Holz, Gummi, Kunststoff, Stoff, gesägt, farbig lackiert,
12 x 10,8 x 23,5 cm,
Figur Höhe: 8,7 cm,
Vorderachse beweglich, Seitenteile abnehmbar, Figur biegbar,
DS Sonneberg

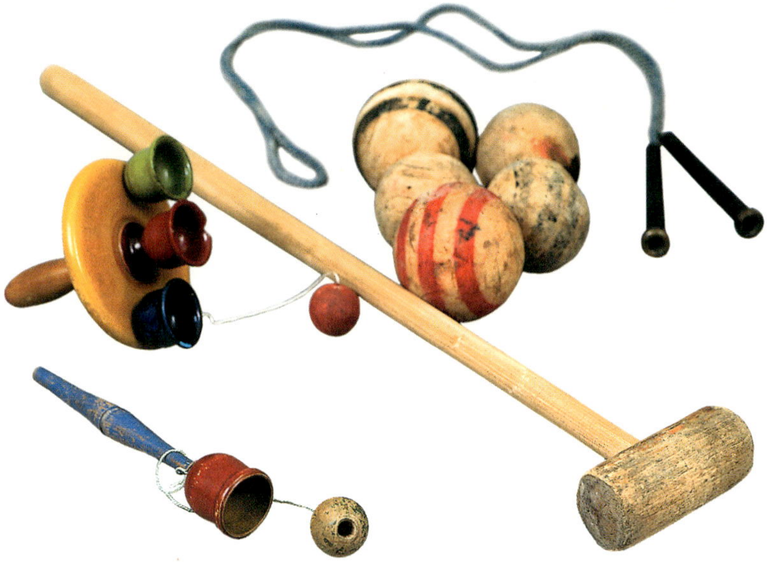

Springseil
Anfang 1930er Jahre, Wjatka (1945 aus der Wjatkaer Filiale des Wissenschaftlich-Experimentellen Spielzeuginstituts der Sowjetunion), Holz, Lack, Metall, Baumwolle, gedrechselt, bemalt, Griff: 16 x Ø 2,1 cm, HMAL Kirow

Krocketspiel
Anfang 20. Jahrhundert, Wjatka, Holz, gedrechselt, bemalt, Kugel: Ø 8,5 cm, Hammerkopf: 9,8 x Ø 4 cm, Grifflänge: 76,5 cm, HMAL Kirow

Bilboquet
1930er Jahre, Wjatka (Genossenschaft „Iskra"), Holz, gedrechselt, bemalt, 20,2 x 3,7 cm, HMAL Kirow

Bilboquet
Anfang 1930er Jahre, Wjatka (1945 aus der Wjatkaer Filiale des Wissenschaftlich-Experimentellen Spielzeuginstituts der Sowjetunion), Holz, gedrechselt, bemalt, lackiert, 15,5 x 14 x 12,5 cm, HMAL Kirow

Lastkraftwagen
1935, Sonneberg (Firma Viktor Steiner), Holz, farbig lackiert, Länge: 23,5 cm, DS Sonneberg

Traktor mit Hänger
1951, Sonneberg (VEB Vereinigte Sonneberger Spielwarenwerke), Holz, farbig lackiert, 6,5 x 8,4 x 28,5 cm, DS Sonneberg

Segelschiff
1961, Steinach (Firma Alexander Greiner), Holz, Metall, Stoff, gesägt, gestrichen, 90 x 16 x 69 cm, DS Sonneberg

3 Pesotschniki-Kombinationen
Sandförmchen, Anfang 1930er Jahre, Wjatka (1945 aus der Wjatkaer Filiale des Wissenschaftlich-Experimentellen Spielzeuginstituts der Sowjetunion), Holz, gedrechselt, bemalt, Ø 5,8–6,8 cm, HMAL Kirow

Drei Förmchen lassen sich jeweils zu einem Türmchen zusammenstecken.

Pesotschniki in einer Nudelholz-Schachtel
Sandförmchen, 1929–35, Wjatka (Berufsschule für betriebliche Bildung des Kulturindustrieverbandes), Holz, gedrechselt, gesägt, bemalt, Schachtel: 19 x Ø 8 cm, HMAL Kirow

Pesotschniki-Schlange
Sandspielzeug, 1930er Jahre, Wjatka (Idee: Wjatkaer Filiale des Wissenschaftlich-Experimentellen Spielzeuginstituts der Sowjetunion), Holz, gedrechselt, lasiert, bemalt, 47,5 x 7,5 cm, HMAL Kirow

Förmchen, Schaufel und Griff bilden zusammen die Form einer Schlange.

Ringwurfspiel
um 1910, Deutschland, Holz, gesägt, gedrechselt, bemalt, gebeizt, lackiert, 16,5 x 33 x 33 cm, SM Nürnberg

Die in den 1930er Jahren in der UdSSR erschienene Zeitschrift „Sowjetskaja Igruschka" (Sowjetisches Spielzeug) publizierte seinerzeit ein für die heutige Forschung äußerst interessantes Portrait des bekannten Podolsker Drechselmeisters Iwan Pawlowitsch Drugin (1877–1943). Als Drechsler, wie es heißt, „von Gottes Gnaden" setzte er virtuos sein feines Gespür für eine musikalische Farbverteilung und deren Abstufungen ein, das er an einer langen von Generation zu Generation weitergegebenen kulturellen Tradition geschult hatte. Das Prinzip der einfachen Pyramide entwickelte er auf talentierte Weise weiter, modifizierte es und schuf neue Formen und Varianten. Die ganze sogenannte „Schraubware" im Sortiment der Drechsler aus der Moskauer Umgebung geht auf ihn zurück.

Ringwurfspiel
20. Jahrhundert,
Babenki, Holz,
gedrechselt, bemalt,
15,7 x Ø 11,7 cm,
PKS Sergijew Possad

Schraubfäßchen
20. Jahrhundert,
Aprelewka (Genossenschaft „Aprelewski Tokar"), Holz, gedrechselt, bemalt,
14,3 x Ø 8 cm,
PKS Sergijew Possad

Rasselnde Kugel
1949, Merinowo
(Handwerkergenossenschaft), Holz, gedrechselt, bemalt, Ø 7 cm,
die Kugel ist zu öffnen,
SHA Nischni Nowgorod

Kugel
1934, Sagorsk, Holz,
gedrechselt, farbig
grundiert, Ø 7 cm,
PKS Sergijew Possad

Schraubkugel
1930er Jahre, Babenki,
Holz, gedrechselt,
farbig grundiert, Ø 6 cm,
PKS Sergijew Possad

Rasselnde Kugel
1960, Semjonow
(Genossenschaft „Igruschka"), Holz,
gedrechselt, bemalt,
Ø 8 cm, die Kugel
ist zu öffnen,
SHA Nischni Nowgorod

Rasselnde Kugel
1949, Bezirk Semjonow
(M. I. Kalinin-Genossenschaft), Holz, gedrechselt, bemalt, Ø 9 cm,
SHA Nischni Nowgorod

Deutschland

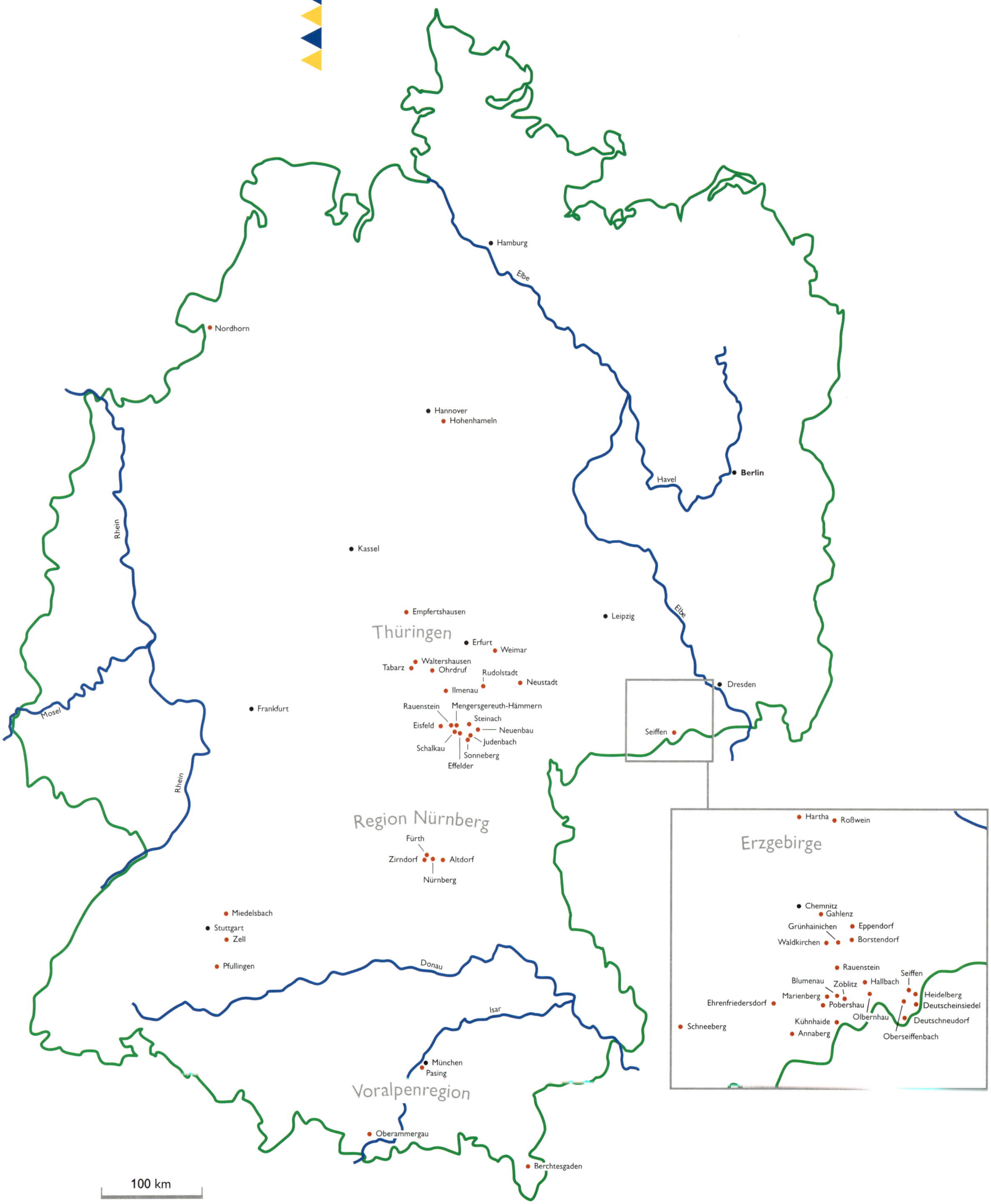

Rußland

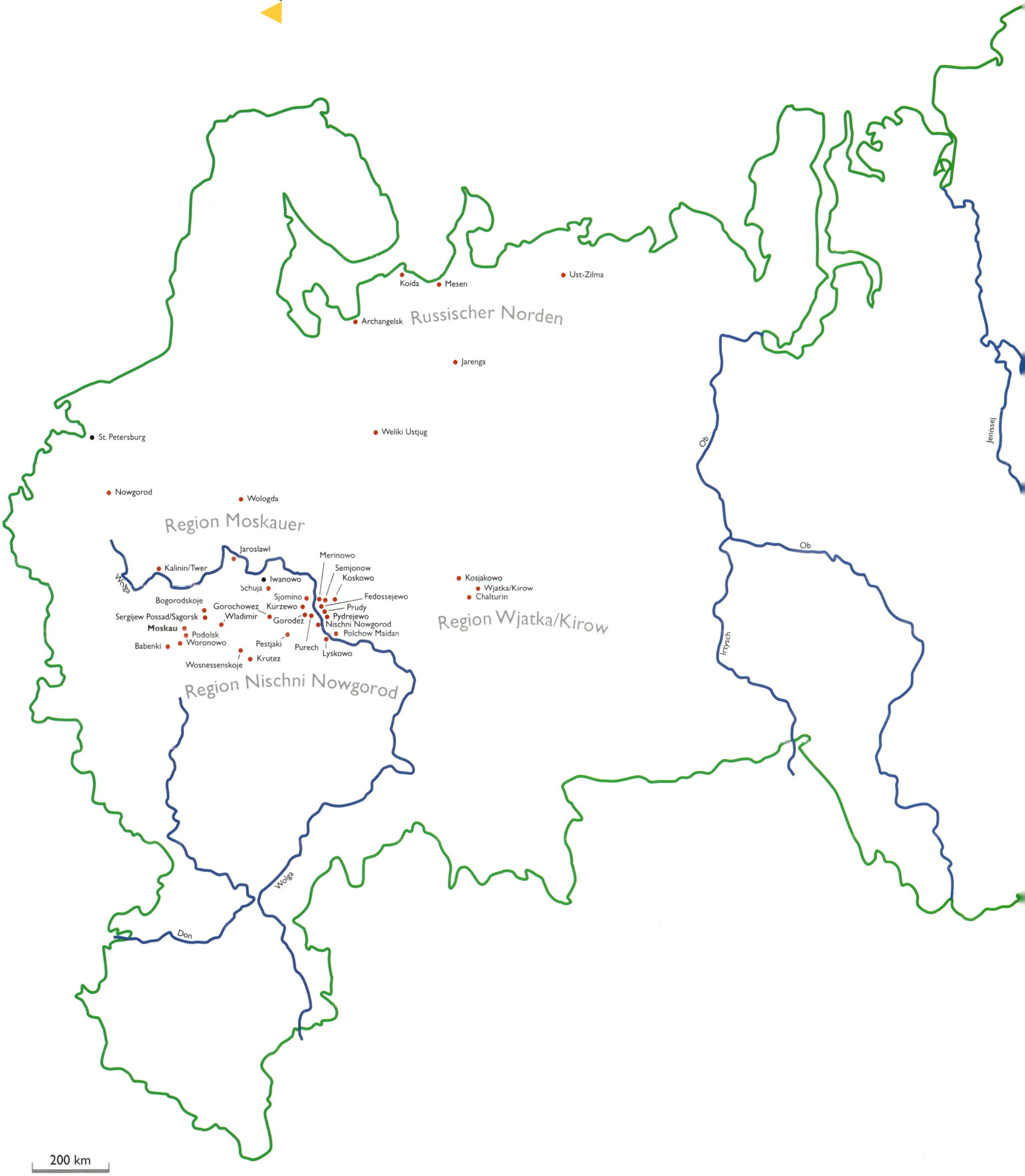

Koida
Mesen
Ust-Zilma
Archangelsk
Russischer Norden
Jarenga
Weliki Ustjug
St. Petersburg
Nowgorod
Wologda
Region Moskauer
Jaroslawl
Kalinin/Twer
Wolga
Iwanowo
Schuja
Bogorodskoje
Gorochowez
Kurzewo
Sjomino
Sergijew Possad/Sagorsk
Wladimir
Gorodez
Moskau
Podolsk
Babenki
Woronowo
Pestjaki
Purech
Krutez
Wosnessenskoje
Merinowo
Semjonow
Koskowo
Fedossejewo
Prudy
Pydrejewo
Nischni Nowgorod
Polchow Maidan
Lyskowo
Region Nischni Nowgorod
Kosjakowo
Wjatka/Kirow
Chalturin
Region Wjatka/Kirow
Ob
Irtysch
Jenissej
Wolga
Don
200 km

Die Moskauer Umgebung

Alexandr Grekow

Viele Museen Rußlands sowie Sammler und Liebhaber der volkstümlichen Kunst bewahren auch bis zum heutigen Tage in ihren Sammlungen vortreffliche gedrechselte Spielzeuge aus dem Moskauer Bezirk auf. Solche Produkte waren vom Glück weit weniger begünstigt als ihre „geschnitzten Brüder". Das gemeinsame Material Holz wurde für sie leider nicht zu einer ebensolchen Garantie des Traditionserhalts wie zum Beispiel für die Bogorodskojer Arbeiten. Wieviele wundervolle Muster, Formen und Typen des gedrechselten Spielzeugs verschwanden mit den Jahren. Die einzigartigen vielteiligen Eier F. Je. Romachins (1879–1952) aus dem Dorf Golochwastowo, die überaus feinen, aus Palmholz gearbeiteten und sich aus hundert Teilen zusammensetzenden Birjulki I. W. Sasonows (1880–1916) aus dem Dorf Malinki und A. W. Schurkins (1868–1943) aus Likino, die Schraubartikel I. P. Drugins (1877–1943) aus Kossowka, die Brokety I. A. Tormosows aus Michalewo (1852–1934), die gedrechselten Überraschungen I. K. Schewarins aus Jurowo, die Tassen mit Vögeln S. I. Sawoikins (1906–1969) aus Woronowo und das rote gedrechselte Geschirr G. F. Rybakows (1887– ?) aus Iwlewo sind inzwischen zu einem festen Bestandteil privater Sammlungen und musealer Grundbestände geworden. Eine weitere Entwicklung ihrer Tradition in der Gegenwart haben letztendlich nur solche Typen des gedrechselten Spielzeugs wie die Matrjoschka, das Osterei und die Pyramide erfahren. Schon seit vielen Jahren ernähren sie mehr als eine Generation von Abgängern aller möglichen künstlerischen Schulen und Lehranstalten, Ärzten, Lehrern, Ingenieuren, Hausfrauen usw.

Das Drechslerhandwerk ist ein uraltes und einstmals weit verbreitetes Gewerbe. Die Drehbank war allem Anschein nach im Alten Rußland schon im 12. und 13. Jahrhundert bekannt, was seine Bestätigung auch in archäologischen Funden in Nowgorod und Kiew findet. Die einfache Konstruktion der Drehbank bedingte ihre weite Verbreitung und Verwendung zur Herstellung von Geschirr und später auch von Spielzeug. Durch sie wurden die alten Formen des russischen Geschirrs vereinfacht und zu größerer Einheitlichkeit gebracht, so daß die Handwerker auch ihre Produktivität steigern konnten.

Es ist bekannt, daß im 16. und 17. Jahrhundert das Drechslerhandwerk in der Hauptsache in der Rüstkammer des Moskauer Kremls sowie in zahlreichen russischen Klöstern, darunter zweien in der Moskauer Umgebung – das Iossifo-Wolokolamski Monastyr (Josefskloster) in Wolokolamsk und die Troize-Sergiewa Lawra (Dreifaltigkeitskloster) in Sergijew Possad – konzentriert war. Große und kleine Humpen, Schüsseln, Stäbe, Becher, Deckelkrüge, Kannen und Töpfe bildeten hier das Sortiment der klösterlichen „Drechslerhöfe". Die Erzeugnisse der Troizer Meister wurden hoch geschätzt und als kostbare Geschenke den höchsten Ehrengästen überreicht – wie etwa im Jahre 1588 dem Patriarchen von Konstantinopel, Jeremias – sowie an den Zarenhof geschickt. Schon im 16. Jahrhundert wurden in der Troize-Sergijewa Lawra auch Ostereier bemalt, die später dann zu einer der wesentlichen Komponenten des örtlichen Sergijewer Spielzeuggewerbes wurde.

Innenansicht des Staatlichen Historischen Museums in Moskau

Gegen Ende des 19. Jahrhunderts war das Drechslergewerbe im Moskauer Gouvernement weit verbreitet und hatte seine festen Zentren, unter denen Sergijew Possad eine führende Position einnahm: 28 seiner Drechslerwerkstätten fertigten gegenüber 120 in den übrigen Landkreisen der Moskauer Umgebung jährlich für fast ein und dieselbe Summe an vollwertigen Zarenrubeln Spielzeug an. Insgesamt betrug in dieser Zeit im Gouvernement die Zahl der Drechsler um die 3.000 und wuchs bis 1913 auf 3.500 an.

In Sergijew Possad stellten die Drechsler vor allem Rasseln, Pilze, Eier, Tierfiguren, kleine Teeservice mit Samowaren und sogenannte „goldene Drechslerei" her. Eines der wichtigsten Objekte der volkstümlichen Kunst Rußlands aber ist die Ende des vergangenen Jahrhunderts aufgetauchte Matrjoschka, die im Handumdrehen nicht nur im Landkreis Podolsk und in Sergijew Possad Verbreitung fand, sondern auch im ganzen Land.

Neben Sergijew Possad gewannen in der zweiten Hälfte des 19. Jahrhunderts

auch neue Heimstätten der „Drechselkunst" in der Moskauer Umgebung, in den Amtsbezirken Woronowo und Krasnopachorsk im Landkreis Podolsk sowie in den Amtsbezirken Perchuschkow im Landkreis Swenigorod und Smolinsk im Landkreis Wereja an Bedeutung. Ihr Sortiment, in der Hauptsache Kinderspielzeuge und Rechenbretter, eroberte schnell die Absatzmärkte und fand regen Zuspruch bei den Käufern. Die bedeutendsten Zentren waren hier die Dörfer Babenki, Golochwastowo, Schubino, Pudowo, Troiza, Sipjagino, Staro-Switino, Loginowo und Baklanowo im Amtsbezirk Woronowo, Malinki, Filino, Tschirikowo und Nikolskoje im Amtsbezirk Krassnaja Pachra, Likino, Mitkino und Osorgino im Amtsbezirk Perchuschkowo, Nasarjewo und Tjutschewo im Amtsbezirk Smolinsk. Insgesamt waren den Historikern zufolge in diesen Gebieten bis 1913 mehr als 2.000 Menschen mit dem Spielzeugdrechseln beschäftigt.

Ihr Sortiment unterschied sich kaum von dem Sergijewer und teilte sich grob gesagt in zwei Gruppen: hohle, innen ausgedrehte Spielzeuge und außen gedrehte Erzeugnisse mit geringer innerer Bearbeitung. Erstere waren charakteristisch für die Handwerker von Woronowo und Smolinsk mit ihren Eiern, Matrjoschkas, hohlgedrehten Äpfeln und verschiedenen gedrechselten Kleinteilen: Tassen, Schnapsgläser und anderes mehr, bekannt unter der Bezeichnung „Sandgeschirr". Die Erzeugnisse der zweiten Gruppe konnte man in den Amtsbezirken von Krasnopachorsk und Perchuschkow finden. Zu Anfang unseres Jahrhunderts waren dies vor allem Kegel, Schachspiele, Damespiele, Krocket-Spiele, kleine Lottofäßchen und natürlich Birjulki. Sie unterschieden sich zudem sowohl in der Verwendung der Holzarten als auch durch das Fehlen oder Vorhandensein einer Bemalung.

Es ist charakteristisch, daß nicht einmal die Revolution die Tradition des Drechslerhandwerks unterbrechen konnte. Schon 1919 begann dessen Wiederbelebung und die Eroberung inländischer und westlicher Märkte. In den 20er Jahren unseres Jahrhunderts beschäftigte dieses Handwerk allein im Kreis Swenigorod mehr als 500 Menschen. In diesen Jahren bildeten sich neue Genossenschaften auch in den alten Zentren wie Osorgino, Rudnewo, Lokotnja, Tjutschewo, Aprelewka, Kuznezow, Woronowo, Iljinka u. a. Der Export von Spielzeug ins Ausland nahm nun auch größere Ausmaße an.

Eine wichtige Rolle nahm in dieser Zeit auch die Frage nach der Heranbildung von Fachkräften der Volkskunst ein. So wurde für die Ausbildung der Drechsler des Podolsker Bezirkes im Jahre 1926 eine einzigartige Berufsschule für künstlerisches Spielzeug in der Ortschaft Woronowo gegründet (sie bestand fort bis zum Jahre 1941).

In den 60er Jahre allerdings versiegte das Interesse an der Volkskunst als industriellem Produktionszweig, und es begann der Kampf um den Erhalt der traditionellen Grundlagen des Kunstgewerbes. Für das Drechslergewerbe war das Überleben in dieser Situation besonders schwierig. Das Fehlen einer systematischen Ausbildung junger Drechsler und dauerhafter Absatzkanäle für die Erzeugnisse führten praktisch zum Aussterben fast aller bekannten Arten von gedrechseltem Spielzeug. In den 80er Jahren konnte man im gesamten Bezirk der Moskauer Umgebung nicht einmal ein Dutzend Meister mehr finden, die fähig gewesen wären, eine hohle Kugel oder ein Ei mit feinsten Wänden zu drehen, eine 50teilige Matrjoschka anzufertigen oder die mikroskopisch kleinen Birjulki zusammenzustellen.

Glücklicherweise jedoch ändert sich diese Situation mittlerweile, und die Drechselkunst kommt wieder mehr zu Ehren. Die Meister von Sergijew Possad, wie etwa Michail Alexejewitsch Uschatow (geb. 1924), Marija Juljewna Zyrulnikowa (geb. 1956), Alla Alexandrowna Pitelina (geb. 1940) oder Walentina Alexejewna Sedowa (geb. 1947), haben begonnen, gedrechseltem Spielzeug wieder mehr Beachtung zu schenken, und die „Uschatowschen" Formen, insbesondere des Christbaumschmucks, erfreuen das Auge wieder durch ihre Vielfalt und Phantasie. Ein Wiederaufleben der Tradition des Drechslerhandwerks ist auch im Podolsker Bezirk zu verzeichnen, wo in der Ortschaft Schischkin Les der Künstler Sergei Walentinowitsch Widanow (geb. 1957) arbeitet, der es mit seinen Schülern aus den Kunstschulen in Michailowo und Jarzewo verstanden hat, viele Komponenten der alten Tradition des Drechslergewerbes neu zu beleben.

Aus dem Russischen übersetzt von Heidi Janson

Die Region Archangelsk und das nördliche Küstenland

Nina Filjowa

Die historischen Wurzeln der künstlerischen Traditionen des russischen Nordens reichen bis weit in die Vergangenheit zurück, jedoch haben sich ihre Nachklänge in der Kunst der alten Meister zusammen mit der besonderen ländlichen Lebensweise und ihren naturnahen Gebräuchen bis in unsere Tage erhalten. Der Russische Norden ist ein Land des Holzes und der Zimmermannsmeister. Die hölzerne Architektur, die Kirchen und Bauernhäuser, Getreidespeicher und Brunnen, die Innenausstattung der Wohnungen, die Arbeitsgeräte und die Kinderspielzeuge – alles trägt die Spuren einer traditionellen Kultur künstlerischer Holzbearbeitung.

Die Hauptinhalte des Holzspielzeugs aus dem Norden – die Darstellung einer weiblichen Figur, eines Pferdes oder eines Vogels – sind verbunden mit den heidnischen Vorstellungen der alten Slawen. Von Kultfiguren (Götzenbildern und Hausgeistern) leitet die hölzerne „Panka"-Puppe ihre Herkunft her, die in den 80er Jahren unseres Jahrhunderts von dem Meister Pjotr Alexandrowitsch Popow aus dem Dorf Koida, Kreis Mesen im Bezirk Archangelsk hergestellt wurde. Die Holzpuppe ist in archaischer Zimmermannsmanier gefertigt, ohne Details und naturalistische Einzelheiten. Es ist eine Symbolfigur, ein Sinnbild der Ahngottheit, die später mit dem Verschwinden des mystischen Glaubens zu einem Kinderspielzeug wurde. Der Name der Puppe, „Panka", zeugt gleichfalls von ihren heidnischen Wurzeln. „Pan" ist in der volkstümlichen Mythologie ein Vorfahre, ein Bewohner des Jenseits, der den Lebenden beisteht.

Das unbearbeitete Äußere, die Bewahrung der Ursprungsform des Materials und die Ähnlichkeit mit architektonischen Details der Bauernhäuser des russischen Nordens (Dachfirste, auf den Dächern angebrachte Kniehölzer) sind charakteristisch auch für die Plastik eines anderen Spielzeugs von Pjotr Popow, der „Pferd-Katalka". Das Pferd als heidnische Sonnengottheit ist aus den Inhalten der archaischen Stickereien des Nordens und skulpturalen Details in der Architektur und in Gegenständen des täglichen Hausgebrauchs bekannt. Konkreter sind die anderen Spielzeuge Popows, die Sägearbeiter und Holzhacker, die das Kind in die Arbeitswelt einführen und es mit den Werkzeugen eines Zimmermanns vertraut machen. Die Figuren selber aber bewahren den archaischen Stil, die charakteristische götzenbildähnliche Form.

Pjotr Popow, geboren im Jahre 1913, war ein alteingesessener Zimmermann. Er verließ niemals sein Heimatdorf an der Küste des Weißen Meeres. Von ihm wurden etliche Häuser errichtet und viele der traditionellen bäuerlichen Arbeitsgeräte und verschiedenen Gegenstände des täglichen Hausgebrauchs angefertigt. Alle seine Erzeugnisse wahrten die lokale Tradition. Viele Fertigkeiten des Handwerks sind in der modernen Zeit nutzlos geworden, doch die Tradition lebt fort im Kinderspielzeug. Wie es ihn seinerzeit in der Kindheit der Großvater und der Vater gelehrt hatten, so schnitzte auch er aus den Abfällen des Baumaterials, aus irgendeinem Holzstück mit demselben Zimmermannswerkzeug, der Axt und dem Messer, für seine Kinder und Enkel die alten Spielzeuge.

Flußlandschaft mit Holzverflößung bei Archangelsk

Besonders interessant ist der „Scharkunok", eine Kinderrassel. Der Herstellung lagen viele Tricks und Kniffe des Zimmermannshandwerks zugrunde, und selbst das äußere Erscheinungsbild des Spielzeugs ist inspiriert von der Architektur des Nordens.

Ein kunstvoll geschnitzter Griff hält eine zarte „Kugel", eine leichte, innen hohle Konstruktion. Die Kugel ist mit Hilfe spezieller Zimmermannsverschlüsse aus einer Vielzahl von Holzbrettchen zusammengesetzt. Das Zusammenbauen und Auseinandernehmen des Spielzeugs ist eine besondere Art von Geduldsspiel. Ein Verschlußstäbchen hält das System zusammen. Spielzeug, das sich zusammenbauen und auseinandernehmen ließ, diente für die älteren Kinder als Konstruktionsunterricht und lehrte sie die Tricks des Zimmermannshandwerks.

Einen Scharkunok schenkte man gewöhnlich zur Geburt des Kindes. Für ein Mädchen schnitzte man aus der Spitze die skulpturale Darstellung eines Vogels heraus, für einen Jungen die eines Pferdes. Das Spielzeug hatte eine magische Bedeutung. Der Lärm, den der Scharkunok beim Schütteln erzeugt, verjagt böse Geister von dem Kind und beschützt es. Zur Klangerzeugung legte man Erbsen in die hohlen Zellen der inneren Struktur. Je dünner die Holzwände der Zellen sind, desto musikalischer ist der Klang des Scharkunok. In heutigen folkloristischen Ensembles wird dieses altertümliche Spielzeug auch als Musikinstrument verwendet.

Herstellung des „Schtschepnaja ptiza", eines einfachen, aus Spänen aufgefächerten Vogels

In vielen Regionen des Archangelsker Bezirks besinnen sich die alten Meister auf den traditionellen Schmuck des Bauernhauses, einen Spanholzvogel. In der heidnischen Symbolik ist er ein Sinnbild der Sonne, der ewigen Wiederkehr des Lebens, wie es im Christentum die Taube für den Heiligen Geist ist. Später wurde der hölzerne Vogel zu einem Kinderspielzeug. Der älteste Meister aus Mesen, Martyn Fatjanow, fertigte in den 70er und 80er Jahren aufgefächerte Vögel auf Bestellung für Volkskunstausstellungen. Der Herstellung des Vogels liegt die geschickte Nutzung der Materialeigenschaften durch die Meister zugrunde: Das feuchte, frische Holz wird mit dem Messer leicht gespalten. Bei der Herstellung des Vogels werden ebenfalls Zimmermannsverfahren angewandt und die für die Architektur des Nordens charakteristische plastische Form verwendet. In alter Zeit diente der Holzvogel als magischer Schutz der Hausbewohner. Zu Weihnachten machte man sich daran, den Vogel zu überarbeiten, ihn frisch zu bemalen oder gar einen neuen Vogel anzufertigen, was gleichfalls von seiner alten Sonnensymbolik zeugt. Martyn Fatjanow gelang es, das Geheimnis der Herstellung von aufgefächerten Vögeln an die jungen Meister aus der Stadt weiterzugeben. In ihren Händen wurde das archaische Holzspielzeug zu einem erlesenen Schmuckgegenstand und erhielt einen neuen Sinn. „Glücksvögel" schenkt man heute zu Hochzeiten und zum Einzug in eine neue Wohnung. Für die Gäste der Stadt Archangelsk sind sie das wichtigste Souvenir.

Die Tradition der Herstellung hölzerner Zimmermannsspielzeuge hat heute eine neue, künstlerische Bedeutung erhalten. Für die Künstler und die zeitgenössischen volkstümlichen Meister von Archangelsk bedeutet die Volkskunst nicht nur die Wahrung des Andenkens der nationalen Kultur, sondern ist zugleich eine Quelle für die moderne kreative Suche.

Aus dem Russischen übersetzt von Heidi Janson

Das Wolgagebiet um Nischni Nowgorod

Michail Boikatschow, Natalja Panfilowa

Die Nischni Nowgoroder Region – das sind die Weiten endloser Wälder, ein Gebiet bemerkenswert entwickelten volkstümlichen Kunstgewerbes, das ist das Herz Rußlands mit seinem größten Fluß, der Wolga, das ist der Winkel des russischen Landes, wo sich seit alters her freiheitsliebende, unternehmungslustige und arbeitsame Menschen niederließen. Der Bezirk Nischni Nowgorod zeigt neben dem Moskauer und dem des Russischen Nordens die markantesten Erscheinungsformen volkstümlichen Schaffens im Holzspielzeug.

Die Herausbildung der Spielzeugzentren im Nischni Nowgoroder Wolgagebiet fällt in die zweite Hälfte des 19. Jahrhunderts und war im wesentlichen an die ländlichen Gegenden gebunden. Wo die Bauern ihre Familien mit der Landwirtschaft nicht ernähren konnten, billiges Holz aber gleich nebenan zu haben war, dort begannen ganze Ortschaften, sich mit den verschiedenartigsten Gewerben der Holzbearbeitung zu befassen. Auf dem Flußweg wurden die fertigen Erzeugnisse zum Nischni Nowgoroder Jahrmarkt verschifft, von wo sie sich über ganz Rußland verteilten. Neben den Zimmerleuten und Schnitzern, die reich mit Schnitzwerk ausgestattete Häuser errichteten, den Möbeltischlern, Löffelmachern und Drechslern von Holzgeschirr lebten und arbeiteten die Spielzeugmachermeister. Es entstanden mehrere Zentren des Spielzeughandwerks mit einem jeweils eigentümlichen Stil und speziellen Verfahren in der Herstellung und Bemalung.

Große Bekanntheit erlangte im 19. Jahrhundert das Gewerbe des geschnitzten Holzspielzeugs aus dem Kreis Balachinskoje im Gouvernement Nischni Nowgorod, wo sich zwei Gruppen von Spielzeugmachern unterscheiden lassen: jene am rechten Wolgaufer in den Dörfern um die Ortschaft Purech und die anderen auf dem gegenüberliegenden linken Ufer um die Stadt Gorodez. Seit ältesten Zeiten wahrten die Gewerbetreibenden die Familientraditionen ihres Handwerks und gaben sie von Generation zu Generation weiter. Lange, fast bis zur Mitte des 20. Jahrhunderts fertigte man hier archaische Spielzeuge an, deren Formen durchdrungen sind von der altslawischen Mythologie. Da ist ein Pferd auf vier kleinen Rädern, sind die „Katalkas“ mit zwei miteinander verbundenen Köpfen und die auf einer primitiven Drehbank gedrechselten oder aus gespaltenen Holzscheiten geschnitzten Gutsherrinnen-Figuren. Auch Beobachtungen des alltäglichen Daseins im vergangenen Jahrhundert spiegelten sich im Spielzeug wider. Die „Troika“, drei zusammen eingespannte Pferde, sind eine der beliebtesten Figuren des russischen Volkes. Umgeben vom Geläut der Glöckchen und Schellen jagten die Troikas auf den Poststraßen an den Dörfern vorbei. Es gibt bei den Spielzeugmachern eine eigene Form dieser Troikas: Aus einem Stück Holz schnitzte man Pferde mit einer grandiosen Krümmung des Halses

Blick über Nischni Nowgorod am Zusammenfluß von Oka und Wolga

heraus, stellte sie auf ein Bodenbrettchen und befestigte an diesem den Reisewagen mit einem Kutscher und kleine Räder. Die Spielzeuge grundierte man mit Kreide, die mit Leim vermischt war, bemalte sie rot oder schwarz, verzierte sie mit weißen, gelben und schwarzen Mustern und vergoldete sie mit Blattgold. Anschließend bestrich man sie mit Ölfirnis und trocknete sie.

Die Kunst der Purecher Meister hatte Einfluß auf die Entstehung eines weiteren, verwandten Zentrums des volkstümlichen Spielzeugs Mitte des 19. Jahrhunderts in dem Dorf Lyskowo, Kreis Makarjew. Bis

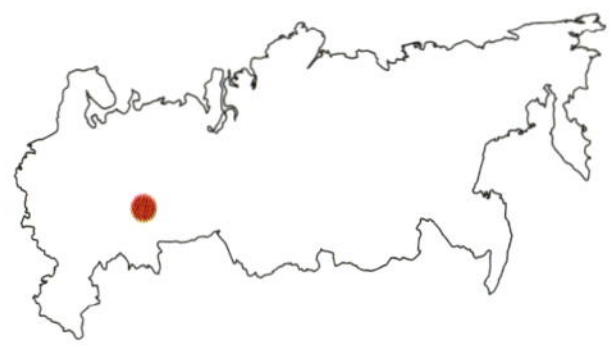

Ende der 30er Jahre unseres Jahrhunderts wurden diese Spielzeuge in großer Menge angefertigt. Dann kam das Purecher Gewerbe zum Erliegen. Glücklicher gestaltete sich das Schicksal der Spielzeuge aus Gorodez und Lyskowo, sie werden auch heute noch hergestellt.

Vielfältig ist das Spielzeug des Kreises Semjonow, Gouvernement Nischni Nowgorod. Ende des 19. Jahrhunderts kam in dem Dorf Fedossejewo, wo sich die Einwohner mit der Löffelmacherei befaßten, das Gewerbe des Axtspielzeugs auf. „Baljasy", das heißt fröhlich, unterhaltsam, so nannte man zärtlich diese Spielzeuge. Bis zu 70 Arten von Erzeugnissen konnten die Meister herstellen: Pferdchen mit Wagen, Reiter auf Pferden, Puppenmöbel, Karussells, Mühlen, Dampfer, Balalaikas. Die Spielzeuge fertigten sie mit Hilfe von Axt und Messer aus Espenholzklötzchen, tauchte sie in leuchtend gelbe Anilinfarbe und bemalten sie anschließend mit einem primitiven Muster aus scharlachroten Blumen und grünen Blättern. In unseren Tagen sind nur noch wenige Fedossejewoer Meister verblieben, um das Gewerbe aufrechtzuerhalten; Unterstützung tut dringend not.

Die Stadt Semjonow und die umliegenden Dörfer waren immer für ihre kunstfertigen Drechsler bekannt, die neben hölzernem Geschirr auch Spielzeug herstellten: Kinderrasseln, Kugeln, Samoware mit einer Garnitur Puppengeschirr, auseinandernehmbare Äpfel. Eben hier, in dem Dorf Merinowo, wurde auch zu Anfang des 20. Jahrhunderts die erste Matrjoschka im Gouvernement Nischni Nowgorod gedrechselt. Interessant ist darüber hinaus das Semjonower getischlerte Spielzeug mit kleinen beweglichen Tierfigürchen.

Ein anderes Zentrum des bemalten und gedrechselten Spielzeugs liegt im äußersten Süden des Bezirks Nischni Nowgorod, in dem Dorf Polchow Maidan und in der Siedlung Krutez. Das gedrechselte Geschirr aus diesen Orten wurde im 19. Jahrhundert ins ganze Land geliefert. Das Spielzeuggewerbe bildete sich jedoch erst in den 20er Jahren unseres Jahrhunderts heraus. Heute wird es sowohl von selbständigen Meistern zu Hause betrieben als auch in der Fabrik „Polchowsko-Maidanskaja Rospis" („Polchow Maidaner Malerei"), die sich im Regionalzentrum Wosnessensk befindet. Die Vogelpfeifen, Pilzspardosen, Balalaikas, Matrjoschkas, Ostereier und viele andere Spielzeuge sind mit einer leuchtend bunten Malerei verziert.

Aus dem Russischen übersetzt
von Heidi Janson

Die Region um Sergijew Possad und Bogorodskoje

Alexandr Grekow

Das alte Sergijewski Possad (heute Sergijew Possad) und seine Umgebung ist in der ganzen Welt als herausragendes Zentrum der russischen Volkskunst bekannt. Unter den vielfältigen künstlerischen Gewerben, die sich hier herausgebildet haben, ist das geschnitzte Holzspielzeug am weitesten verbreitet. Zu Beginn seiner Entwicklung steht die klösterliche Holzschnitzerei der Troize-Sergijewa Lawra (Dreifaltigkeitskloster) und die folkloristische Tradition der Landstriche um Moskau und Wladimir. In ungewöhnlicher Weise verschmolzen diese Traditionslinien mit Einflüssen der professionellen Kunst und der städtischen Kultur.

Viele Legenden und Sagen ranken sich um die Geschichte dieser ungewöhnlichen Kunst. Eine recht poetische bringt das Auftauchen des geschnitzten Spielzeugs mit dem Namen des Klostergründers und großen russischen Heiligen Sergi Radoneschski (um 1321–1391) in Verbindung, welcher als erster begann, Spielzeuge zu schnitzen und sie an die zu ihm kommenden Kinder zu verteilen. Das Holzspielzeug des 14. Jahrhunderts blieb an diesem Ort leider nicht erhalten.

Die weite Verbreitung des Holzspielzeugs im 17. Jahrhundert und die zahlreichen Erwähnungen seines Verkaufs auf den Moskauer Märkten erlauben es anzunehmen, daß eines der Produktionszentren die unterhalb des Klosters gelegenen Troizer Vorstädte waren. „Eine possierliche Schlittenkutsche mit hölzernen Pferden", „holzgeschnitzte Pferde", „geschnitzte Muschiks", „hölzerne Reiter", Schäfchen, Zicklein, Löwen, „ein Strelitzenverband mit Trommeln und Fahnen", „Muschiks in der Runde", „eine Halbkutsche" – das ist bei weitem noch keine vollständige Aufzählung des Spielzeugangebots dieser Zeit. Vieles davon wurde später von der Sergijew-Bogorodskojer Plastik übernommen und ging in das Sortiment ihrer Meister ein.

Indes verbindet noch eine weitere lokale Sage vom taubstummen Schnitzer Tatyga die Herkunft des Holzschnitzergewerbes mit dem Namen des Klosterortes. „Dieses Ereignis betrifft das Jahr 1750", bestätigt einer der Forscher, dem offenbar nicht bis zu uns gelangte oder heute noch unbekannte Quellen zugänglich waren. Sei dem wie es wolle, aber allem Anschein nach versorgte zu Anfang des 19. Jahrhunderts das Sergijewer Holzschnitzergewerbe mit seinen Spielzeugerzeugnissen schon Tausende Pilger, die „zur Troiza" aus ganz Rußland zusammenströmten.

Die ersten erhaltenen Holzfiguren dortiger Herkunft, der „Hornist" und die „Dame im Kokoschnik" datieren wahrscheinlich auf das Ende des vorigen Jahrhunderts, jedoch spricht ihre Ausführung für eine schon früher einsetzende örtliche Tradition plastischer Schnitzerei. Die allegorischen Skulpturen der „Jahreszeiten", die Laufburschen, Husaren und Damen, die flachen Figuren von Tieren mit Jungen, Herden mit Viehhirten, das „Chinesische Allerlei" und das erste Architekturspielzeug, die Troize-Sergijewa Lawra, sind nur ein Teil der Erzeugnisse der Sergijewer Schnitzer Falin, Grobow, Ryschow, Tschelpanow, Figurka u. a.

Souvenirverkäufer vor der „Troize-Sergijewa Lawra", dem Dreifaltigkeitskloster in Sergijew Possad (früher Sagorsk)

Nach Bogorodskoje drang die Tradition des Holzspielzeugs offensichtlich ziemlich schnell gegen Ende des 18., Anfang des 19. Jahrhunderts vor. In dieser Zeit gehörte das Dorf, das fast 30 Kilometer entfernt von der Stadt liegt, schon seit zwei Jahrhunderten gewissermaßen zur Troize-Sergijewa Lawra. Für Bogorodskoje war Sergijew Possad, das im Moskauer Gouvernement

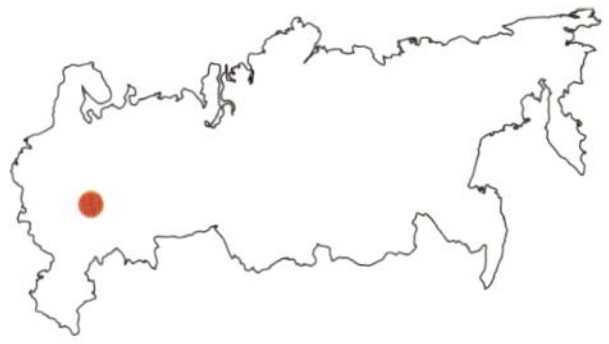

lag und keinen eigenen Landkreis besaß, als Absatzmarkt weitaus wichtiger als sein Kreiszentrum Alexandrow und seine Gouvernementshauptstadt Wladimir. Lindenholz als Arbeitsmaterial war ebenfalls reichlich vorhanden, und auch das Klima förderte diese bald bestimmend werdende künstlerische Tätigkeit.

Die Eröffnung der Semstwo-Lehrwerkstatt für Spielzeug (1891) und der Heimgewerblichen Spielzeuggenossenschaft in Sergijew Possad (1913), der Genossenschaft der Spielzeugschnitzer und der Bogorodskojer Lehr- und Demonstrationswerkstatt mit einer Instruktorenklasse für Holzschnitzerei (1913) stimulierten den schöpferischen Prozeß und halfen den Schnitzern der beiden Zentren, dem Vordringen der kapitalistischen Industrieproduktion Widerstand zu leisten. Nachfolger in der Kunstfertigkeit der vergangenen Generationen ist die heutige Jugend aus der Bogorodskojer Kunstgewerbeschule, sind die Schnitzer der Bogorodskojer Fabrik – und so führt gerade

Matrjoschka-Herstellung in einer Fabrik bei Sergijew Possad: Bemahlen der Rohlinge

Matrjoschka-Herstellung in einer Fabrik bei Sergijew Possad: Drechseln der Hohlform

dieses Dorf seine ungebrochene Tradition bis in unsere Tage fort. Erzeugnisse der Bogorodskojer Spielzeugproduktion haben mittlerweile auch Einzug gefunden in die großen Sammlungen und Museen des Landes.

Aus dem Russischen übersetzt
von Heidi Janson

Vom Baumstamm zum Reifentier

1. Zuerst wird der Stammabschnitt mit dem zweigriffigen Schnitzmesser entrindet.

2. Dann wird der Stammabschnitt an das Futter der Drehbank angeschlagen.

3. Mit einer breiten Röhre wird das Holzstück plan und glatt gedreht.

4. Die Tierunterseite wird ausgedreht, und anschließend wird der halbfertige Ring gelöst.

5. a–c Der halbfertige Ring ist auf ein konisches Holzfutter aufgesteckt und wird für die Tieroberseite fertig gedreht.

6. Schließlich wird der Ring mit Hammer und Messer aufgespalten: Der Rohling ist nun bereit zum Beschnitzen.

(Reifendreher im Freilichtmuseum Seiffen: Dirk Weber)

Erzgebirge

Marion Faber

Die Herstellung von Holzwaren hat sich im sächsischen Erzgebirge auf der Grundlage des Bergbaus und des Waldreichtums entwickelt. Im West-Erzgebirge (Gebiet um Schneeberg) mit seinen bedeutenden Silbervorkommen hatten Bergleute bereits im 16. Jahrhundert als Neben- und Feierabendbeschäftigung mit der Holzschnitzerei von volkstümlichen Motiven aus dem bergmännischen Leben begonnen. Im Ost-Erzgebirge (Gebiet um Seiffen), wo seit dem Mittelalter der Abbau von Zinnlagern betrieben wurde, gelangte dagegen das Drechseln von Gebrauchsgegenständen und Spielzeug aus Holz allmählich zu großer wirtschaftlicher Bedeutung.

Während die Schnitzkunst im Schneeberger Raum auch heute noch im wesentlichen als Freizeitbeschäftigung ausgeübt wird, hat sich die Seiffener Gegend zum Zentrum des Spielzeugmachergewerbes entfaltet. Als in der zweiten Hälfte des 18. Jahrhunderts der Zinnbergbau dort immer mehr zurückging, waren die Bergleute aus wirtschaftlicher Not gezwungen, Arbeitsmöglichkeiten in der Holzverarbeitung zu finden. Aus ökonomischen Gründen bevorzugte man das Drechseln, wodurch hohe Produktionsraten und niedrige Verkaufspreise garantiert werden konnten.

Eine beträchtliche Erweiterung der gestalterischen und wirtschaftlichen Möglichkeiten ergab sich mit der Entwicklung des für Seiffen typischen Reifendrehens, das seit etwa 1800 die Serienherstellung von einzelnen Spielzeugformen vereinfachte und verbilligte. Mit dieser Technologie konnten vor allem die zahlreichen Tiere für die beliebte Arche Noah preiswert gefertigt werden. Die Arche Noah gehört zu den erzgebirgischen „Bauereien", einer Gruppe von Spielzeug, die das Kind ordnen und aufstellen kann. Der Formenreichtum der „Bauereien" weitete sich im Laufe des 19. Jahrhunderts aus. In Spanschachteln oder später in Pappschachteln verpackt, nahmen Bauernhöfe, Schäfereien, Märkte, Kaffeegärten, Dörfer, Stadtanlagen, Menagerien oder Jagden als Exportartikel ihren Weg in die ganze Welt. Typisches Spielzeug des Erzgebirges waren auch Klapperdocken, Klingkästen, Hampelmänner, Fahrspiele, Sandformen, Holzsoldaten, Pendelreiter, Schaukelspielzeug oder das Seiffener Reiterlein.

Technische Bedingungen und wirtschaftliche Zwänge führten in den Familien und Dörfern der Spielzeugmacher zur Spezialisierung auf bestimmte Formen und Typen. Heidelberg, Deutscheinsiedel und Seiffen lieferten Reifentiere. Hallbach war für Archen und Viehställe in allen Variationen bekannt. Zu der alteingesessenen Hausindustrie trat im letzten Drittel des 19. Jahrhunderts der Fabrikbetrieb hinzu. In der Stadt Olbernhau mit den Nachbarorten Ober-, Nieder- und Kleinneuschönberg waren viele Holzwarenfabriken angesiedelt, die Kindermöbel, -theater und -fahrzeuge, aber auch Federkästen in gediegener Qualität lieferten. In den Drechslerwerkstätten des nahe gelegenen Rothenthals entstanden Kegel, Kugeln und Puppenküchengerät. Einen wichtigen Teil des Produktionsprogramms bildeten Holzbaukästen und Fröbelsche Lehr- und Beschäftigungsmittel, die vorwiegend in Oberseiffenbach von Samuel Friedrich Fischer und in Blumenau von den Firmen Emil Reuter oder Louis Engel & Co. gefertigt wurden.

Die Bergkirche in Seiffen

In Grünhainichen und Umgebung wurden Pferdeställe, Kaufläden, Puppenstuben, aber auch mannigfaltige andere Holzspielsachen fabriziert. Hier hatte im Gegensatz zum Seiffener Bezirk die Herstellung von guten und feinen Spielwaren besondere Bedeutung erlangt. Bekannt waren Eppendorf für Puppenmöbel oder Borstendorf für Schach- und Brettspiele. Qualitätvolle Puppenhäuser, Burgen, Kaufläden und Ställe wurden besonders von der Marienberger Holzspielwarenfabrik Moritz Gottschalk produziert.

Innenansicht des Erzgebirgischen Spielzeugmuseums in Seiffen mit einer 6,30 m hohen Pyramide aus dem Jahre 1935

Um 1905 entstand das Seiffener Miniaturspielzeug als billige Massenware. Hohe Gewichtszölle für die Ausfuhr nach England und Amerika waren der Hauptanlaß zur Umstellung auf kleinste Figuren, Pferdegespanne und später auch Fahrzeuge. Eine Sonderform bildeten die in Zündholzschachteln verkauften Miniaturstuben, -szenen und -spiele, die der Spielzeugfertigung im Erzgebirge einen neuen Aufschwung brachten. Auch in wirtschaftlich schwierigen Zeiten, während Inflation und Weltwirtschaftskrise in den 20er Jahre, wurde gerade die Zündholzschachtelware in Deutschland und besonders in den englischsprachigen Ländern zum Verkaufsschlager.

Erzgebirgisches Spielzeug ist auf dem Weltmarkt bis zum Beginn des Zweiten Weltkriegs immer äußerst preisgünstig und wohlfeil angeboten worden. Es gab jährlich neue Kollektionen von Figuren, Fahrzeugen oder Gebäuden, die auch technische und gesellschaftliche Neuheiten einbezogen. Die Niedrigpreise für Erzeugnisse der erzgebirgischen Handwerkskunst waren nur durch serienmäßige Fertigung in Hausindustrie und Heimarbeit möglich, in die häufig auch Kinder mit einbezogen wurden. Den Absatz der Waren übernahmen Verleger, die in Olbernhau, Grünhainichen oder Waldkirchen Musterlager unterhielten und von dort aus ihre Produktionsaufträge vergaben. Auch Nürnberger Verleger und Einkaufsorganisationen handelten im großen Stil mit erzgebirgischen Spielwaren und versandten sie als „Nürnberger Tand“ in alle Erdteile.

Das Gebiet um Seiffen ist bis in die Gegenwart nicht nur für traditionelles Spielzeug, sondern auch als Deutschlands Weihnachtswerkstatt bekannt. Hervorgegangen aus der Tradition der bergmännischen Weihnacht, bei der besonders dem Licht eine symbolhafte Bedeutung zukam, schmückten die Bergleute ihre Stuben mit Leuchtern, Schwibbögen und Weihnachtspyramiden. Als Gleichnis für die Wiedergeburt aus dem Dunkeln nach getaner Arbeit gelten auch die lichtertragenden Figuren Bergmann und Engel. Sie sind in der gedrechselten Form seit Anfang des 19. Jahrhunderts nachweisbar. Etwa seit dieser Zeit wurden mit dem Aufkommen des Pfeifenrauchens als Volkssitte die Räuchermänner populär. Zur weihnachtlichen Volkskunst gehören auch Krippen, Engelskapellen, Kurrendesänger oder Striezelkinder. Die älteste Figur des weihnachtlichen Brauchtums ist jedoch der Nußknacker. Nachdem Berchtesgadener Schnitzer im 17. Jahrhundert erstmals einen „Nußbeißer“ in Form einer menschlichen Gestalt gefertigt hatten, verbreitete sich dieses Motiv sehr rasch. Fast jedes Spielzeugherstellungsgebiet im deutschsprachigen Raum brachte seither lokale Varianten von Nußknackern heraus.

Nach dem Zweiten Weltkrieg erfolgte der Zusammenschluß der Seiffener Holzhandwerker zu Genossenschaften, die hauptsächlich für den Export produzierten. Seit der Wiedervereinigung Deutschlands 1989 wurden die bisherigen volkseigenen Betriebe in private Firmen umgewandelt, die vielfach immer noch von einer starken Familientradition geprägt sind. Sie fertigen bis heute alte und neue Formen erzgebirgischen Spielzeugs und weihnachtlicher Volkskunst.

Thüringen

Marion Faber

Über die Anfänge der Spielzeugproduktion in Thüringen ist nur wenig bekannt. Neben hölzernen Gebrauchsgegenständen wurden vermutlich schon im Mittelalter einfache Docken und anderes Spielzeug im Nebenerwerb hergestellt. Im Laufe des 18. Jahrhunderts gewannen dann die Spielzeugfertigung und die Porzellanfabrikation immer mehr an Bedeutung und entwickelten sich schließlich zu den Hauptindustriezweigen des Landes. Als Zentrum der Spielzeugherstellung bildeten sich Sonneberg und zahlreiche kleinere Orte im Meininger Oberland heraus. In der ersten zuverlässigen Quelle von 1735 über die Herstellung von Sonneberger Holzspielzeug werden unter anderem Pfeifen, Kegelspiele oder Nußknacker genannt. Zu dieser Zeit wurden Sonneberger Waren, zu denen auch Glasartikel aus der Gegend in und um Lauscha zählten, schon auf allen europäischen Märkten bis nach Rußland angeboten.

Der wachsende Bedarf an Spielzeug führte im 18. Jahrhundert zur Entstehung eines neuen, leichter zu behandelnden Werkstoffes für die Fabrikation von Spielzeug. Aus Schwarzmehl und Leimwasser entwickelten die Sonneberger einen Teig, der zum Übermodellieren von holzgeschnitzten Tieren und Puppenköpfen verwendet wurde. Da dieser „Brotteig" nicht sehr beständig war, behielten die reinen Holzspielsachen nach wie vor ihre wichtige Bedeutung. Die Sortimente erweiterten sich im Laufe der Zeit. Bald waren auch Rädertiere, Fahrzeuge, Puppenmöbel und -hausrat, Pendel- und Schaukelspielzeug sowie verschiedene Arten von Docken im Angebot. Ab etwa 1800 kamen die typischen Sonneberger Holzgelenkdocken mit einfachen Köpfen und beweglichen Gliedern auf, wie man sie zeitgleich auch aus dem Grödnertal kennt.

Thüringer Drechsler und Schnitzer lieferten ihre Erzeugnisse anfangs fast nur an die große Handelsmetropole Nürnberg. Da das Sonneberger Gebiet jedoch selbst sehr günstig an die Fernhandelsstraße zum Messeplatz Leipzig angebunden war, entstanden auch in Sonneberg einheimische Verleger, die ebenso wie Nürnberger Kaufleute Handelsniederlassungen in der ganzen Welt gründeten. Mit der wachsenden Industrialisierung nahmen jedoch immer mehr der größeren Spielzeugproduzenten den Absatz ihrer Waren selbst in die Hand.

Ebenso wie im Erzgebirge führte die arbeitsteilige Produktion im Rahmen der Hausindustrie und Heimarbeit zur weitgehenden Spezialisierung in der Holzspielzeugherstellung. Viele Warengruppen und Teilfabrikate waren schwerpunktmäßig an bestimmte Orte gebunden. So wurden in Schalkau hauptsächlich „Garnituren" wie Bauernhöfe, Menagerien und Schäfereien hergestellt. Die Schnitzer von Handpuppen für das Kasperletheater waren in Crock angesiedelt. Das klassische Jungenspielzeug Pferd und Wagen wurde in Eisfeld gefertigt. Aus Steinach und Mengersgereuth kamen die zahlreichen Spielschiffe, die seit Kaiser Wilhelms Flottenpolitik in den bürgerlichen Kinderstuben nicht fehlen durften.

Das Deutsche Spielzeugmuseum in Sonneberg

In Steinach waren neben der Schiffchenfabrikation, die in den Händen der beiden Firmen Alexander Greiner und Otto Greiner Alex. Sohn (Ogas) lagen, noch

andere spezialisierte Holzspielzeughersteller ansässig. Bilder- und Pyramidenkubusspiele lieferte vorrangig der Spielwarenbetrieb Ernst Carl Greiner. Mit solchen Artikeln erzielte auch die Firma Christian Herbart hohe Umsätze auf dem Weltmarkt. Unter der Marke Gecevo produzierte die Firma Georg Christoph Vogel Trommeln und anderes einfaches Musikspielzeug. Später erweiterte sie ihr Sortiment um Fahrzeuge, Rädertiere und Tischtennis-, Kugelmosaik-, Ringwurf- oder Kegelspiele. Das Steinacher Unternehmen Philipp Eichhorns Witwe brachte den Pewesti-Baukasten heraus und wurde außerdem durch Kubusspiele, Zählmaschinen und bewegliches Spielzeug bekannt.

Holzbaukästen wurden auch in anderen Orten Thüringens wie in Tabarz von der Firma Georg Kellner auf den Markt gebracht. Thüringen war neben dem Erzgebirge die wichtigste Region in Deutschland für die Entwicklung und Herstellung von Baukästen und -spielen. Zu Recht kann es sich als Mutterland des Holzbaukastens bezeichnen, gehen doch die systematischen Grundlagen dieses elementaren Spielmittels und das Erforschen kindlichen Bauens auf den Thüringer Pädagogen Friedrich Fröbel zurück. Zu den berühmtesten Baukästen aus Thüringen gehört der Ankersteinbaukasten aus farbigen Kunststeinen. Über 80 Jahre lang wurde er ab 1880 von der Firma Friedrich Adolf Richter & Cie. in Rudolstadt produziert und kann seit einiger Zeit als Neuauflage wieder erworben werden.

Thüringen brachte wie kaum ein anderes Gebiet eine nahezu unübersehbare Bandbreite von Spielzeugformen in ganz verschiedenen Materialien hervor. Zu Beginn des 19. Jahrhunderts begannen die Spielwarenhersteller in Sonneberg, mit Papiermaché zu arbeiten. Es war fast unzerbrechlich und konnte als Papiermasse einfach in Formen gedrückt werden. Dieses Verfahren ermöglichte die Herstellung von anspruchsvollen Spielwaren wie Puppenköpfen, Figuren und Tieren in großen Stückzahlen und brachte Sonneberg den Aufschwung zur „Weltspielwarenstadt".

In vielen Fällen ist Papiermaché in Kombination mit Holz verarbeitet worden. Das gilt besonders für bewegliches und klingendes Spielzeug wie etwa bei Schaukelpferden, Nick- und Wackelfiguren, Springkästchen, Chinesischen Treppenläufern oder Russischen Schaukeln. Mit einfachen Roßhaarsaiten oder Blasebälgen verstanden es die Hersteller, kleinen Kurbelkästchen oder Balgfiguren Töne zu verleihen. Es verwundert nicht, daß sich diese von Stimmenspezialisten in Judenbach, Effelder oder Sonneberg gefertigten Spielsachen zum Verkaufsschlager entwickelten. Ein reichhaltiges Sortiment an Musikspielwaren, mechanischen Figuren und Schaustücken lieferte über Jahrzehnte auch die Schalkauer Spielwarenfabrik Gottlieb Zinner & Söhne.

Seit der Verwendung von Papiermaché wurden nach und nach immer mehr andere Werkstoffe für Thüringer Spielwaren eingesetzt. Porzellankopfpuppen bestimmten ab Mitte des 19. Jahrhunderts für Jahrzehnte das Profil der Fabrikation und machten Thüringen zum Zentrum der deutschen Puppenindustrie. Hinzu kam eine beträchtliche Produktion von Puppen aus Wachs, später auch aus Zelluloid, Pappe und Gußmasse. Des weiteren wurde die Stoff- und Plüschtierindustrie im Raum Sonneberg und Neustadt zum wichtigen Wirtschaftsfaktor.

Im Vergleich dazu büßte das Holzspielzeug seit der zweiten Hälfte des 19. Jahrhunderts allmählich seine Bedeutung für die wirtschaftliche Entwicklung Thüringens ein. Der großen Konkurrenz des Blechspielzeugs aus den Werkstätten und Fabriken Nürnbergs, Württembergs und Brandenburgs konnten die Sonneberger auf Dauer nicht standhalten. In den Jahren der wirtschaftlichen und politischen Krisen zwischen den beiden Weltkriegen verlor Sonneberg seine einstige Bedeutung als „Weltspielwarenstadt".

Die Nürnberger Region

Marion Faber

Seit dem 14. Jahrhundert wird in Nürnberg Spielzeug aller Art und aus verschiedenen Materialien hergestellt. Begonnen hat alles mit den Dockenmachern, die kleine aus Ton gebrannte Figuren, später dann auch Puppen aus Holz, Papiermaché oder Wachs fertigten. Aber erst das 16. und 17. Jahrhundert ließen Nürnberg zu einer Hochburg der Spielzeugherstellung werden. Viele Handwerker wie Schreiner, Holz- und Elfenbeindrechsler, Alabasterer, Wachsbossierer, Kupferstecher und Buchdrucker machten neben ihren üblichen Erzeugnissen auch Miniaturgegenstände und Spielsachen. Vor allem die Holzhandwerker hatten einen guten Ruf auf diesem Gebiet. Sie fertigten in Nebenproduktion Spielzeug und Spielzubehör wie Trommeln, Trompeten, Posthörner, Windmühlen, Tiere, Steckenpferde, Kinderklappern, Damebrettsteine oder Würfel.

Es war zunächst die Holzspielzeugherstellung, die Nürnbergs Rang als Spielzeugstadt begründete. Das Ansehen Nürnberger Handwerker im Anfertigen von Kleinigkeiten und spielerischem Tand festigten im 16. und 17. Jahrhundert noch die Kunstschlosser und „Mechanici“. Ihre beweglichen Figuren aus Metall waren europaweit bekannt. Andere metallverarbeitende Handwerke wie Messinggießer und Geschmeidemacher fertigten Kanonen, Brummeisen oder Puppenhausrat. Selbst Spielzeug aus Silber und Gold wurde von Nürnberger Gold- und Zirkelschmieden an europäische Fürstenhöfe geliefert.

Tatsächlich war die Handwerkerschaft der Reichsstadt Nürnberg in der Lage, jeden Spielzeugbedarf zu befriedigen. So haben etwa die Schreiner und Weißmacher im 17. Jahrhundert im Auftrag von Patrizier- und Adelsfamilien prächtige Puppenhäuser geschaffen, die heiratsfähigen Töchtern zum Anschauungsunterricht für den Haushalt dienten. Puppenhäuser und ihre Inneneinrichtung konnten nur mit viel Aufwand und unter Beteiligung vieler Handwerksberufe fertiggestellt werden. Von der feinen Arbeit und der hohen Qualität des Materials waren schon die Zeitgenossen begeistert und rühmten die Nürnberger Puppenhäuser als kleine Wunderwerke. Zum hohen Bekanntheitsgrad Nürnbergs als Spielzeugstadt trugen seit Ende des 18. Jahrhunderts auch die Puppenküchen bei, die sich zu einem außerordentlich beliebten Spielzeug für Mädchen entwickelten und in großen Stückzahlen ins Ausland exportiert wurden.

Das Nürnberger Spielzeugmuseum

Eine wesentliche Voraussetzung, die Nürnberg zur Stadt des Spielzeugs machte, war die günstige verkehrsgeographische Lage im Schnittpunkt wichtiger Handelsstraßen. Das ermöglichte Nürnberger Kaufleuten, mit Spielzeug und anderen Waren des täglichen Gebrauchs weltweit zu handeln. „Nürnberger Tand geht durch alle Land“ hieß es von Nürnbergs Ausfuhren in ferne Länder. Zu ihnen gehörten nicht nur Erzeugnisse der Nürnberger Handwerkerschaft. Der Kaufmann Georg Hieronimus Bestelmeier, Besitzer eines Verkaufsmagazins in der Nürnberger Altstadt, führte in seinen ab 1793 erschienenen Katalogen hunderte von Spiel- und Kurzwarenartikeln auf, die sowohl aus nürnbergischen als auch aus auswärtigen Werkstätten stammten. Die Handelsstadt war gleichermaßen Aufkäufer und Umschlagstelle für auswärtiges Spielzeug, hauptsächlich für das einfache Holzspielzeug aus dem Erzgebirge, Thüringen, Berchtesgaden, Oberammergau oder dem Grödnertal. In der Zeit um 1825 existierten in Nürnberg etwa 100 Handelshäuser, die beispielsweise mit London, Südamerika, Brasilien und der Türkei in regem Geschäftsverkehr standen.

Für die eigene Spielwarenproduktion der Nürnberger Handwerkerschaft galt Holz bis etwa zur Mitte des 19. Jahrhunderts als eines der wichtigsten Materialien. Es überwogen die traditionellen Produkte der Schreiner und Drechsler wie etwa Puppenstuben und -möbel, Schachbretter und -figuren sowie Spiele und Zauberartikel. In der Herstellung von kleinen hölzernen Zauberapparaten entwickelten Nürnberger Drechsler eine besondere Geschicklichkeit. Die Firmen C. Baudenbacher, J. K Böhmländer und C. Quehl brachten trickreiche Sortimente heraus, die als „Nürnberger Zauberkasten“ ihren Weg in die ganze Welt antraten.

Da seit 1825 die Spielwarenherstellung in Nürnberg auch außerhalb der Bindungen des Handwerks erlaubt war, konnten immer mehr freie Spielwarenmacher Erzeugnisse aus Holz und Pappe auf den Markt bringen.

In ihren Werkstätten und Fabriken entstanden preisgünstige Artikel für die Masse der Verbraucher. Mit dieser Entwicklung begann der allmähliche Übergang Nürnbergs von der Handels- und Handwerkerstadt zur Industriemetropole. Infolgedessen kam dem Vertrieb von auswärtigem Holzspielzeug aus Thüringen oder dem Erzgebirge Mitte des 19. Jahrhunderts nur noch geringe Bedeutung zu. Dafür entwickelten sich Herstellung und Export von Metallspielwaren zum bestimmenden Wirtschaftsfaktor in der Region. Für Nürnberg und seine Nachbarstadt Fürth war bereits die Zinnfigurenproduktion in der Biedermeierzeit zu einem starken Exportzweig angewachsen. Mit der zunehmenden Industrialisierung nach 1870 schob sich auch immer mehr die Blechspielzeugherstellung in den Vordergrund und verdrängte schrittweise das Holzspielzeug. Um 1900 waren Nürnberg, Fürth und Zirndorf die wichtigsten Orte der mittelfränkischen Metallspielwarenindustrie und überschwemmten den Weltmarkt mit ihren Produkten.

Trotz abnehmender Bedeutung des Holzspielzeugs konnte in einigen Bereichen Holz als ideal geeignetes Material kaum ersetzt werden. Besonders Nürnberger Firmen der Spielebranche wie C. Abel-Klinger oder J. W. Spear & Söhne führten neben Gesellschaftsspielen aus Pappe meist Brett-, Sport- und Beschäftigungsspiele aus Holz in ihrem Sortiment. Vielfach waren die Spielefirmen auch auf einzelne Warengruppen spezialisiert wie J. Breitenbach auf Schachfiguren, A. Marsching auf Roulettes oder J. A. Kithil auf Kubusspiele. Ungewöhnliche Themenbaukästen und Bauspiele wurden von den Firmen J. Stief und J. W. Arold in den Handel gebracht. Handwerkliches Können und Kreativität waren in einer Stadt, wo um 1900 etwa 180 Drechsler in der Fertigung kunstgewerblicher und alltäglicher Gebrauchsgegenstände tätig waren, auch bei Holzspielwaren weiterhin gefragt. So unterhielten noch um 1910 Drechslermeister wie J. Wild oder W. Mederer kleine Werkstätten, in denen ungewöhnlich feine, bemalte Miniaturservice, Steck- oder Füllfiguren hergestellt wurden.

In den 20er und 30er Jahren wuchsen die großen Spielwarenfabriken immer mehr an und verdrängten kleinere Betriebe zusehends. Infolge des Zweiten Weltkrieges kam es dann Anfang der 40er Jahre zu einer starken Einschränkung der Spielwarenproduktion. Da Metalle als Rohmaterial nicht mehr verwendet werden durften, griff man wieder stärker zu Holz und Karton. Die Zeit nach dem Krieg brachte für Nürnbergs Spielwarenhersteller Jahre des großen Umbruchs. Es kam das billige Plastikspielzeug aus amerikanischer und asiatischer Produktion und verdrängte die arbeitsintensiven Blechspielzeugprodukte. Heute sind in Mittelfranken nur noch vereinzelt Betriebe ansässig, die mit Holz- oder Blechspielzeug erfolgreich sind. Die weitaus meisten Firmen in der Region Nürnberg stellen Kunststoffspielzeug und Modelleisenbahnen her.

Mit der internationalen Spielwarenmesse, die nun fast seit einem halben Jahrhundert in Nürnberg stattfindet, steht die Stadt alljährlich wieder im Mittelpunkt der Spielzeugwelt. Betrachtet man das Angebot auf den Spielwarenmessen der letzten Jahre, so fällt auf, daß im internationalen Vergleich gesehen Holz als Material bei Spielsachen unverändert in hoher Gunst steht. Trotz der Konkurrenz des amerikanischen und japanischen Elektronikspielzeugs besinnen sich immer mehr Menschen auf natürliche Materialien für ihre Wohnumwelt und das Spielzeug ihrer Kinder.

Die Region um Berchtesgaden und Oberammergau

Marion Faber

Überall in Europa, wo Holz in ausreichender Menge verfügbar war wie in Böhmen, Rußland, Polen oder Skandinavien, entstanden im Bereich des Kunstgewerbes und der Volkskunst handwerkliche Erzeugnisse, zu denen oft auch Spielsachen zählten. Das gilt besonders für das große Gebiet der Alpen. In der Schweiz, wo Holz zu den wenigen Rohstoffen des Landes gehört, gibt es seit über 100 Jahren bis heute eine erstaunliche Zahl von Herstellern, die sich mit Holzspielwaren profiliert hat. Das Südtiroler Grödnertal in Italien kann auf eine 250jährige Tradition als Spielzeugzentrum zurückblicken. Von dort verbreiteten sich Formenelemente des geschnitzten Holzspielzeugs durch Handelsbeziehungen bis nach Rußland. Auch in Österreich im Umkreis von Salzburg, Hallein oder Viechtau entwickelten sich Zentren der Spielzeugschnitzerei. Zu den ältesten Spielzeugregionen in Deutschland zählen Berchtesgaden und Oberammergau.

Seit Beginn des 16. Jahrhunderts werden in Berchtesgaden Schnitzereien, Spielzeug und Drechselwaren auf der Grundlage einer hochentwickelten Handwerkskunst hergestellt. Mit der Zeit bildeten sich verschiedene Berufsgruppen, die nicht nur Dinge des alltäglichen, landwirtschaftlichen und gewerblichen Bedarfs, sondern auch eine bunte Vielfalt von kunstvoll gestalteten Produkten wie Spanschachteln, Krippenfiguren oder Musikinstrumente herstellten. Im Bereich der filigranen Zier- und Miniaturgegenstände wie Kruzifixen, Rosenkränzen, Nadelbüchsen, Puppenmöbeln, Brett- und Kegelspielen wurde außer Holz auch Bein oder Elfenbein verwendet. Darüber hinaus gab es Stroheinleger, die hölzerne Schachteln und Kästchen mit kunstvollen Intarsien versahen.

Die Spielzeugmacher waren unter bestimmten spezialisierten Schnitzern und Drechslern angesiedelt. Die „Trüchelschnitzer" fertigten die bekannten Grillenhäuschen, Kinderklappern, Puppenmöbel, Wagen, Schubkarren oder Hoheitskutschen. Von den „Rösselschnitzern" kamen Räder- und Schaukelpferdchen in unterschiedlichen Größen sowie das typische Berchtesgadener Pfeifrößl. Unter den gedrechselten Spielsachen sind besonders Schepperdocken und Fatschenpuppen zu nennen. Kennzeichnend für den Formenkanon Berchtesgadener Spielzeugs sind auch Hampelmänner, Steckenpferde, Hühnerställe, Tiere für Archen sowie Musik- und Lärminstrumente für Kinder. Eine eigene Berufssparte bildeten die Faßmaler, die der geschnitzten oder gedrechselten Rohware die farbliche Fassung verliehen.

Berchtesgadener Schnitzerwaren standen durch den Nürnberger Handel weltweit in hoher Gunst, da sie technisch und künstlerisch gut ausgeführt waren. Große Handelshäuser in Wien, Venedig, Antwerpen oder Cadiz übernahmen den Versand in den Orient und nach Übersee. Manches kam auf dem Rückweg ins Berchtesgadener Land als Tauschware zurück, darunter Elfenbein oder türkische Muster, die als Vorbilder für die Herstellung von Strohintarsien dienten.

Schloß Adelsheim, Sitz der Berchtesgadener Handwerkskunst und des Heimatmuseums

Im 18. Jahrhundert stagnierten Produktion und Absatz der Berchtesgadener Holzwaren infolge ungünstiger wirtschaftlicher und politischer Ereignisse. Die Konkurrenz anderer Holzhandwerkerzentren wie des Erzgebirges, die Vertreibung der Berchtesgadener Protestanten und neu entstehende

Zollschranken wirkten sich erschwerend auf die örtliche Hausindustrie aus. Erst im 19. Jahrhundert konnte mit der Gründung einer Industrie- und Zeichenschule, die unter wechselnden Namen ihre Funktion als Berufsfachschule bis heute ausübt, der Niedergang des Berchtesgadener Holzgewerbes aufgefangen werden. In den letzten drei Jahrzehnten wurden durch das Wirken der „Berchtesgadener Handwerkskunst", einer genossenschaftlichen Vereinigung, in bewährter Tradition wieder Figurengruppen, Gebrauchsgegenstände und Spielzeug für Sammler und Touristen produziert.

Bemalen von Spanschachteln und Dockinnen in der Werkstatt der Berchtesgadener Handwerkskunst

Auch in Oberammergau, dem zweiten wichtigen Schnitzerzentrum auf bayerischem Gebiet, wird heute noch geschnitzt. Allerdings hat sich hier im Gegensatz zu Berchtesgaden die Fertigung von Holzspielzeug nicht bis in die Gegenwart erhalten. Die ersten schriftlichen Belege für die Holzschnitzertätigkeit in Oberammergau stammen aus dem frühen 16. Jahrhundert, in denen von Miniaturschnitzereien in Nußschalen berichtet wird. Oberammergau entwickelte sich im 17. und 18. Jahrhundert zu einem bedeutenden Zentrum für religiöse Schnitzwerke und besonders Kruzifixe, die stets einen großen Raum in der Produktion eingenommen haben.

Erst für die Zeit seit dem ausgehenden 18. Jahrhundert liegen umfangreiche Quellen zum Oberammergauer Schnitzergewerbe vor. Und seit diesem Zeitpunkt kennt man auch profane Schnitzereien und Spielsachen, die massenweise in den ersten beiden Dritteln des 19. Jahrhunderts in den Werkstätten der Schnitzer entstanden. Es handelte sich hauptsächlich um Spielzeugartikel wie Hampelmänner, Puppenköpfe, Wickelkinder, Puppenmöbel, Nußknacker, Tiere, Steckengaukler, Soldaten und andere Figuren. In den Jahrzehnten um 1800 bildeten Spielzeugfestungen mit Bewegungsmechanismus einen Verkaufsschlager innerhalb des Oberammergauer Warenangebots. Beliebt waren auch Balancierspielsachen, Pferdeställe, Archen, Menagerien, Karussells und Kutschen. Zu den Artikeln, die in Oberammergau in Serienproduktion hergestellt wurden, gehörten auch Kegel-, Kakelorum- und Schachspiele sowie Brettspielkästen. Schachfiguren wurden in großen Mengen nach London exportiert.

Trotz Massenherstellung hatte das Oberammergauer Holzspielzeug in Gestaltung und Farbgebung immer noch individuelle Züge. Denn im Bemalen der Schnitzwerke waren die Oberammergauer Faßmaler wahre Meister mit hohem handwerklichem Können und sicherem künstlerischem Empfinden. Es sind die mit dünnem Pinsel aufgetragenen Feinheiten von Gesicht und Kleidung, die Oberammergauer Spielzeugfiguren auszeichnen. Die Farb- und Lackzusammensetzung wurde hier genauso streng geheimgehalten wie in Berchtesgaden. Deswegen mußten beispielsweise die Grödner Schnitzer mit ihren vorwiegend naturbelassenen Holzprodukten einen Teil ihrer Spielwaren zum Bemalen nach Oberammergau geben, solange bis sie die Technik um 1800 schließlich selbst beherrschten.

Das Grödner, Thüringer und besonders das extrem billige Holzspielzeug aus dem Erzgebirge wurde für das Oberammergauer Holzkunstgewerbe zu den schärfsten Mitbewerbern im Kampf um die Weltmärkte. Erschwerend wirkte sich noch die wachsende Beliebtheit des aufkommenden Blechspielzeugs aus, so daß in der zweiten Hälfte des 19. Jahrhunderts die Oberammergauer Holzspielfertigung zum Erliegen kam. Schnitzwerke mit religiösen Motiven, die seit etwa 1860 vorwiegend unbemalt angeboten werden, finden durch den Bedarf der Passionsspiele und der damit verbundenen Fremdenverkehrsindustrie bis heute ihre Käufer.

Autorenbiographien

Konrad Auerbach
geb. 1958, Kunstwissenschaftler, lebt in Seiffen. Studium der Pädagogik, Kunstgeschichte und Geschichte in Leipzig, Promotion (Dr. phil). Seit 1989 Leiter des Erzgebirgischen Spielzeugmuseums und Freichlichtmuseums in Seiffen. Zahlreiche Ausstellungen und Publikationen zum erzgebirgischen Spielzeug, u. a. *Seiffener Weihnacht. Brauchtum im Erzgebirge* (Seiffen 1991), *Mit der Eisenbahn durchs Spielzeugland* (Seiffen 1996), *Auguste Müller. Schnitz- und Malerin in Seiffen* (Seiffen 1997), *Helmut Flade: Holz. Form und Gestalt* (zusammen mit G. Claußnitzer und K. Kruppa, Seiffen 1998).

Manfred Bachmann
geb. 1928, Volkskundler (Prof. Dr. Dr. h. c.), lebt in Oberwartha. Studium an der Technischen Hochschule Dresden bei Adolf Spamer, 1951–57 wissenschaftliche Aspirantur, Abschluß mit einer Dissertation über Wilhelm Heinrich Riehl. 1956/57 Leitung des Hauses der erzgebirgischen Volkskunst in Schneeberg, 1957–67 Leiter des Museums für Volkskunst in Dresden, anschließend Generaldirektor der Staatlichen Kunstsammlungen Dresden (heute i. R.). Zahlreiche Bücher und Kataloge zur Spielzeugforschung und über die erzgebirgische Volkskultur, u. a. *Das große Puppenbuch* (mit C. Hansmann, 5. veränd. Aufl., Leipzig 1988), *Holzspielzeug aus dem Erzgebirge* (Dresden 1984/1994), *Berchtesgadener Volkskunst* (Leipzig/Rosenheim 1985 und Husum 1998).

Michail Wassiljewitsch Boikatschow
geb. 1954, Rechtswissenschaftler, Restaurator und Holzschnitzer, lebt in Nischni Nowgorod. Studium an der Weißrussischen Staatliche Universität Minsk und an der Staatlichen Kulturakademie Sankt Petersburg. Wissenschaftlicher Mitarbeiter des Museums für die Geschichte der künstlerischen Gewerbe des Bezirks Nischni Nowgorod am dortigen Staatlichen Historischen Architekturfreilichtmuseum. 1997 Erster Preis beim Festival der Holzbearbeiter in Nischni Nowgorod. Organisation mehrerer Ausstellungen und Publikationen zur volkstümlichen Kunst.

Marion Faber
geb. 1950 in Berlin, Kunsthistorikerin (Dr. phil), lebt in Nürnberg. Buchhändlerausbildung, Studium der Kunstgeschichte und Germanistik in Berlin, Abschluß mit einer Dissertation über das Schachspiel in der europäischen Malerei und Grafik. Nach Mitarbeit an verschiedenen Ausstellungen und einem Volontariat am Badischen Landesmuseum Karlsruhe seit 1982 Mitarbeiterin des Spielzeugmuseums der Stadt Nürnberg. Veröffentlichungen über Spielzeug, Spiele und Kinderliteratur, zuletzt *Die Spielemacher. J. W. Spear & Söhne – Geschichte einer Spielfabrik* (Nürnberg 1997, zusammen mit H. Schwarz).

Nina Anatoljewna Filjowa
geb. 1945, Kunsthistorikerin, lebt in Archangelsk. Studium an der philologischen Fakultät des Archangelsker Pädagogischen Instituts, Abschluß 1968, anschließend Aspirantur am Moskauer Institut für kunstgewerbliche Industrie (MIICHP). Organisatorin einer Reihe kulturwissenschaftlicher Ausstellungen in Archangelsk, Publikation mehrerer Kataloge und Texte zur zeitgenössischen volkstümlichen Kunst des russischen Nordens, u. a.: *Moderne volkstümliche Kunst des Nordens* (Archangelsk 1984), *Volkstümliche Meister des Russischen Nordens* (Sankt Petersburg 1991).

Alexandr Umarowitsch Grekow
geb. 1954 in Smolensk, Kunsthistoriker, lebt in Sergijew Possad. 1980 Abschluß mit einer Arbeit zur Theorie und Geschichte der darstellenden Künste an der historischen Fakultät der Staatlichen Lomonossow-Universität Moskau, 1980–85 leitender Mitarbeiter der Sektion für sowjetische dekorative und angewandte Kunst im Staatlichen Kunsthistorischen Freilichtmuseum Sagorsk. Aspirantur am Wissenschaftlichen Forschungsinstitut für Theorie und Geschichte der darstellenden Künste in der Akademie der Künste der UdSSR. Seit 1985 Mitarbeiter dieses Institutes, zuletzt in leitender Funktion. Gleichzeitig seit 1994 stellvertretender Direktor für wissenschaftliche Arbeit am Kunstpädagogischen Spielzeugmuseum der Russischen Bildungsakademie. Diplomand der Russischen Akademie der Künste (1996), verschiedene Lehrtätigkeiten. Zahlreiche Ausstellungen und Publikationen zur volkstümlichen Kunst in Rußland, u. a. *Das Sagorsker Freilichtmuseum* (Moskau 1991).

Gerd Kaden
geb. 1949, Professor für Holzgestaltung, lebt in Neuhausen. 1966 Lehre als Holzspielzeugmacher, 1970 Beginn eines Fachhochschulstudiums der Holzgestaltung, Abschluß als Diplom-Designer. Ab 1974 Mitarbeit in einem industriellen Designbüro, 1978 Gründung einer eigenen Werkstatt für Holzgestaltung in Neuhausen. Seit 1986 mehrere Lehraufträge in Zwickau, Schneeberg und an der Gray's School of Art in Aberdeen (1997). 1992/93 Sächsischer Staatspreis für Design.

Natalja Wladimirowna Kologriwowa
geb. 1963, Kunsthistorikerin, lebt in Moskau. Seit 1980 leitende wissenschaftliche Mitarbeiterin der Holzabteilung am Staatlichen Historischen Museum in Moskau. Veröffentlichung von Texten zur russischen dekorativen und angewandten Kunst, Beteiligung an der Organisation mehrerer kulturgeschichtlicher Ausstellungen im In- und Ausland, u. a. *Russische Lacke* (Rußland 1990), *Das russische Festmahl* (Rußland 1991), *Die heilige Kunst des Alten Rußlands* (Japan 1993), *Das Spielzeug in der Welt der Kinder und der Erwachsenen* (Deutschland 1994).

Karlheinz W. Kopanski
geb. 1959 in Stuttgart, lebt als freier Autor und Ausstellungsmacher bei Kassel. Studium der Kunsterziehung, Germanistik und Kunstwissenschaft in Kassel (Dr. phil). Seit 1989 Konzeption und Organisation zahlreicher Kunstausstellungen u. a. *Die Kunst der Einladung* (1991), *Agitation zum Glück – Sowjetische Kunst der Stalinzeit* (1994), *Grenzgänge – Andreas Kuhn: Malerei* (1995). Publikationen u. a.: Multimedia CD-ROM zur Geschichte der documenta (Würzburg 1997), *Der männliche Blick in den Spiegel – Eine motivgeschichtliche Untersuchung* (Münster 1998).

Johannes Martin
geb. 1943, lebt in Hamburg. Nach einer Maler-, Restauratoren- und Erzieherausbildung seit 1975 Lehrer an einer Sonderschule für Lernbehinderte. Seit mehr als 20 Jahren Aufbau einer umfangreichen Privatsammlung zum Holzspielzeug des Erzgebirges, Einrichtung zahlreicher Erzgebirgsausstellungen in Deutschland. 1995 Eröffnung der permanenten Ausstellung seiner Sammlung in der Erlebnisburg Scharfenstein im Erzgebirge.

Jekaterina Wassiljewna Nalesnikowa
geb. 1963, Kunsthistorikerin, lebt in Kirow. Studium an der philologischen Fakultät der Staatlichen Universität Perm, Abschluß 1988. Seit 1990 wissenschaftliche Mitarbeiterin am Historischen Museum für Architektur und Literatur in Kirow.

Natalja Wassiljewna Panfilowa
geb. 1950, Geschichtswissenschaftlerin und Kunsthistorikerin, lebt in Nischni Nowgorod. Studium an der Nischni Nowgoroder Staatlichen Lobatschewski-Universität und am Repin-Institut für Architektur, Bildhauerei und Malerei in Sankt Petersburg. Leiterin des Museums für die Geschichte der künstlerischen Gewerbe des Bezirks Nischni Nowgorod am dortigen Staatlich Historischen Architekturfreilichtmuseum. Wissenschaftliche Betreuung zahlreicher, auch internationaler Ausstellungen, mehrere Publikationen zur russischen volkstümlichen Kunst.

Olga Borissowna Strugowa
geb. 1947, Kunsthistorikerin, lebt in Moskau. Seit 1971 Mitarbeiterin am Staatlichen Historischen Museum Moskau, heute Leiterin der Holzabteilung. Umfangreiche Veröffentlichungen zur Geschichte der russischen dekorativen und angewandten Kunst und des Interieurs sowie Organisation zahlreicher Ausstellungen im In- und Ausland, darunter *Zarendämmerung* (Großbritannien 1991), *Die heilige Kunst des Alten Rußlands* (Japan 1993, USA 1995, Rußland 1997), *Das Spielzeug in der Welt der Kinder und der Erwachsenen* (Deutschland 1994), *Die Herrlichkeit Rußlands* (Deutschland 1996/97).